21世纪高等职业教育财经类规划教材

财务会计类

 工业和信息化高职高专"十二五"
规划教材立项项目

会计电算化及实训——用友 U8.72 版

Computerized Accounting and Training——UFIDA U8.72

◎ 张爱侠 主编　◎ 崔丽霞 副主编

人民邮电出版社

北　京

图书在版编目（ＣＩＰ）数据

会计电算化及实训：用友U8.72版 / 张爱侠主编
. -- 北京：人民邮电出版社，2015.6
21世纪高等职业教育财经类规划教材财务会计类
ISBN 978-7-115-38879-7

Ⅰ．①会… Ⅱ．①张… Ⅲ．①会计电算化－高等职业
教育－教材 Ⅳ．①F232

中国版本图书馆CIP数据核字(2015)第070793号

内 容 提 要

本书遵循"以理论必需够用为度，加强实践操作能力培养"的原则进行编写。全书以用友 U8.72
财务软件为蓝本，通过"湖南胜利有限公司会计电算化系统"案例的实践，培养学生应用财务软件
进行会计核算的能力；采用图表和案例来讲述会计软件的操作方法，对会计电算化的基本原理和软
件操作进行了详细的介绍。内容包括建立企业的账套、总账系统、薪资管理系统、固定资产管理系
统和报表管理系统的操作等。

本书主要适用于大学会计、财务管理、审计、信息管理专业的会计电算化课程，也可供高职高
专会计和会计电算化专业及财务人员会计电算化上岗培训使用。

◆ 主　编　张爱侠
副主编　崔丽霞
责任编辑　李育民
责任印制　杨林杰

◆ 人民邮电出版社出版发行　北京市丰台区成寿寺路 11 号
邮编　100164　电子邮件　315@ptpress.com.cn
网址　http://www.ptpress.com.cn
大厂聚鑫印刷有限责任公司印刷

◆ 开本：787×1092　1/16
印张：15.25　　　　　2015 年 6 月第 1 版
字数：345 千字　　　2015 年 6 月河北第 1 次印刷

定价：34.00 元

读者服务热线：(010)81055256　印装质量热线：(010)81055316
反盗版热线：(010)81055315
广告经营许可证：京崇工商广字第 0021 号

　　我国会计电算化经过 30 多年的发展，经历了起步、推广应用与普及提高 3 个阶段。伴随着我国计算机技术的迅猛发展与会计行业的不断革新，会计电算化走出了一条具有中国特色的本土化道路，并取得了巨大的成功。会计电算化是高职高专会计专业和其他相关专业的一门专业实践性课程，其任务就是培养学生掌握会计电算化基本理论知识和基本实践技能。根据全国高等职业技术教育发展的需要，人民邮电出版社组织多个高职院校从事多年会计电算化教学的教师编写了本书。

　　本书具有如下特点。

　　1. 以任务驱动形式编排，并且根据财经类高职高专会计专业教学计划与人才培养目标，突出职业性、针对性、实践性、应用性等特点，培养学生的专业技术应用能力和实际操作能力。

　　2. 内容由浅入深，循序渐进，以企业全仿真的业务，训练学生的经济业务处理能力和账务处理能力，并把各种专业技能、专业技术的训练，融合在业务的处理之中。

　　3. 体例新颖，内容图文并茂，账表逼真，贴近现实，内容与实际工作过程紧密结合，仿真度高，真实感强，可操作性强，有利于增强学生的感性认识。

　　本书由湖南信息职业技术学院张爱侠任主编，九江职业大学崔丽霞任副主编。张爱侠老师负责设计总体框架、拟定写作大纲、组织作者撰写及承担全书的总纂定稿。本书的编写参阅了大量的文献，并得到了兄弟院校的大力支持，谨此说明并致以诚挚的谢意！

编者

2015年3月

目 录

任务一

会计电算化的准备工作

学习目标、重点及难点

- 目标：通过学习，要求学生从整体上认识会计电算化，着重培养学习会计电算化的兴趣，深入理解实施会计电算化的意义，了解手工记账与电算化的衔接工作，掌握用友会计软件的安装。
- 重点：手工记账与电算化的衔接工作、用友会计软件的安装。
- 难点：用友会计软件的安装。

任务实施

一、认识会计电算化

1. 会计电算化的概念

会计电算化，是计算机技术、网络通信技术、信息处理技术与会计科学相结合的产物。1954 年，美国通用电器公司首次利用计算机计算职工工资的举动，引起了会计数据处理技术的变革，开创了利用计算机进行会计数据处理的新纪元。随着计算机技术的迅速发展，计算机在会计工作中的应用范围也在不断扩大。当今西方许多发达国家将计算机技术应用于会计数据处理、会计管理、财务管理以及预测和会计决策，并且取得了显著的经济效益。在我国，将计算机技术应用于会计数据处理起步比较晚。1979 年，长春第一汽车制造厂大规模信息系统的设计与实施，是我国会计电算化发展过程中的一个里程碑。1981 年 8 月，在财政部、原第一机械工业部、中国会计学会的支持下，中国人民大学和长春第一汽车制造厂联合召开了"财务、会计、成本应用电子计算机问题讨论会"，第一次提出了"会计电算化"的概念。

在会计工作中，"会计电算化"是以电子计算机为载体的当代电子技术和信息技术应用到会计实务中的简称。它是一个利用计算机来替代人工记账、算账、报账，以及替代部分由人脑完成的对会计信息的分析、预测和决策的过程。

会计电算化使会计处理技术发生了质的飞跃。这种变化不仅影响到会计实务，也对某些传统的会计理论产生了很大影响。

随着会计电算化事业的不断发展，会计电算化的含义得到了进一步的延伸。它不仅涉及会计信息系统（会计核算、会计管理、会计决策等）的理论与实务研究，而且还融入了与其相关的所有工作，如会计电算化的组织与规划、会计电算化的实施、会计电算化的管理、会计电算化人员的培训、会计电算化制度的建立、计算机审计等内容。现在，大家普遍认为，会计电算化是现代会计学科的重要组成部分，是研究计算机会计理论与计算机会计实务的一门会计边缘学科。

2. 我国会计电算化的发展概况

我国会计电算化起步比较晚，发展过程大体可分为如下 4 个阶段。

（1）缓慢发展阶段（1983 年以前）。1983 年以前，只有少数单位将计算机技术用于会计领域，且主要是单项会计业务的电算化开发和应用，如工资计算、仓库核算等。在这一阶段，会计电算化发展比较缓慢，其原因是从事会计电算化工作的人员缺乏，计算机硬件比较昂贵，且会计电算化这一新兴事物没有得到高度重视。

（2）自发发展阶段（1983～1987 年）。1983 年以后，微机在国内市场上大量出现，多数企事业已能够买得起微机，这为计算机在会计领域的应用创造了良好的条件。与此同时，企业也有了开展电算化工作的愿望，纷纷组织力量开发会计软件。因此，在这一阶段，会计电算化处于各自为战、闭门造车的局面。会计软件被各企业一家一户地自主开发，投资大、周期长、见效慢，造成大量的人力、物力和财力的浪费。

（3）稳步发展阶段（1987～1996 年）。这一阶段，财政部、各地区财政部门，以及企业管理部门逐步开始对会计电算化工作进行组织和管理，使会计电算化工作走上了有组织、有计划的发展轨道，并得到了蓬勃的发展。这一阶段的主要标志是：商品化会计核算软件市场已从幼年走向成熟，初步形成了会计软件市场和会计软件产业，为社会提供了丰富的软件产品；很多企事业单位逐步认识到开展会计电算化的重要性，纷纷购买商品化会计软件或自行开发会计软件，建立了会计电算化系统；在会计电算化人才培养方面，全国一些高等院校和研究所专门制订了会计电算化的教学计划，会计专业开设了会计电算化课程。

（4）竞争提高阶段（1996 年至今）。随着会计电算化工作的深入开展，会计软件市场逐步成熟，市场竞争激烈，各类会计电算化软件在竞争中进一步拓展功能，部分专业的会计电算化软件公司在成功推广应用管理会计软件的基础上，又开始研制并试点推广 MRPII 和 ERP 软件。

3. 会计电算化的基本内容

会计电算化发展的过程是一个从实践应用，到会计实务变更，再到会计理论突破的过程，是会计学科发展的必由之路。其内容比较广泛，可以从不同的角度进行归纳。

（1）从其信息系统的角度看，会计电算化是一个人机结合的系统。它的基本内容包括人员、计算机硬件、计算机软件和会计规范。

① 人员。人员是指从事会计电算化工作的人员，如会计主管、系统开发人员、系统维护人员、凭证录入人员、凭证审核人员、会计档案保管人员等。

② 计算机硬件。计算机硬件是指进行会计数据输入、处理、存储及输出的各种电子设备，如键盘、光电扫描仪、条形码扫描仪等输入设备；磁盘机、光盘机等存储设备；打印机、显示器等输出设备。

③ 计算机软件。计算机软件是指系统软件和应用软件。系统软件包括操作系统、数据库管理系统等。应用软件是根据一个单位、一个组织、一项任务的实际需要而研制开发的软件，即凡是为了解决某些具体、实际的问题而开发和研制的各种程序，都可称之为应用软件。会计软件就是一种应用软件，它是专门用于会计数据处理的软件。

④ 会计规范。会计规范是指对会计电算化系统的运行进行控制的各种准则、岗位责任制度、内部控制制度等。

（2）从其发展过程看，会计电算化主要分为会计核算电算化和会计管理电算化两个阶段。

① 会计核算电算化。会计核算电算化是会计电算化的第一个阶段。这一阶段完成的任务主要包括设置会计科目、填制会计凭证、登记会计账簿、进行成本计算、编制会计报表等。会计核算电算化主要是指这几个方面运用会计核算软件，实现会计数据处理电算化。

② 会计管理电算化。会计管理电算化是在会计核算电算化的基础上，利用会计核算提供的数据和其他经济数据，借助计算机会计管理软件提供的功能，帮助会计管理人员合理地筹措资金、运用资金、控制成本费用开支、编制财务计划、辅助管理者进行投资、筹资、生产、销售决策分析等。

（3）从其工作的角度看，随着会计电算化事业的发展，其工作的内容也大大丰富了。计算机技术在会计工作中应用的有关内容都是会计电算化工作。会计电算化工作的基本内容主要包括会计电算化工作的组织和规划、会计电算化信息系统的建立、会计电算化管理制度的建立、会计人员的培训、会计电算化信息系统的管理、计算机审计等。

4．会计电算化的特点

（1）处理工具电算化。实行会计电算化后，会计处理工具由传统的算盘、计算器转变为计算机。处理工具的变化使得会计处理速度和准确性以及数据处理能力都得到了显著的提高，使得在手工方式下无法完成的许多工作得以快速地完成。

（2）信息载体磁性化。传统会计核算过程中会计信息保存在纸质介质上，信息的保存数量和方式都受到介质的影响；而在电算化条件下，会计信息存储在磁性介质上，没有具体的形态和格式，且信息的保存数量也有了很大的提高。

信息载体的变化使得信息的查询和检索方式发生了很大变化。由于不能直接用肉眼查看，信息的查询不能离开计算机系统甚至原来的软件系统。同时，由于计算机网格技术的发展，会计信息可以在很短的时间内传送给很多信息需求者阅读使用。

信息载体的变化带来的另一个影响就是对信息真实性和完整性提出了新的挑战。由于磁性介质的特点，对信息的篡改在存储介质上可以不留下任何痕迹。

（3）账务处理程序统一化。传统账务处理程序在实施电算化以后将逐步统一，许多具有手工处理特点的程序和方法将不复存在。例如，手工处理时为便于形成科目汇总表或汇总记账凭证而将凭证划分为收款凭证、付款凭证和转账凭证，这一程序在电算化条件下变得毫无意义。

（4）人员结构多样化。实施电算化后，会计工作要在计算机上完成，这就要求会计人员除了掌握会计知识以外，还要具备计算机的操作技能；会计部门除了要有传统的会计人员外，还需要配备计算机维护和系统维护的专业技术人员。

（5）数据处理集中化。分散在各个会计岗位上的数据由计算机统一处理，避免了分散、重复数据的更新异常，有利于数据的一致性和完整性，也提高了数据的利用率。

（6）内部控制程序化。内部控制是指为了防止错弊出现而采用的方法、措施和制度等。在会计电算化信息系统中，许多内部控制工作由计算机程序完成。例如，通过对凭证、账簿和报表的设置可以实现严密的人员权限控制，使操作者能进行阅读、修改和打印，或只能具备其中部分权限，而数据校验、账账核对等工作可以根据数据程序设定由计算机自动完成。

5. 会计电算化的意义

会计电算化是融计算机科学、管理科学、信息科学和会计科学于一体的边缘学科。它的出现对会计理论与实务产生了重大的影响，对于提高会计核算质量、促进会计职能转变、提高经济效益和加强国民经济宏观管理，都有十分重要的作用。

（1）减轻了劳动强度，提高了工作效率。在手工会计信息系统中，会计数据处理全部或主要是靠人工操作。因此，会计数据处理的效率低、错误多、工作量大。实现会计电算化后，只要把会计数据按规定的格式要求输入计算机，计算机便自动、高速、准确地完成数据的校验、加工、传递、存储、检索和输出工作。这样，不仅可以把广大财会人员从繁重的记账、算账、报账工作中解脱出来，而且由于计算机对数据处理的速度大大高于手工，因而也大大提高了会计工作的效率，使会计信息的提供更加及时。

（2）能全面、及时、准确地提供会计信息。在手工操作情况下，企业会计核算工作无论在信息的系统性、及时性还是准确性方面都难以适应经济管理的需要；实现会计电算化后，大量的会计信息可以得到及时、准确的输出，即可以根据管理需要，按年、季、月提供丰富的核算信息和分析信息，按日、时、分提供实时核算信息和分析信息。随着企业互联网（Internet）的建立，会计信息系统中的数据可以被迅速传递到企业的任何管理部门，以便企业经营者能及时掌握企业自身经济活动的最新情况和问题所在，并采取相应措施。

（3）提高了会计人员的素质，促进了会计工作的规范化。实现会计电算化后，原有会计人员一方面有更多的时间学习各种经营管理知识，参与企业管理；另一方面还可以通过学习掌握电子计算机的有关知识，更新知识结构，提高专业素质。较好的会计基础和业务处理规范是实现会计电算化的前提条件；会计电算化的实施，也在很大程度上促进了手工操作中不规范、易出错、易疏漏等问题的解决。因此，会计实现电算化的过程，也是促进会计工作标准化、制度化、规范化的过程。

（4）促进了会计职能的转变。实行会计电算化，无疑可以使广大财会人员从繁重的手工核算中解脱出来，减轻了劳动强度，从而有更多的时间和精力参与经营管理。这就促进了会计职能的转变，使会计工作在加强经营管理、提高经济效益中发挥更大作用。

（5）促进了会计理论和会计实务研究的不断发展。计算机在会计实务中的应用，不仅是核算工具的变革，而且也必然会对会计核算的内容、方法、程序、对象等会计理论和技术产生影响，从而促进会计科学自身的不断发展和完善，使其进入新的发展阶段。

（6）推动了企业管理的现代化。会计工作是企业管理工作的重要部分，就企业而言，会计信息是企业管理信息的主要组成部分。据统计，会计信息约占企业管理信息的 60%～70%，而且多是综合性的指标。实现会计电算化，就为企业管理手段的现代化奠定了重要基础，就可以带动或加速企业管理现代化的实现。

二、认识并安装会计软件

1. 会计软件的定义及发展

会计软件是指专门用于会计工作的电子计算机应用软件，包括采用各种计算机语言编制的用于会计工作的计算机程序。

会计软件的发展经历了以下过程。

（1）模拟手工会计记账核算软件（1978～1996年）。1978年，中国首次在会计中运用计算机，当时领导中国会计软件市场的是先锋、万能、安逸等软件公司，虽然在现在看来，这些软件公司也许就是手工作坊。当时的软件业市场也许都不能称之为市场，毕竟在那个时候，大部分企业还不是很适应计算机这一新鲜事物，对于会计记账软件也比较排斥。但正是在这样艰苦的条件下，中国开发和生产会计软件的企业迈开了自己最艰难的第一步。当时，对于会计软件的运用只是处于摸索阶段，对会计软件的要求也比较低，只要能实现记账功能就可以了。在这种情况下，各路能人齐上阵，为我们演绎了会计软件业发展的"战国时代"。但是，由于当时的软件都是基于 DOS 系统的，而且微机并没有进入各大行业，大家只是用小型机进行运算，这些会计软件最终只能是代理记账的工具。但是，会计软件的出现还是让人们看到了不错的市场前景。

（2）模块化的会计账务处理软件（1996～2000年）。这一阶段最重大的事件是Windows 系统的出现。在这种情况下，会计软件的先驱们由于不适应这个系统而慢慢被淘汰了。而此时，作为软件业后起之秀的金蝶和用友凭着敏锐的洞察力抓住了这个机遇，开发出了各自基于 Windows 系统下的会计软件，在当时的软件业牢牢站住了脚跟。随着用友 U8 系统和金蝶 K／3 系统的发布，这两大软件巨头的地位渐渐确立了起来。

（3）融入现代企业管理理念的管理软件（2000年至今）。2000年以后，会计软件已经不仅仅是一种记账工具了，更引入了企业管理理念和基于网络环境下的管理理念。企业的进销存系统、物理管理系统，甚至包括人力资源系统，统统包含在企业的会计软件中。同时，会计软件的发展越来越扁平化。新中大公司的"URP"思想和金算盘公司的"e"思想在此时的管理软件市场中各占半边天空。

2. 会计软件的分类

按照不同的分类方式，可以将会计软件分为不同的类型。

（1）根据软件的适用范围，可将会计软件分为通用会计软件和定点开发会计软件。

通用会计软件是指在某一范围内普遍适用的会计软件，通常又分为适用于各行各业的全通用会计软件和适用于某一行业的行业通用会计软件。

定点开发会计软件也叫专用会计软件，是指仅适用于处理个别单位会计业务的会计软件。

（2）根据软件的提供方式，可将会计软件分为商品化会计软件和非商品化会计软件。

商品化会计软件是指为销售而开发的会计软件，具有通用性强、初始化工作量大、系统庞大、对硬件和软件环境要求高等特点。

非商品化会计软件则是用户为满足自己业务处理的需要而开发的会计软件，或由业务主管部门开发后提供给下属单位使用的会计软件。

（3）根据提供信息的层次，可将会计软件分为核算型会计软件和管理型会计软件。

核算型会计软件是指专门用于完成会计核算工作的应用软件。

管理型会计软件是对核算型会计软件功能的延伸。它是在全面核算的基础上突出或强化了会计在管理中的监督控制作用的会计软件。其主要功能包括全面会计核算、购销存管理、财务分析与财务监控等。

3. 安装前注意事项

用友 ERP-U8 是一个企业综合运营平台，用以解决各级管理者对信息化的不同要求。用友 U8.72 软件包括以下产品：企业门户、财务会计、管理会计、客户关系管理、供应链管理、生产制造、分销管理、零售管理、决策支持、人力资源管理、办公自动化、集团应用、企业应用集成。以下以用友 U8.72 软件为蓝本，讲解会计软件的安装。

（1）操作系统。安装用友 U8.72 之前，电脑的操作系统必须做好以下准备。

① 安装操作系统的关键补丁：Windows 2000 对应 SP4+KB835732、Windows XP 对应 SP2、Windows 2003 对应 SP2、Vista 对应 SP1。

② 使用 Windows Update 进行其他所有微软补丁的更新（推荐）。

③ Window 2000 的注册表空闲空间请保持在 50 M 以上。

④ 英文和繁体操作系统，必须安装简体中文语言包（通过 Windows 安装盘进行安装）后才能正常使用 U8 产品。

⑤ U8.72 全面支持 64 位环境，推荐安装和使用服务器端产品（包括应用服务器和数据库服务器）。安装之前，需要先手动安装 U8.72 所需的基础环境补丁和默认组件。

⑥ 如果在 Vista 操作系统上安装运行 U8.72 产品，建议至少配置 2GB 以上内存。

（2）数据库。安装用友 U8.72 之前，电脑的数据库必须做好以下准备。

① 数据库支持 SQL Server 2000（包括 MSDE）[SP4 及以上版本补丁]、SQL Server 2005（包括 Express）[SP2 及以上版本补丁]和 SQL Server 2008 及以上版本。

② 简体中文数据库默认安装即可。

③ 在繁体和英文操作系统上安装相应语言的数据库时，请选择"自定义安装"，设置"服务器排序规则"，设置为简体中文（PRC），安装成功后显示为 Chinese_PRC_CI_AS（注：一旦安装完毕，此设置不可修改，只能在安装数据库时进行选择）。

④ 在繁体和英文操作系统上安装数据库后，必须先将操作系统的默认语言修改为简体中文（PRC），否则将导致 U8.72 数据库服务器无法使用。

⑤ 支持数据库的多实例使用，但前提条件是必须有默认实例（包括对应的关键补丁）存在，否则将导致 U8.72 数据库服务器安装失败。

（3）浏览器。支持微软 IE 浏览器 IE6.0+SP1 或以上版本（如 IE7）使用 U8.72 的 WEB 产品。

> **提　示**
>
> 对于计算机设备名称（标识号），建议使用字母、数字组合，不要用"-""?""*"等特殊字符。安装产品之前请将各种杀毒软件的防火墙和实时监控系统关闭。

4．会计软件的安装步骤

（1）运行 U8.72 安装程序，如图 1-1 所示。

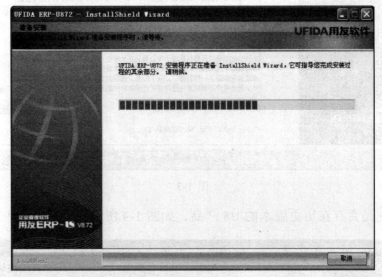

图 1-1

（2）自动弹出"欢迎使用用友 ERP-U8 管理软件"界面，可以进行查看"安装手册"、"下一步"和"取消"操作，如图 1-2 所示。

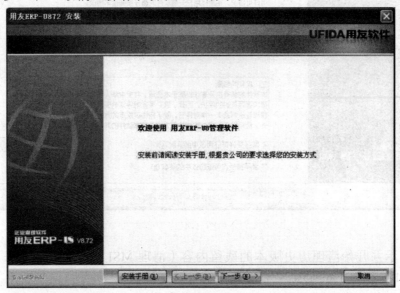

图 1-2

（3）确认许可证协议，如图 1-3 所示。

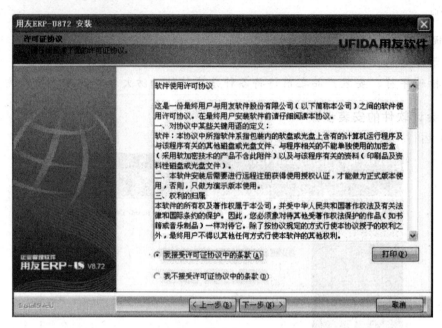

图 1-3

（4）检测是否存在历史版本的 U8 产品，如图 1-4 所示。

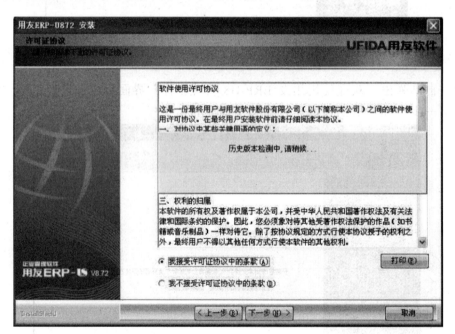

图 1-4

（5）提示并开始清理历史版本的残留内容（清理 MSI 安装包时间较长，请耐心等待），如图 1-5 和图 1-6 所示。

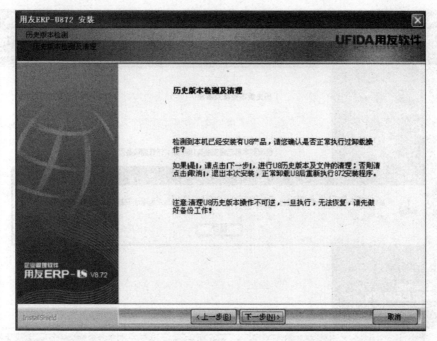

图 1-5

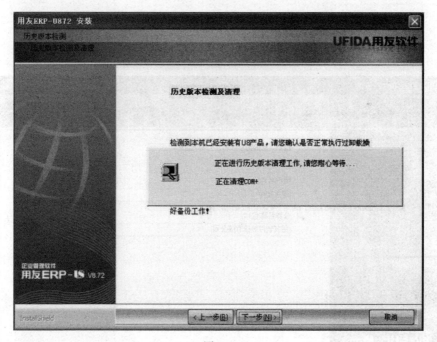

图 1-6

如果因为安装过程（包括卸载、修改或修复过程）异常而中断安装，进而导致安装失败，则在清理完毕后会提示重新启动，如图 1-7 所示，按照提示操作即可。没有执行此操作的情况下直接进入第（6）步，重新启动的机器再次执行第（5）步后进入第（6）步。

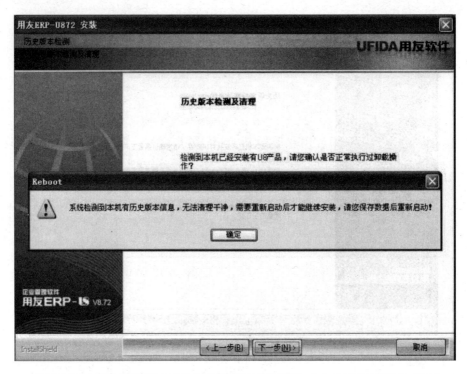

图 1-7

（6）录入用户信息，如图 1-8 所示。

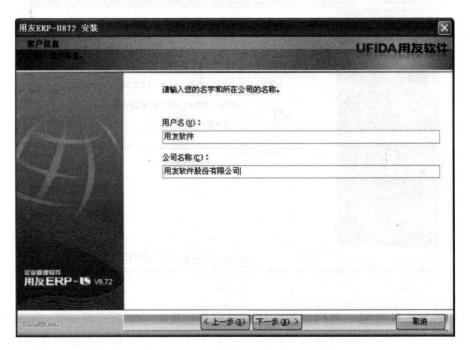

图 1-8

（7）选择安装路径，默认系统盘的"U8SOFT"，并限制不允许安装在根目录下，如图 1-9 所示。

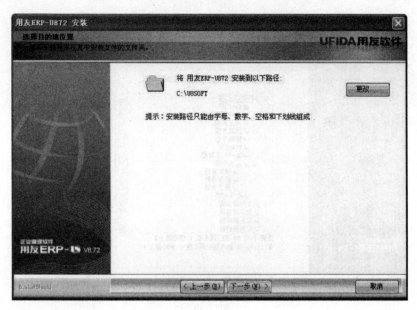

图 1-9

（8）选择安装类型。安装类型分为标准、全产品、服务器、客户端和自定义 5 种，如图 1-10 所示。在该对话框中，还可以选择安装的语种。除标准和全产品外，其他类型的安装都可以自行选择需要安装的产品内容，并根据需要选择计算机需要的空间和可用空间。

① 标准安装：除 GSP、专家财务评估之外的"全产品安装"。

② 全产品安装：安装全部客户端产品、服务器产品和组件。

③ 服务器安装：分为应用服务器、数据服务器、加密服务器、文件服务器和 Web 服务器的安装，可以选择安装，如图 1-11 所示。应用服务器的安装不再细分产品。Web 服务器仍选择产品安装，推荐全部选择。

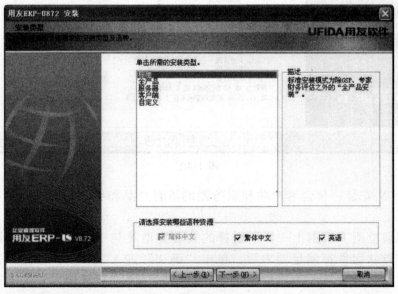

图 1-10

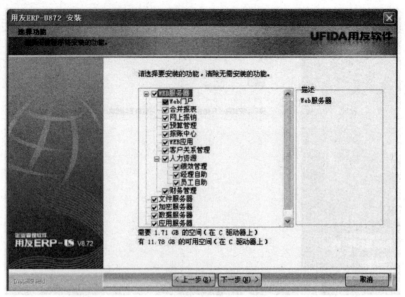

图 1-11

④ 客户端安装：按产品组到产品进行细分，可选择产品进行安装，如图 1-12 所示。

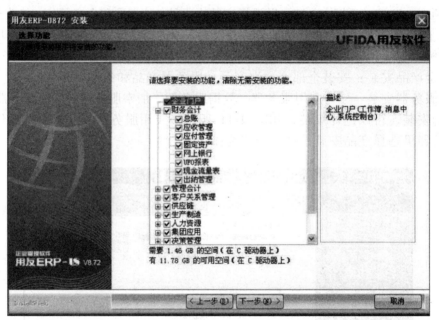

图 1-12

⑤ 自定义安装：包含客户端和服务器的所有产品和组件，可选择进行安装，如图 1-13 所示。

（9）环境检测。根据上一步所选择的安装类型及其子项检测环境的适配性，当基础环境和默认组件都满足要求后，单击"确认"进入下一步，检测报告会以记事本的形式自动打开并显示出示检测结果，可以保存（基础环境需要手动进行安装，默认组件可以通过"安装默认组件"进行自动安装，也可以选择手动安装），如图 1-14

和图 1-15 所示。

（10）记录日志。可以选择是否记录安装每一个 MSI 包的详细日志，默认不勾选（勾选将延长安装时间，并占用部分磁盘空间，正常情况下不推荐使用），如图 1-16 所示。

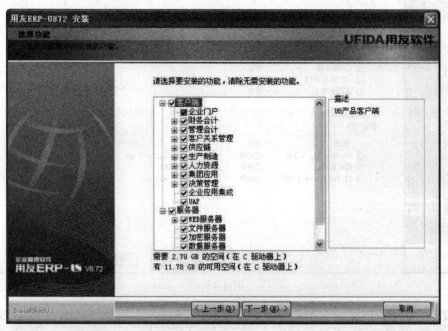

图 1-13

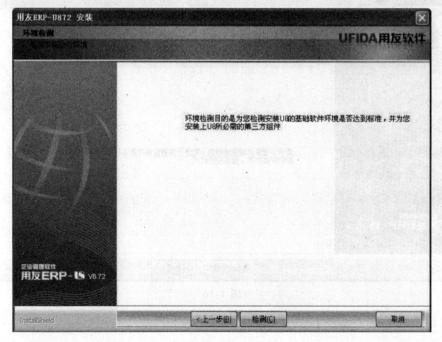

图 1-14

图 1-15

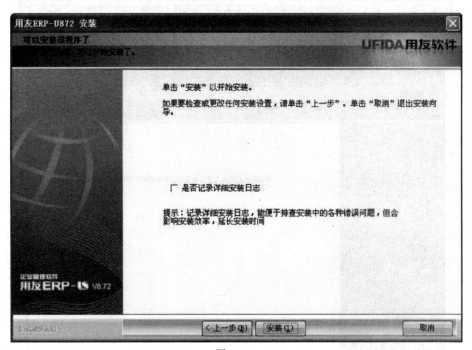

图 1-16

（11）开始安装，如图 1-17 所示。

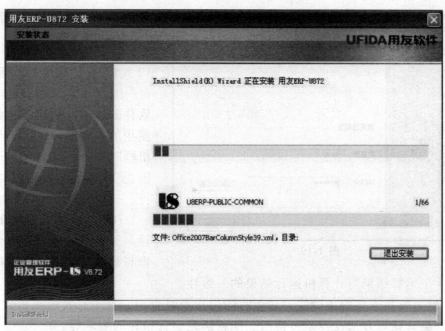

图 1-17

（12）询问是否重新启动，最好选择"是，立即重新启动计算机"，如图 1-18 所示。

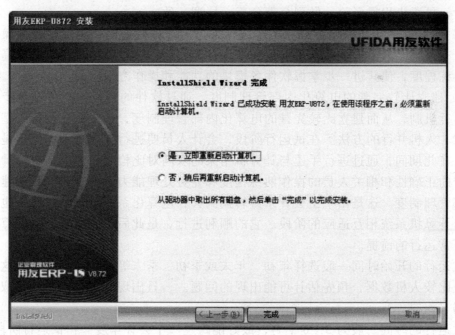

图 1-18

（13）如果选择安装的应用户服务器提供数据源的配置界面，则可以测试连接性。单击"下一步"按钮后开始初始化数据库。如选择安装的是数据服务器，在初始化成功后，会弹出系统管理登录界面。系统管理员登录系统管理。若检查有未建账，则自动进行建账。应用服务器不再提供系统管理功能，如图 1-19 所示。

图 1-19

三、手工记账与电算化的衔接工作

1. 会计软件的试运行

（1）试运行的目的。会计软件的试运行是指在会计软件使用的最初阶段，人工与计算机同时进行会计处理的过程，因而又称为人机并行或试运行。试运行的主要目的如下。

① 检查核算结果的正确性。试运行阶段，手工会计处理与计算机处理同时进行，可以检验手工运算结果与计算机运行结果的一致性。

② 检查核算方法的正确性。试运行阶段应及时查询、打印有关账簿和会计报表，可以检查会计核算方法设置是否得当、能否满足会计核算的要求等。

③ 检查人员分工的合理性。会计软件的应用节省了人力，并引起会计工作的重新分工。初次使用会计软件时，可能出现分工不合理、岗位设置不合理等问题。通过试运行，可逐步积累经验，做到合理分工、协调一致。

④ 提高软件操作的熟练性。由于会计人员对计算机还比较陌生，初次操作时不熟练，有时甚至因操作失误造成软、硬件损坏等问题。通过试运行，可以提高会计人员的熟练程度，使其进一步掌握软件各模块的功能和操作方法。

⑤ 建立比较完善的电算化内部管理制度。通过软件的试运行，可以逐步掌握软件的运行机制，从而建立比较完善的电算化内部管理制度，为正常运行打下基础。

（2）人机并行的方法。在试运行阶段，会计人员要进行双重劳动，但这是十分必要的。在此期间，通过进行手工与计算机结果的双向对比检验，能够考查会计软件数据处理的正确性和相关人员的操作熟练程度和业务处理能力，并能在实践中建立电算化内部管理制度。这是由手工会计系统转换到会计电算化系统的试验阶段，也是手工系统与计算机系统相互适应的阶段。它的顺利进行，是此后一定阶段会计电算化系统持续正常运行的前提。

试运行的开始时间一般选择年初、年末或季初、季末等特殊会计时期，这样才能全面地比较人机数据，预先估计可能出现的问题。一旦出现问题，要及时采取措施进行防错、纠错。

试运行的时间一般为 3～6 个月，最好能跨越一个会计年度。在试运行阶段前期，应以人工为主，计算机为辅；后期逐渐以计算机处理为主。

计算机与手工并行工作时期，可以采用计算机打印输入的记账凭证，以代替手工填制的记账凭证，原始凭证附于记账凭证的背面，根据有关规定进行审核并装订成册，作为会计档案保存，并据以登记手工账簿。如果计算机与手工核算结果不一致，则要由专人查明原因并向本单位领导书面报告。

并行一个阶段后，就开始建立各项管理制度，并根据实际运行中出现的问题，不断改进和完善这些制度。尤其对上岗操作软件人员的权限分配，应在申请替代手工记账前都能按规定设置完毕，进入正常工作状态。对替代手工记账后会计人员的岗位职责也应有明确的要求和岗位考核。

2．替代手工记账

（1）替代手工记账的任务。替代手工记账是指将各种基础会计数据输入计算机，采用计算机设置和会计软件对输入的会计数据进行处理，生成会计信息并存储在磁性介质上，并根据需要输入各种会计凭证、账簿、报表，即用计算机替代手工记账、算账、报账这一过程。

替代手工记账仅仅是会计电算化工作的初始阶段，是单位会计电算化工作的起点。其主要任务是完成数据处理初始化、计算机与手工并行和甩账验收等。替代手工记账这一过程的实现不仅是记账、算账、报账处理方式的改变，更主要的是提高了会计信息的及时性、准确性和完整性，从而为会计信息的充分利用打下基础。

（2）替代手工记账的条件。财政部颁布的《会计电算化管理办法》规定，采用电子计算机替代手工记账的单位，应当具备以下基本条件。

① 使用的会计软件达到财政部颁布的《会计核算软件基本功能规范》的要求。

② 配有专门或主要用于会计核算工作的电子计算机或电子计算机终端，并配有熟练的专职或兼职操作人员。

③ 用电子计算机进行会计核算与手工会计核算同时运行 3 个月以上，并取得相一致的结果。

④ 有严格的操作管理制度，主要涉及以下 4 点。

a．操作人员的工作职责和工作权限。

b．预防原始凭证和记账凭证等会计数据未经审核而输入计算机的措施。

c．预防已输入计算机的原始凭证和记账凭证等会计数据未经核对而登记机内账簿的措施。

d．必要的上机操作记录制度。

⑤ 有严格的硬件、软件管理制度，主要涉及以下 3 点。

a．保证机房设备安全和电子计算机正常运转的措施。

b．会计数据和会计软件安全保密的措施。

c．修改会计软件的审批和监督制度。

⑥ 有严格的会计档案管理制度。

（3）替代手工记账的审批，步骤如下。

① 提出申请。根据《会计电算化管理办法》中的规定，各省、自治区、直辖市、计划单列市财政厅（局）和国务院业务主管部门，都制定了具体的管理办法。这些管理办法可归纳为两种形式：一是由财政部门直接负责对申请替代手工记账的单位进行审查；二是财政部门间接管理，由申请替代手工记账的单位委托会计师事务所等中介机构进行审核，并出具计算机替代手工记账审查报告，抄送财政、税务、审计、业务主管部门等，财政部门负责对会计师事务所等中介机构的审查工作质量进行监督、检查，以及对审查报告作出正式批复。

对替代手工记账的单位不论采用何种管理形式进行审查，依据的标准都是《会计电算化管理办法》和《会计电算化工作规定》。

② 检查。负责替代手工记账验收的单位在收到甩账申请后，制订甩账验收计划，并通知被审单位。审查的主要内容包括：使用的会计核算软件是否达到财政部颁布的《会计核算软件功能规范》的要求；计算机硬件、设备配置和运行环境的情况；会计电算化岗位的设置；人机并行 3 个月（或 3 个月以上）的账、证、表；各种制度是否健全、是否得到贯彻落实等。

③ 审批。对已经通过替代手工记账验收的单位，审查部门应及时向该单位和有关部门提供甩账验收报告。报告的内容应包括：验收的日期、会计软件名称及版本、验收方法、内容，以及存在的不足和改进建议等。单位接到报告后，应对不足部分加以改进，再甩掉手工账。

小　结

会计电算化是现代会计学科的重要组成部分。它是研究计算机会计理论与计算机会计实务的一门会计边缘学科，对企业的信息化建设具有重要的意义。我国会计电算化的发展大体经历了初始发展阶段、自发发展阶段和稳步发展阶段，已从核算型发展成管理型，涵盖了供、产、销、人、财、物及决策分析等企业经济活动的各个领域。

会计软件是指专门用于会计工作的电子计算机应用软件，包括采用各种计算机语言编制的用于会计工作的计算机程序。

会计电算化信息系统的实施与管理是企业信息化建设工作的一个重要方面。会计电算化工作规划的制定、人才队伍的组织与培养、机构的设置、条件的准备及具体实施要求的提出，都将促使会计电算化工作有目标、有步骤地开展。

应根据会计软件所具备的功能，选择合适的会计核算软件，为保证会计电算化工作顺利开展奠定基础。会计信息系统的核心问题是如何保证计算机会计信息系统正常、安全的运行，这使得建立完善的会计信息系统运行管理制度尤为重要。

任务训练

1．训练目的

了解用友 U8.72 软件运行对计算机软件和硬件环境的要求，掌握数据库和用友 U8.72 会计软件的安装方法。

2．训练内容

（1）安装数据库。

（2）安装用友 U8.72 会计软件。

（3）启动服务器和 U8.72 服务器。

3．训练资料

（1）数据库软件。

（2）用友 U8.72 会计软件。

任务二
建立企业的账套

学习目标、重点及难点

- 目标：掌握账套的建立、修改、引入、输出等操作；掌握用户及角色的权限设置以及年度账的管理。
- 重点：建立新账套；角色和用户设置；为角色和用户设置权限；备份账套；年度账务处理。
- 难点：角色和用户的权限设置。

任务资料

1. 企业的基本情况（见表2-1）

表 2-1　　　　　　　　　　　企业的基本情况

企业名称（所属行业）	湖南胜利有限公司（工业）
主要业务及产品类型	钻机系列：钻机70型、钻机80型
单位地址及联系电话	地址：长沙市金星中路588号；电话：0731-88252525
开户行及账号	中国建设银行金星支行；4392600589400358888
纳税人登记号	430011555666888
适用税率	增值税税率为17%；城建税税率为7%；教育费附加税率为3%；运输费按7%抵扣
存货核算方法	存货入库时采用实际成本计价核算，存货发出成本采用全月一次加权平均法
主要会计岗位及人员	账套主管：爱爱；　审核员：晃晃；　制单及会计：东东；　出纳员：君君
其他	会计核算采用记账凭证账务处理程序；运输费用按货物重量分摊计入成本

2．账套信息

（1）账套信息。账套号：888。账套名称：湖南胜利有限公司。账套路径：默认。启用会计期：2014 年 1 月。会计期间设置：1 月 1 日～12 月 31 日。

（2）单位信息。单位名称：湖南胜利有限公司。单位简称：湖南胜利。单位地址：金星中路 588 号。法人代表：赵果果。邮政编码：410000。联系电话及传真：0731-88252525。邮箱：123456@126.com。

（3）核算类型。记账本位币：人民币（RMB）。企业类型：工业。行业性质：2007 年新会计制度科目。账套主管：爱爱。要求按行业性质预置会计科目。

（4）基础信息。基础信息包括存货、客户、供应商分类，无外币业务。

（5）分类编码方案。就分类编码方案来说，科目编码级次采用 4222，其他编码级次设置采用默认值。

（6）数据精度。数据精度采用系统默认值。

（7）系统启用。启用模块：总账。启用时间：2014 年 1 月 1 日。

3．用户及权限（见表2-2）

表 2-2　　　　　　　　　　　　　　用户权限

编号	姓名	口令	所属部门	权　　限
011	爱爱		财务部	账套主管，拥有所有的权限
012	东东		财务部	公共目录设置、总账、薪资管理、固定资产
013	晃晃		财务部	公共目录设置、总账—凭证—审核凭证
014	君君		财务部	总账—凭证—出纳签字，总账—出纳权限

 任务实施

一、账套的建立和备份

1．注册系统管理

第一次使用系统管理，要以系统管理员（admin）的身份注册后进入系统管理，然后设置角色和用户，建立新账套，指定相应的账套主管，再为角色和用户设置权限。

打开"开始"菜单，选择"所有程序\用友 EPR-U8.72\系统服务\系统管理"命令，如图 2-1 所示。

在弹出的"系统管理"窗口中，单击"系统"菜单，选择"注册"功能，系统会弹出"登录"窗口，如图 2-2 和图 2-3 所示。选择服务器名，可以根据需要选择不同的注册方式，以系统管理员（admin）或账套主管的身份进行注册，必须在登录窗口的账套栏出现"（default）"再点确定方可继续。

> **注　意**
> 第一次进入系统管理必须以系统管理员（admin）的身份进行注册登录。

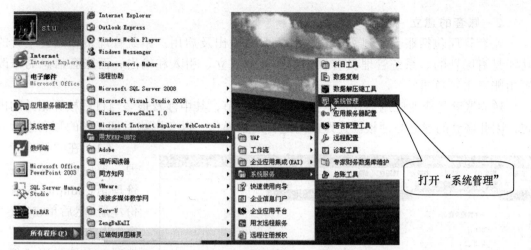

图 2-1

图 2-2

图 2-3

2．账套的建立

账套管理包括账套的建立、修改、引入、输出及启用。系统管理员和账套主管的功能是有区别的，系统管理员有权进行账套的建立、引入和输出；而账套信息的修改则由账套主管负责。

建立账套是企业应用会计信息系统的首要环节，其中涉及很多与日后核算相关的内容，因此账套的建立必须根据建账向导进行严格操作，以免影响后期工作的顺利进行。

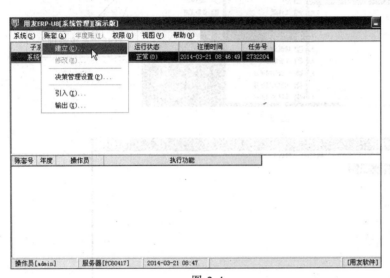

图 2-4

（1）在"系统管理"窗口中，以系统管理员（admin）的身份注册，然后单击"账套"菜单下的"建立"选项，系统弹出"创建账套"窗口，如图 2-4 和图 2-5 所示。账套号是新账套的编号，为三位数，即 001～999，并不能与已存账套号重复，在此输入"888"。账套名称输入"湖南胜利有限公司"。账套路径为新账套的保存路径，在此选择"C：\U8SOFT\Admin"。启用会计期为套账启用的时间，便于确定应用系统的起点。启用会计期一旦设定，就不能更改，在此设置为 2014 年 1 月。

（2）单击"下一步"按钮，弹出"单位信息"输入页面，按照如图 2-6 所示输入单位信息。

再单击"下一步"按钮，弹出"核算类型"设置页面，如图 2-7 所示。本币代码输入"RMB"。本币名称输入"人民币"。企业类型分为"工业"和"商业"，在此选择"工业"。行业性质选择"2007 年新会计制度科目"。科目预置语言选择"中文（简体）"。账套主管默认"demo"。勾选"按行业性质预置科目"，会计科目将由系统自动设置行业的标准一级科目。

图 2-5

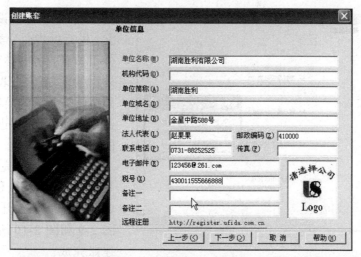

图 2-6

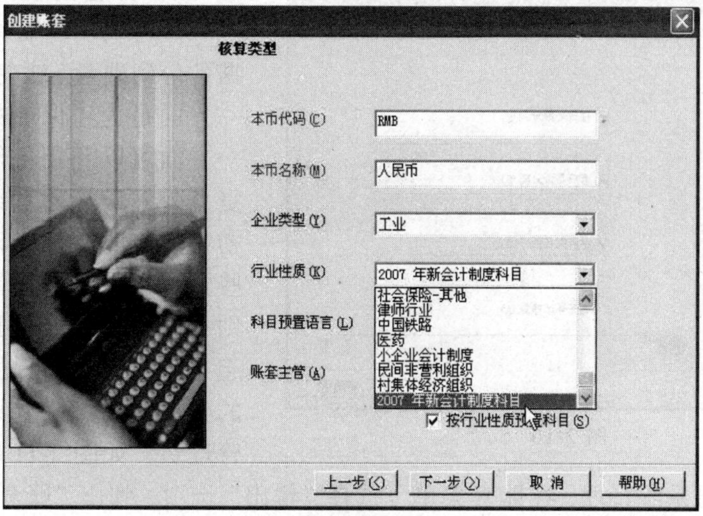

图 2-7

（3）单击"下一步"按钮，弹出如图2-8所示的"基础信息"页面。勾选"存货是否分类"选项，表明核算单位的存货较多，类别较多，要进行分类管理。因此在进行基础信息设置时，必须先设置存货分类。勾选"客户是否分类"选项，表明核算单位客户较多，需要进行分类管理，然后才能设置客户档案。勾选"供货商是否分类"选项，表明核算单位的供货商较多，需要进行分

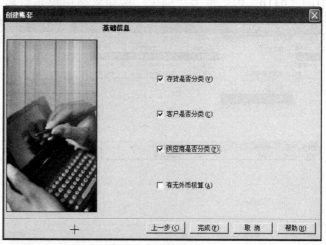

图 2-8

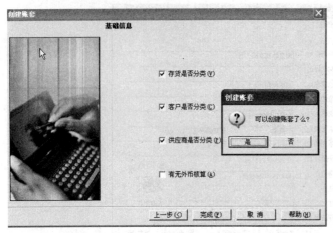

图 2-9

图 2-10

类管理,然后才能设置供货商档案,进行供货商分类管理。若有外币核算业务则必须勾选"有无外币核算"选项,表明可以进行外币核算业务的操作。在此不勾选该项,表明无需进行外币业务的核算。

（4）单击"完成"按钮,系统会提示"可以建账了么？"单击"是"按钮开始建账,如图 2-9 和图 2-10 所示。至此,建账完成。

3. 账套的输出和引入

账套输出是将系统产生的数据备份到硬盘、软盘等存储介质,一方面是为了保证数据完整,另一方面可以利用备份数据尽快恢复意外被破坏的系统。如果企业初始建账时数据错误很多,或某些情况下无需再保留企业账套,则可以将机内账套删除。为安全起见,系统一般提供账套删除前的强制备份,并且只授权于系统管理员。如图 2-11 所示,以账套

主管的身份注册系统管理,在账套菜单下选择"输出"选项,弹出"账套输出"对话框,如图 2-12 所示。单击"确认"按钮,弹出如图 2-13 所示的对话框。将账套输出到 D 盘中的"0410"中,单击"确定"按钮将弹出提示框显示账套输出成功,如图 2-14 所示。

图 2-11

图 2-12

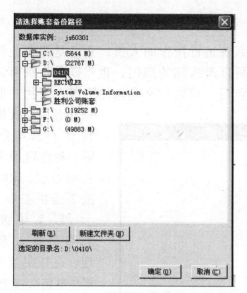

图 2-13   图 2-14

　　账套引入功能是将系统外账套数据引入本系统。系统及数据的安全性是企业首要关注的问题。利用账套引入功能恢复备份数据，可以将安全风险降低到最小。以账套主管的身份进入系统管理，在"账套"菜单下选择"引入"，如图 2-15 所示。将 D 盘文件夹"0410"中的数据引入到系统当中，如图 2-16 所示。单击"确定"按钮，开始引入账套，如图 2-17 所示。引入成功后，弹出如图 2-18 所示的提示框。

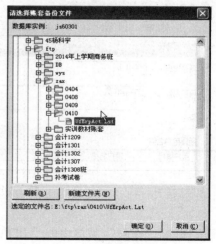

图 2-15   图 2-16

图 2-17   图 2-18

二、角色与用户管理

1. 用户及角色的管理

用户是指有权限登录用友系统并对系统进行操作的人员。角色是指企业管理中拥有某一类职能的组织。这个角色组织可以是实际的部门，也可以是由拥有同一类职能的人构成的虚拟组织。在设置了角色后，可以定义角色的权限。当用户归属某一角色后，就相应地拥有了该角色的权限。角色管理包括角色的增加、删除和修改等维护工作。

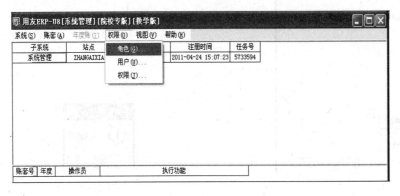

图 2-19

以系统管理员的身份进入系统管理，在权限菜单下选择"角色"，如图 2-19 所示。

单击"角色"选项后弹出"角色管理"对话框。单击"增加"录入"00001 软件操作员"，代表该角色的编号是"00001"，名称是"软件操作员"，如图 2-20 所示。

用户和角色的设置不分先后顺序，用户可以根据自己的需要先后设置。但对于自动传递权限来说，应该首先设定角色，然后分配权限，最后进行用户设置。这样在设置用户的时候，若选择其归属于哪一个角色，则其自动具有该角色的权限。只有系统管理员才有权限进行本功能的操作。进行用户管理操作的步骤如下。

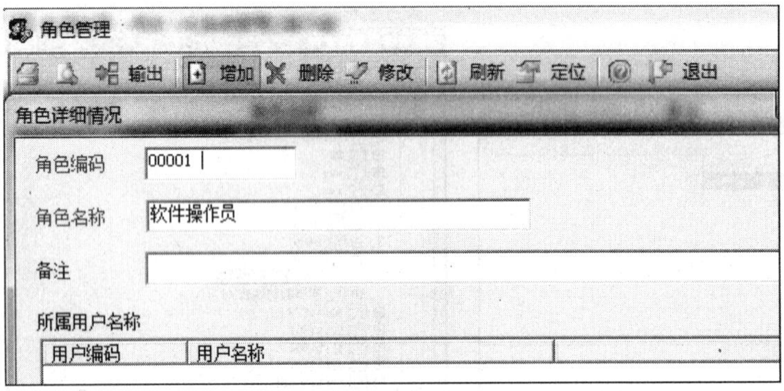

图 2-20

（1）选择"系统管理"窗口"权限"菜单中的"用户"选项，如图 2-21 所示，进入"用户管理"窗口。

在"用户管理"窗口中，单击"增加"按钮，分别增加 4 个用户，其编号分别为"011"、"012"、"013"和"014"，对应的姓名分别为"爱爱"、"东东"、"晃晃"和"君君"，再次单击"增加"按钮后退出，如图 2-22～图 2-24 所示。

（2）用户修改与删除的步骤同增加的步骤基本相同，但用户一旦已经进入过系统进行操作，就不允许删除了。

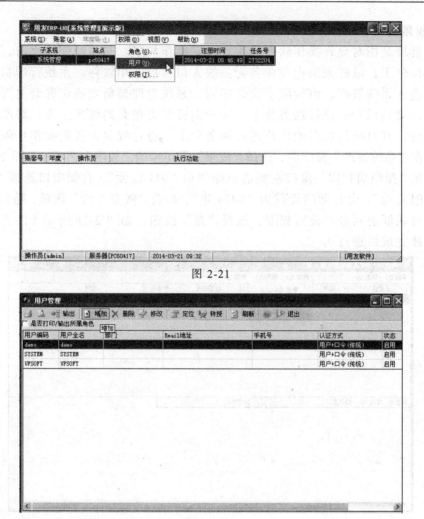

图 2-21

图 2-22

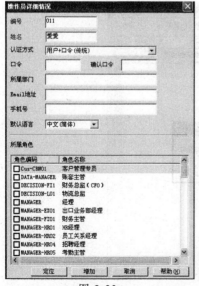

图 2-23

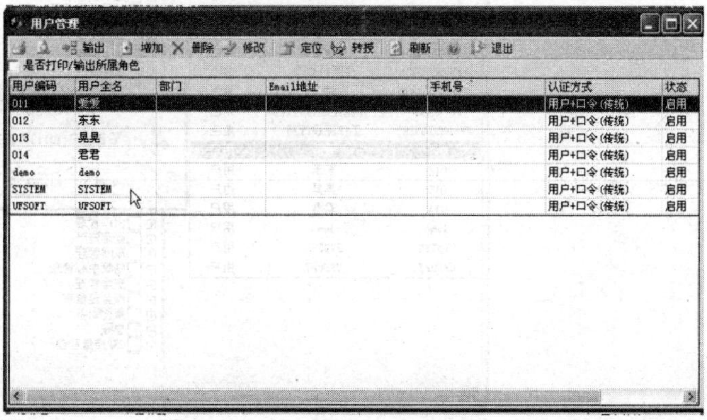

图 2-24

2. 权限管理

权限管理是指对允许操作软件的用户规定操作权限。在系统使用之前，需要对用户进行岗位分工，以此来防止与业务无关的人员擅自使用软件。系统管理员与账套主管都可以进入系统管理，但权限不完全相同。系统管理员负责指定账套主管，对账套进行管理，设置用户并进行财务分工。账套主管负责账套的维护工作，对所选年度账套进行管理，并对所选账套的用户进行财务分工。进行权限设置的操作步骤如下。

（1）在"系统管理"窗口中，选择"权限"菜单中的"权限"选项，如图 2-25 所示。

（2）在"操作员权限"窗口左侧选择操作员"011 爱爱"，右侧窗口选择"[888] 湖南胜利有限公司"，会计期间设置为"2014 年"，勾选"账套主管"选项，随后弹出"系统管理"对话框询问是否设置权限，选择"是"按钮，如图 2-26 所示（注意，该操作必须在建账完成后进行）。

图 2-25

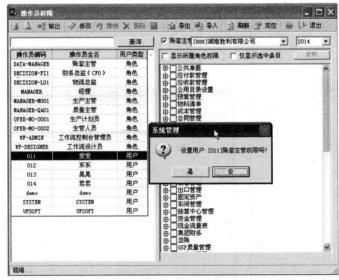

图 2-26

（3）同样，在"操作员权限"窗口左侧，选择"012 东东"，单击菜单栏中的"修改"按钮，选择"[888] 湖南胜利有限公司"账套，会计期间设置为"2014 年"，赋予东东公共目录设置、总账—期末、薪资管理、固定资产的全部权限，如图 2-27 和图 2-28 所示。然后，赋予晃晃公共目录设置、总账—凭证—审核凭证的操作权限，赋予君君总账—凭证—出纳签

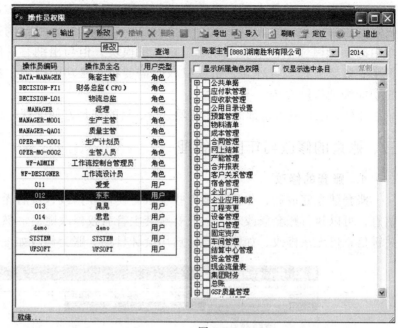

图 2-27

字、总账—出纳权限的操作权限。同上，该操作必须是在建账完成后进行。

设置操作员权限是从内部控制的角度出发，对系统操作人员进行严格的岗位分工，严禁越权操作的行为发生。系统中的两种角色（系统管理员和账套主管）都有权设置操作员权限，所不同的是，系统管理员可以指定或取消某一操作员为一个账套的主管，也可以对各个账套的操作员进行授权，而账套主管的权限局限于他所管辖的账套，在该账套内，账套主管默认拥有全部操作权限，可以针对本账套的操作员进行权限设置，在其他账套内则不行。

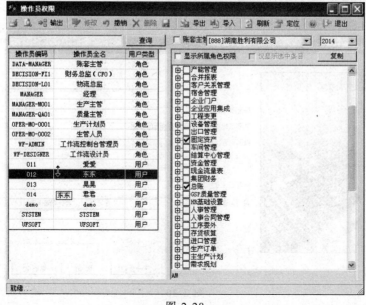

图 2-28

账套主管自动拥有所有模块的操作权限，可以为一个操作员赋予几个模块的操作权限，也可以为一个操作员赋予一个模块中部分功能权限。例如，出纳是日常财务工作中的一个岗位，在系统中属于总账系统模块，但与出纳有关的业务只包括出纳凭证签字、资金日报表管理等，所以赋权时需要将总账功能选中，再将其他出纳不能操作的功能细项排除在外。

此外，还有更为精细的功能权限划分，目的都是方便管理，保证系统使用的安全性。

三、账套的修改与年度账管理

1. 账套的修改

账套建立完成后，如果发现有些参数有误需要修改，或者希望查看建账时所设定的信息，可以执行账套修改功能。只有账套主管有权修改账套。然而，有些系统已使用的关键信息仍无法修改，如账套号、启用会计日期。账套修改如图 2-29 和图 2-30 所示。

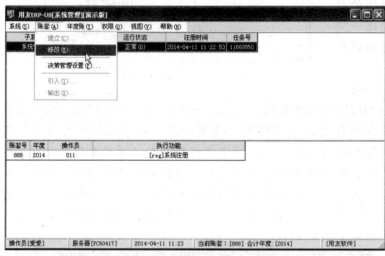

图 2-29

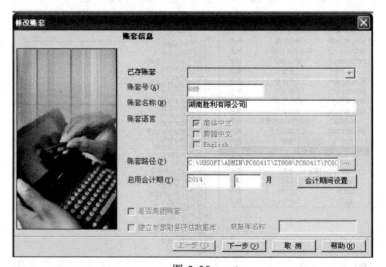

图 2-30

2. 年度账管理

年度账与账套是两个不同的概念，一个账套中包含了企业所有的数据，把企业数据按年度进行划分，称为年度账。年度账可以作为系统操作的基本单位，因此设置年度账主要是考虑到管理上的方便性。

年度账管理包括年度账的建立、引入、输出和结转上年数据、清空年度数据。

企业的日常工作是持续进行的。为了进行统计分析，需要人为地将企业持续经营时间划分为一定的时间段。一般以年度为最大单位进行账务的统计。每到年末，启用新年度账时，需要将上年度中相关账户的余额及其他信息结转到新年度账中。

有时，用户会发现某年度账中错误太多而影响下一年度的数据，这时可以使用"清空年度数据"功能。该功能并不是将年度账的所有数据全部清空，而是还将保留一些信息，如基础信息、系统预置的科目报表等。保留这些信息的主要目的是为了方便用户使用清空后的年度账重新做账。

四、系统初始化

1. 系统启用

企业基础信息设置既可以在公共管理模块中进行，也可以在进入各子系统后进行，其结果由各个模块共享。除了可以在建账时直接启用系统外，我们还可以从子系统进入，以各种身份进入企业应用平台后选择"设置"菜单中的"基础设置"，单击"系统启用"便可方便地进行设置。

2. 编码方案的设置

设置基础信息之前，首先要确定基础信息的分类编码方案。基础信息的设置必须遵循分类编码方案的级次和各级编码长度的设定。建账完成后，系统即弹出"编码方案"窗口，如图 2-31 所示，这是本套账预设置的编码方案。按要求进行修改之后单击"确定"按钮即可。编码方案一旦使用就不能更改，若要更改必须将所使用过的信息资料删除之后才能进行。编码规则是对企业关键核算对象确定分类级次及各级编码长度，以便于客户进行分级核算、统计和管理。可分级设置的内容一般包括科目编码、存货分类编码、客户分类编码、供应商分类编码、部门编码和结算方式编码等。编码规则的设置取决于核算单位经济业务的复杂程度、核算与统计要求。例如，我们设置的企业会计科目编码规则为"422"，则科目级次为三级，一级科目编码为 4 位长（编码"1001"代表库存现金科目），二、三级科目编码均为 2 位长（编码"100101"代表现金下面的人民币科目）。

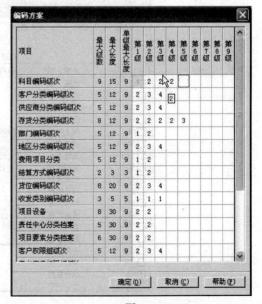

图 2-31

3.数据精度的设置

在图 2-31 中所示"编码方案"对话框中单击"确定"按钮，系统将弹出"数据精度"窗口，表示系统处理资料的小数位数，再单击"确定"系统弹出"数据精度"窗口，表示系统处理资料的小数字数，超过该精度的资料，系统会以四舍五入的方式进行取舍，如图 2-32 所示。单击"确定"按钮，账套建立完成。此时，系

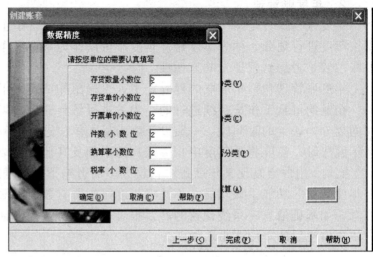

图 2-32

统提示是否启用模块，单击"是"按钮直接进入"系统启用"窗口设置接口。勾选相应模块，系统会提示录入启用会计日期。选择 2014 年 1 月 1 日，如图 2-33～图 2-35 所示。

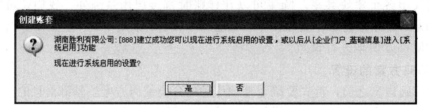

图 2-33

图 2-34

图 2-35

小 结

第一次使用系统管理，要以系统管理员（admin）的身份注册后进入系统管理，然后设置角色和用户，建立新账套，指定相应的账套主管，再为角色和用户设置权限。

建立账套是企业应用会计信息系统的首要环节，其中涉及很多与日后核算相关的内容，因此账套的建立必须根据建账向导进行严格操作，以免影响后期工作的顺利进行。用户是指有权限登录用友系统并对系统进行操作的人员。角色是指企业管理中拥有某一类职能的组织，这个角色组织可以是实际的部门，也可以是由拥有同一类职能的人构成的虚拟组织。

年度账与账套是两个不同的概念，一个账套中包含了企业所有的数据，把企业数据按年度进行划分，称为年度账。年度账可以作为系统操作的基本单位，因此设置年度账主要是考虑到管理上的方便性。

年度账管理包括年度账的建立、引入、输出和结转上年数据、清空年度数据。

任务训练

1．训练目的

掌握用友 ERP-U8 软件中有关财务软件系统中的系统管理的相关内容。理解系统管理在整个财务软件系统中的作用及重要性；了解建立账套的作用；掌握建立新账套、设置操作员、进行财务分工及管理账套的方法及操作技能。

2．训练内容

完成用户及权限的设置，账套的创建，系统的启用，清除单据锁定，清除异常任务，察看并删除上机日志，账套的引入和输出等。

3．训练资料

（1）操作员资料，见表 2-3。

表 2-3　　　　　　　　　　　　　　　操作员资料

编号	姓名	所属部门	角色
101	张青	财务部	
102	王玲	财务部	
103	苏成	财务部	
104	罗婷	财务部	

注：操作员口令自设。

（2）账套信息。

账套号：008。账套名称：恒达股份有限公司，采用默认账套路径。启用会计期：2015 年 1 月。会计期间设置：1 月 1 日～12 月 31 日。

（3）单位信息。

单位名称：恒达股份有限公司。

单位简称：恒达股份。

单位地址：湖南省长沙市高新技术开发区。

法人代表：刘建。

邮政编码：410012。

联系电话及传真：0731-82588888。

电子邮件：HDGF@163.com。

税号：125815588810102。

（4）核算类型。本企业的记账本位币为人民币（RMB）；企业类型为工业；行业性质为 2007 年新会计制度；账套主管为张青；按行业性质预置会计科目。

（5）基础信息。存货、客户、供应商均分类，有外币核算。

（6）分类编码方案。会计科目编码方案：4，2，2，2，其他默认。

（7）数据精度：采用系统默认设置。

（8）系统启用：企业暂时只启用总账系统，启用日期为 2015 年 1 月 1 日。

（9）账务分工，见表 2-4。

表 2-4　　　　　　　　　　　　　　　财务分工

编号	姓名	所属部门	功能权限
101	张青	财务部	账套主管
102	王玲	财务部	公共单据、公用目录、固定资产、总账、薪资管理的全部权限
103	苏成	财务部	出纳签字权、总账中的出纳权限
104	罗婷	财务部	凭证审核

任务三
总账系统的操作

学习目标、重点及难点

- 目标：理解总账系统的功能特点、基本处理流程；掌握总账系统的初始化设置、日常业务处理及期末处理。
- 重点：总账系统的初始化设置、日常业务处理及期末处理。
- 难点：期末转账定义、转账生成。

任务资料

1．基础档案

（1）部门档案（见表 3-1）。

表 3-1 部门档案

部门编码	部门名称
1	管理部
2	财务部
3	销售部
301	销售一部
302	销售二部
4	供应部
5	生产部

（2）人员档案（见表 3-2）。

表 3-2　　　　　　　　　　　　　　　　人员档案

职员编码	职员姓名	人员类别	所属部门	性别	是否业务员
001	爱爱	在职人员	财务部	女	是
002	东东	在职人员	财务部	男	是
003	晃晃	在职人员	财务部	女	是
004	君君	在职人员	财务部	女	是
005	赵果果	在职人员	管理部	男	是
006	敏敏	在职人员	销售一部	女	是
007	霞霞	在职人员	销售二部	女	是
008	琰琰	在职人员	销售二部	男	是
009	明明	在职人员	供应部	男	是
010	斌斌	在职人员	生产部	男	是

（3）客户档案（客户分类：工业）（见表 3-3）。

表 3-3　　　　　　　　　　　　　　　　客户档案

客户编码	客户名称	客户简称
001	湖南光明公司	湖南光明
002	武汉建设公司	武汉建设
003	广东建设公司	广东建设

（4）供应商档案（供应商分类：商业）（见表 3-4）。

表 3-4　　　　　　　　　　　　　　　　供应商档案

供应商编号	供应商名称	供应商简称
001	长沙市宏大公司	长沙宏大
002	北京兴旺公司	北京兴旺
003	湖南荣盛公司	湖南荣盛

2. 凭证类别

收付转（见表 3-5）。

表 3-5　　　　　　　　　　　　　　　　凭证类别

类别字	凭证类别	限制类型	限制科目
收	收款凭证	借方必有	1001，1002
付	付款凭证	贷方必有	1001，1002
转	转账凭证	凭证必无	1001，1002

3. 期初余额

（1）总账账户的余额（见表 3-6）。

表 3-6　　　　　　　　　　　　　　　　总账账户的余额

会计科目	辅助核算及其他核算	借方余额（元）	贷方余额（元）
库存现金（1001）	日记账指定科目：现金总账科目	3 000.00	
银行存款（1002）	银行账，日记账指定科目：银行科目	165 000.00	

续表

会计科目	辅助核算及其他核算	借方余额（元）	贷方余额（元）
应收账款（1122）	设置客户往来辅助核算，不受控	40 000.00	
其他应收款（1221）	设置个人辅助核算		
原材料（1403）		50 000.00	
5cc 钢板（140301）	数量核算	40 000.00 5 吨	
8cc 钢板（140302）	数量核算	10 000.00 1 吨	
库存商品（1405）		800 000.00	
钻机 70 型（140501）	数量核算	300 000.00 20 台	
钻机 80 型（140502）	数量核算	500 000.00 25 台	
固定资产（1601）		900 000.00	
累计折旧（1602）			144 000.00
应付账款（2202）	设置供应商往来辅助核算，不受控		30 000.00
应付职工薪酬（2211）			
工资（221101）			
福利费（221102）			
应交税费（2221）			
应交增值税（222101）			
进项税额（22210101）			
销项税额（22210102）			
应交城市维护建设税（222102）			
应交教育费附加（222103）			
实收资本（4001）			1 484 000.00
资本公积（4002）			60 000.00
盈余公积（4101）			40 000.00
利润分配（4104）			200 000.00
生产成本（5001）	项目核算		
直接材料（500101）	项目核算		
直接人工（500102）	项目核算		
制造费用（500103）	项目核算		
主营业务收入(6001)			
钻机 70 型(600101)	数量核算		
钻机 80 型(600102)	数量核算		
主营业务成本(6401)			
钻机 70 型(640101)	数量核算		
钻机 80 型(640102)	数量核算		

（2）应收账款辅助账余额（见表 3-7）。

表 3-7 应收账款辅助账金额

日期	客户	摘要	金额（元）
2013-12-25	湖南光明公司	销售商品	25 000.00
2013-12-31	武汉建设公司	销售商品	15 000.00

（3）应付账款辅助账余额（见表 3-8）。

表 3-8 应付账款辅助账金额

日期	客户	摘要	金额（元）
2013-12-18	长沙市宏大公司	购买原材料	30 000.00

4．项目目录（见表3-9）。

表 3-9 项目目录

项目设置	设置内容
项目大类	生产成本
核算科目	直接材料
	直接人工
	制造费用
项目分类	1．钻机
项目名称	101　钻机 70 型
	102　钻机 80 型

5．票据结算方式

（1）支票。

101 现金支票。

102 转账支票。

（2）商业汇票。

（3）银行汇票。

（4）委托收款。

6．湖南胜利有限公司2014年1月的经济业务

操作要求：由操作员 012 东东填制记账凭证，014 君君出纳签字，013 晃晃完成审核凭证，011 爱爱完成记账操作。

（1）2 日，签发现金支票 1 张，提取现金 8 000 元备用。附件 1 张，支票号为 201401。

（2）5 日，销售部一部敏敏出差暂借差旅费 4 000 元，出纳以现金支票支付。附件 1 张，现金支票的支票号为 201402。

（3）8 日，向长沙市宏大公司购入 5cc 钢板 5 吨，价款 40 000 元，增值税 6 800 元；8cc 钢板 4 吨，价款 40 000 元，增值税 6 800 元，支付运输费 900 元，货款及运输费均以银行存款支付。材料已验收入库。附件 5 张。转账支票的支票号为 201403。

（4）11日，生产部领用 8cc 钢板（编号 1001）1 吨用于钻机 80 型生产，领用 5cc 钢板（编号 1002）2 吨用于钻机 70 型生产。附件 2 张。

（5）21日，向湖南光明公司销售钻机 70 型 10 台，单价为 20 000 元，货款 200 000 元，增值税 34 000 元，钻机 80 型 4 台，单件为 25 000 元，货款 100 000 元，增值税 17 000 元。开出增值税专用发票 1 张，款未收。附件 2 张。

（6）25日，收到湖南光明公司前欠货款 25 000 元，已存银行。附件 1 张。转账支票的支票号为 201404。

（7）28日，管理部持普通发票前来报销费用，共计 1 000 元。出纳以现金付讫。附件 1 张。

（8）31日，因流动资金不足，向银行贷款 100 000 元，为期 1 年。附件 2 张。转账支票的支票号为 201405。

（9）31日，分配本月应付工资及计提福利费。附件 1 张（见表 3-10）。

表 3-10　　　　　　　　　　　　应付工资及计提福利费

2014 年 1 月 31 日　　　　　　　　　　　　　　　　　　　　　　　　　　　单位：元

项　目	应付工资及福利费		合　计
	应付职工工资	按上年的实际工资提取职工福利费	
生产工人工资	50 000.00	7 000.00	57 000.00
其中：钻机 70 型	30 000.00	4 200.00	34 200.00
钻机 80 型	20 000.00	2 800.00	22 800.00
车间管理人员工资	3 000.00	420.00	3 420.00
企业销售部门工资	2 000.00	280.00	2 280.00
企业管理人员工资	5 000.00	700.00	5 700.00
合　计	60 000.00	8 400.00	68 400.00

复核：晃晃　　　　　　制单：东东

（10）31日，用银行存款发放工资 60 000 元。附件 2 张。转账支票的支票号为 201406。

（11）31日，结转本月制造费用（按生产工人工资比例分配），附件 1 张（见表 3-11）。

表 3-11　　　　　　　　　　　　结转本月制造费用

2014 年 1 月 31 日　　　　　　　　　　　　　　　　　　　　　　　　　　　单位：元

分配对象	分配标准（生产工人工资）	分配率	分配金额
钻机 70 型	30 000.00		2 052.00
钻机 80 型	20 000.00		1 368.00
合　计	50 000.00	3 420/50 000=0.0 684	3 420.00

复核：晃晃　　　　　　制单：东东

（12）31日，计算本月应交的城市维护建设税及教育费附加。附件 1 张（见表 3-12）。

表 3-12 城市维护建设费及教育附加费

单位名称：湖南胜利有限公司　　　　　　2014 年 1 月 31 日　　　　　　金额单位：元

税种、税目	计 税 依 据		适用税率	应交税费（元）	备　注
	项　目	金额（元）			
城建税	应交增值税	37 337.00	0.07	2 613.59	
教育费附加	应交增值税	37 337.00	0.03	1 120.11	
合　　计				3 733.70	

复核：晃晃　　　　　　　　制单：东东

7. 银行对账单（见表3-13）。

表 3-13 银行对账单

日　期	摘　要	借方（元）	贷方（元）	余额（元）
1 月 1 日				165 000.00
1 月 2 日	提现		8 000.00	157 000.00
1 月 10 日	购买材料		94 500.00	62 500.00
1 月 24 日	收到前欠货款	25 000.00		87 500.00
1 月 25 日	购买材料		58 500.00	29 000.00
1 月 26 日	存现	1 500.00		30 500.00
1 月 31 日	借款	100 000.00		130 500.00

8. 期末经济业务

操作要求：使用"自动转账生成"功能生成记账凭证，然后审核、记账、对账、结账、反结账。

（1）31 日，结转本月产品销售成本。附件 1 张。

（2）31 日，计算短期借款利息，年利率12%。附件 1 张。

（3）31 日，结转本月损益类账户的余额。附件 0 张。

（4）31 日，结转本年利润。附件 1 张。

 任务实施

一、认识总账系统

1. 总账系统的功能

总账系统又称为账务处理系统，是企业会计信息系统的一个重要的核心子系统，其他账务和业务子系统有关资金的数据最终要归集到总账系统中以生成完整的会计账簿。报表系统编制会计报表和进行有关的账务分析时，其数据主要也是取自总账系统。因此，总账系统是会计信息系统的基础和核心，是整个会计信息系统最基本和最重要的内容。

总账系统是单位实施会计信息化必选的系统，单位视会计账务处理的具体情况而决定是否单独使用总账系统进行财务核算，也可以在使用总账系统的同时，还使用其他子系统一起参与单位财务核算。

总账系统的基本功能结构如图 3-1 所示。

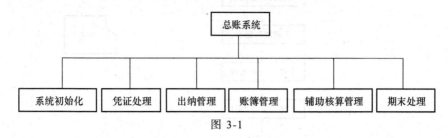

图 3-1

一般来说，一个完整的通用账务处理系统的功能结构包括以下几个。

（1）系统初始化。总账系统初始化工作包括系统工作环境设置、账套设置、会计科目设置、凭证类别设置、项目目录设置、客户/供应商档案设置、录入期初余额、录入初始银行未达账等操作。其中一部分在基础信息设置中已设置，只有系统工作环境和录入期初余额是在总账中最主要的初始设置。

（2）凭证处理。凭证处理是指通过严密的制单控制保证填制凭证的正确性。提供资金赤字控制、支票控制、预算控制、外币折算误差控制以及查看最新余额等功能，加强对发生业务的及时管理和控制，完成凭证的录入、审核、记账、查询、打印以及出纳签字、主管签字等。

（3）出纳管理。为出纳人员提供一个集成的办公环境，加强对现金及银行存款的管理，包括查询和打印现金日记账、银行日记账、资金日报表，进行支票登记和管理，进行银行对账并编制银行存款余额调节表。

（4）账簿管理。账簿管理包括查询和打印各种已记账凭证、总账、明细账、日记账、辅助账及各种汇总表。

（5）辅助核算管理。辅助核算管理包括个人往来、客户往来、供应商往来、部门核算、项目核算等。

（6）期末处理。期末处理主要是指完成期末结转业务，记账凭证的自动编制和期末对账、结账工作，包括月末的"月结"和年末的"年结"。

2．总账系统基本工作流程

第一次使用总账时，操作流程如图 3-2 所示。

（1）安装总账系统。

（2）增加新账套。

（3）进入总账系统。系统安装完毕后，即可启动账务系统。

（4）从第 1 步建立会计科目开始到第 8 步设置凭证类别（即图中虚线所括部分），是对账套进行的初始设置，应该根据本企业的特点进行相应的设置。

（5）当会计科目、各辅助项目录、期初余额及凭证类别等已录入完毕，就可以使用计算机进行填制凭证、记账了。从第 9 步到第 12 步是每月进行的日常业务。

（6）从第 13 步到第 15 步是月末需进行的工作，包括月末转账、对账、结账，以及对会计档案进行备份等。

3．总账系统与其他系统的数据传递关系

总账系统与其他系统的数据传递关系如图 3-3 所示。

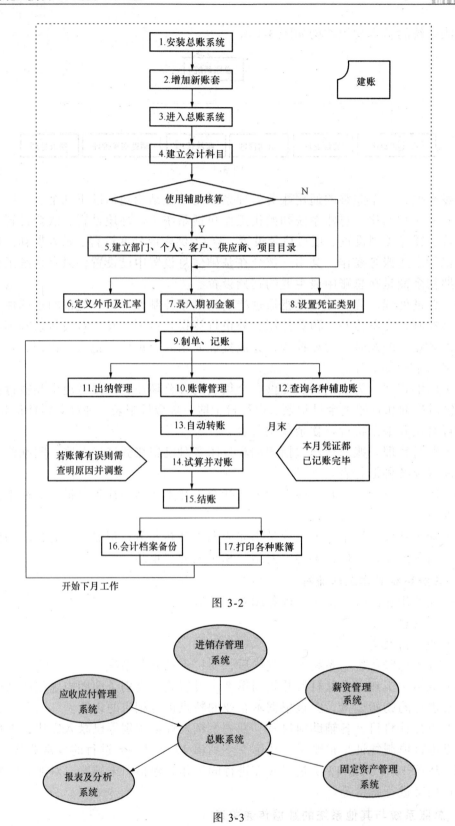

图 3-2

图 3-3

二、系统初始化设置——基础档案的设置

在进行完账套的建立等操作后，进入"用友 ERP-U8"下的"企业应用平台"，如图 3-4 所示。系统弹出用户登录界面，操作员输入"011"，选择"888 湖南胜利有限公司"，操作日期选择"2014-01-01"，如图 3-5 所示。

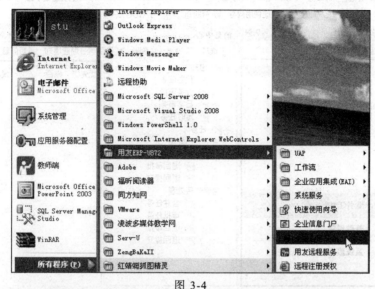

图 3-4

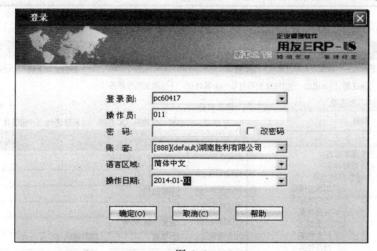

图 3-5

登录注册进入工作中心，如图 3-6 所示。双击"基础设置"，可以进行基础档案的设置。

1. 机构人员设置

（1）本单位信息。"本单位信息"功能的应用如图 3-7 所示。

（2）部门档案。"部门档案"功能主要用于设置企业各个职能部门的信息。"部门"指某使用单位下辖的具有分别进行财务核算或业务管理要求的单元体，可以是实际中的部门机构，也可以是虚拟的核算单元。按照已经定义好的部门编码级次原则输入部门编

号及其信息。最多可分 5 级，编码总长 12 位，部门档案包含部门编码、名称、负责人等信息。单击"机构人员"→"部门档案"选项，如图 3-8 所示。在"部门档案"界面单击"增加"按钮，依次增加"1 管理部"、"2 财务部"等，如图 3-9～图 3-11 所示。

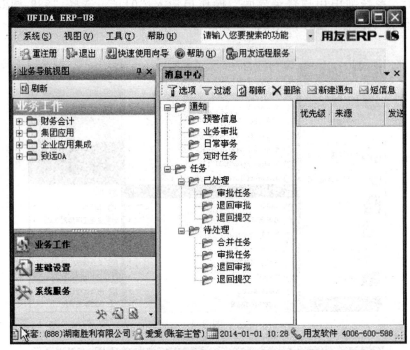

图 3-6

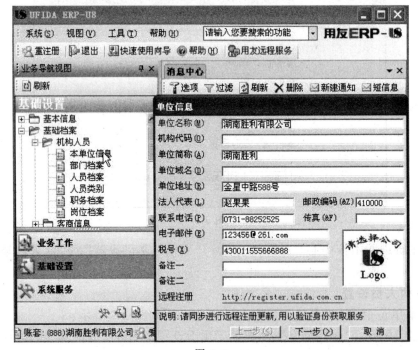

图 3-7

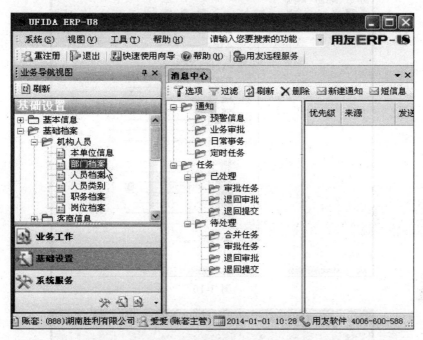

图 3-8

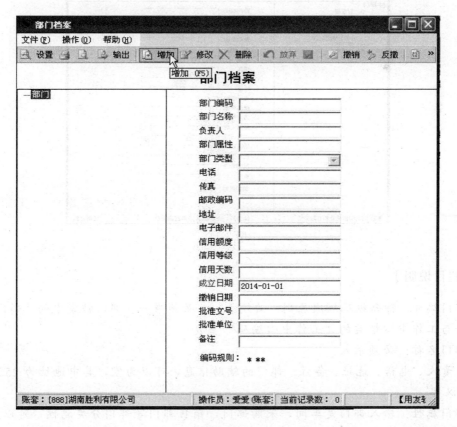

图 3-9

图 3-10

图 3-11

【栏目说明】

部门编号：符合编码级次原则。必须录入，必须唯一。部门档案中的"部门编码"不允许与工作中心档案的"工作中心编码"重复。

部门名称：必须录入。

负责人、电话、地址、备注：部门的辅助信息，可以为空，其中地址为 255 字符，127 个汉字。

部门属性：输入部门是车间、采购部门、销售部门等部门分类属性，可以为空。

信用信息：包括信用额度、信用等级和信用天数，是指该部门对本部门负责的客户的信用额度和最大信用天数，可以不填。如果在"销售管理系统—销售选项—信用控制页签"中选择"是否有部门信用控制"，则需要在这里输入相应信息。

成立日期：即部门的成立时间，默认为当前登录时间。

撤销日期：即部门的撤销时间，通过"撤销"按钮输入。

（3）人员档案。"人员档案"功能主要用于设置企业各职能部门中需要进行核算和业务管理的职员信息，必须先设置好部门档案才能在这些部门下设置相应的职员档案。除了固定资产和成本管理产品外，其他产品均需使用职员档案。如果企业不需要对职员进行核算和管理要求，则可以不设置职员档案。在人员列表界面单击"增加"按钮，如图 3-12 所示。依次增加"001 爱爱"、"002 东东"等，如图 3-13 和图 3-14 所示。

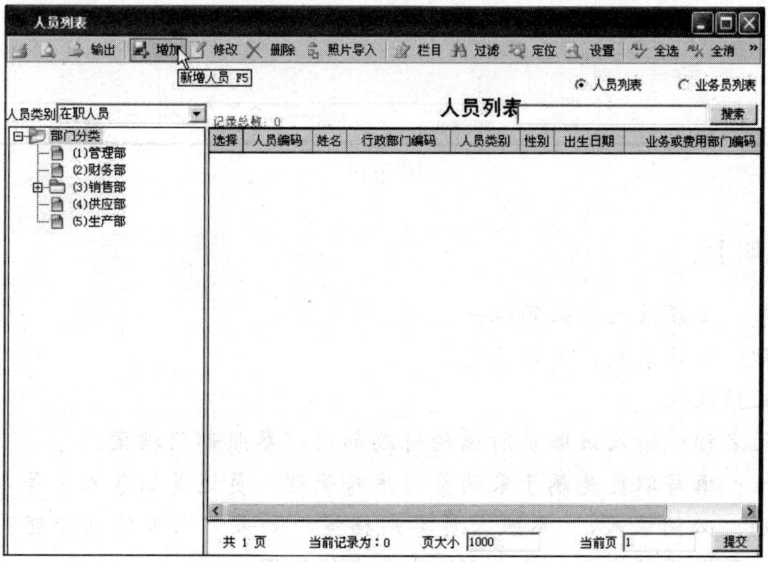

图 3-12

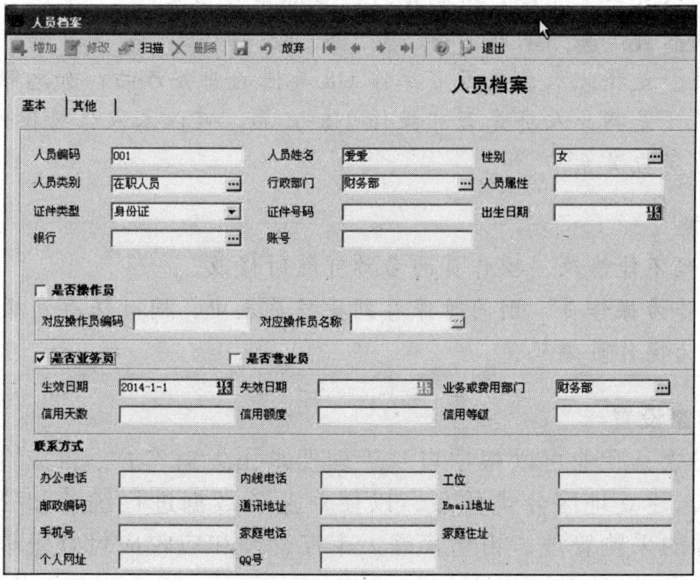

图 3-13

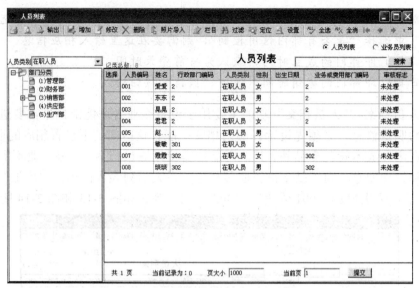

图 3-14

【栏目说明】

人员编号：必须录入，必须唯一。

人员名称：必须录入，可以重复。

性别：必须录入。

行政部门名称：输入该职员所属的行政部门，参照部门档案。

人员属性：填写职员是属于采购员、库房管理人员还是销售人员等人员属性。

人员类别：必须录入，参照人员类别档案，如果"人事信息管理"未启用，则可随时修改；否则不能修改，应由 HR 业务进行处理。

银行：是指人员工资等账户所属银行，参照银行档案。

账号：是指人员工资等的账号。

是否业务员：是指此人员是否可操作 U8 其他的业务产品，如总账、库存等。

是否操作员：是指此人员是否可操作 U8 产品，可以本人作为操作员，也可与已有的操作员建立对应关系。

操作注意

操作员编码不能修改，操作员的名称可随时修改。

如果本人作为操作员，则同时保存到操作员表中。同时保存到操作员表中的操作员密码默认为操作员编码。

2. 客商信息设置

（1）地区分类。企业可以根据自身管理要求出发对客户、供应商的所属地区进行相应的分类，建立地区分类体系，以便对业务数据进行统计和分析。使用用友 ERP-U8 产品中的采购管理、销售管理、库存管理和应收应付款管理系统都会用到地区分类。

地区分类最多有 5 级，企业可以根据实际需要进行分类。例如，用户可以按区、省、市进行分类，也可以按省、市、县进行分类，如图 3-15 所示。

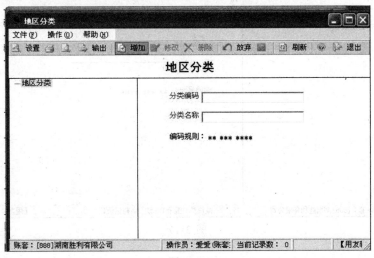

图 3-15

【栏目说明】

分类编码：地区分类编码必须唯一，不允许重复，并要注意分类编码字母的大小写。

分类名称：可以是汉字或英文字母，必须唯一，不能重复，不能不填。

（2）供应商分类。企业可以根据自身管理的需要对供应商进行分类管理，建立供应分类体系。可将供应商按行业、地区等进行划分，设置供应商分类后，根据不同的分类建立供应商档案。没有对供应商进行分类管理需求的用户可以不使用本功能。单击"供应商分类"，输入编码"01"和名称"商业"，如图 3-16 和图 3-17 所示。

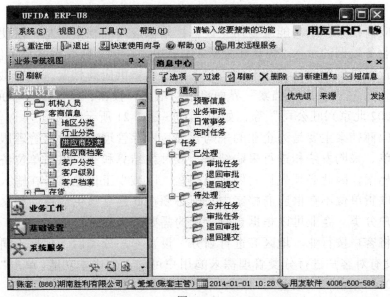

图 3-16

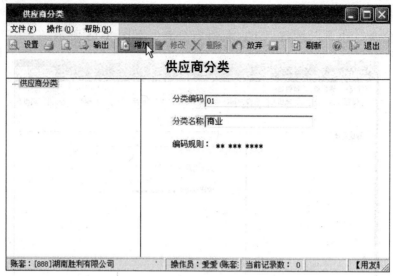

图 3-17

【功能按钮操作说明】

● "增加"按钮：用于新增供应商分类。单击"增加"按钮，输入类别编码和类别名称，单击"保存"按钮对此次增加的供应商分类进行保存。要想增加下级供应商分类，需选择上级供应商分类后再单击"增加"按钮，根据编码原则输入分类编码，如上级编码为"1"，编码规则为"***"，则新增的下级编码为"101"。

● "修改"按钮：用于修改供应商分类。选择要修改的供应商分类，单击"修改"按钮，注意这时只能修改类别名称，不能修改类别编码。

● "删除"按钮：用于删除供应商分类。将光标移到要删除的供应商分类上，单击"删除"按钮，即可删除当前分类，不能删除已经使用的供应商分类和非末级供应商分类。

（3）供应商档案。本功能主要用于设置往来供应商的档案信息，以便于对供应商资料管理和业务数据的录入、统计和分析。如果用户在建立账套时选择了供应商分类，则必须在设置完成供应商分类档案的情况下才能编辑供应商档案。单击"供应商档案"，如图 3-18 所示。在"供应商档案"界面单击"增加"按钮，依次输入"001 长沙市宏大公司"、"002 北京兴旺公司"等，如图 3-19～图 3-21 所示。

建立供应商档案主要是为企业的采购管理、库存管理、应付账管理服务的。在填制采购入库单、采购发票和进行采购结算、应付款结算和有关供货单位统计时都会用到供货单位档案，因此必须先设立供应商档案，以减少工作差错。在输入单据时，如果单据上的供货单位不在供应商档案中，则必须在此建立该供应商的档案。

（4）客户分类。企业可以根据自身管理的需要对客户进行分类管理，建立客户分类体系。可将客户按行业、地区等进行划分，设置客户分类后，根据不同的分类建立客户档案。没有对客户进行分类管理需求的用户可以不使用本功能。单击"客户分类"，输入编码"01"和名称"工业"，如图 3-22 和图 3-23 所示。

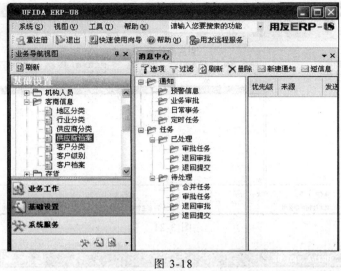

图 3-18

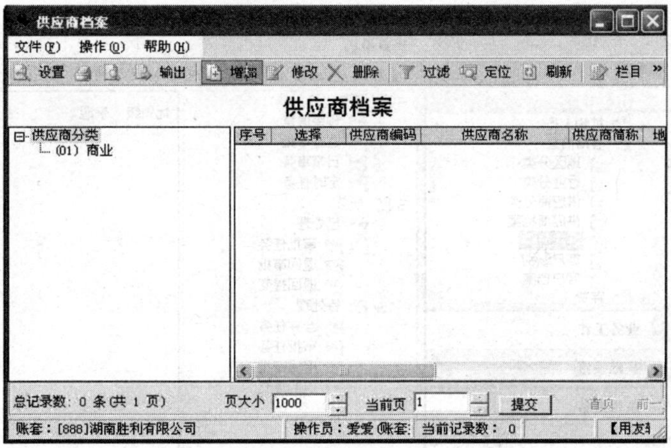

图 3-19

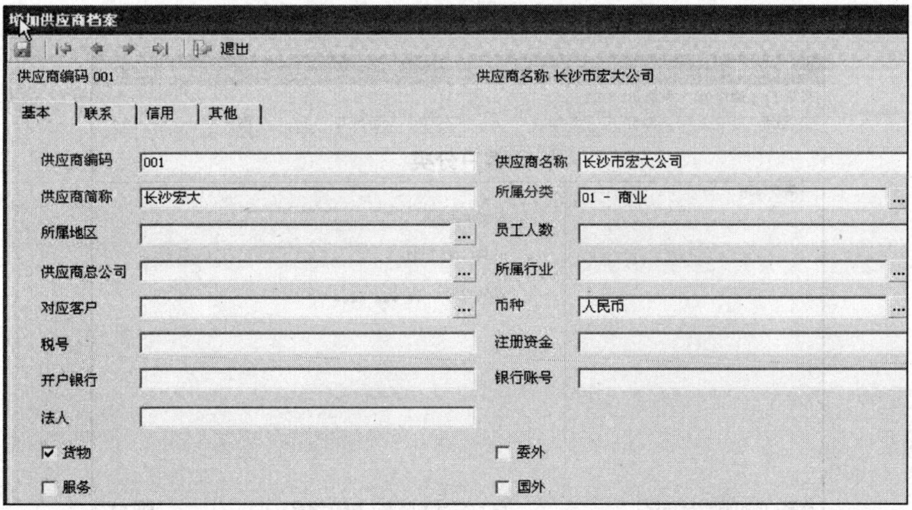

图 3-20

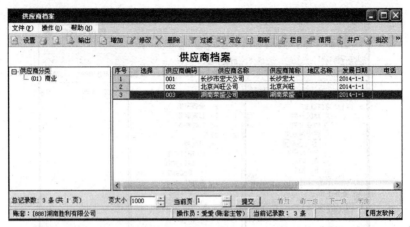

图 3-21

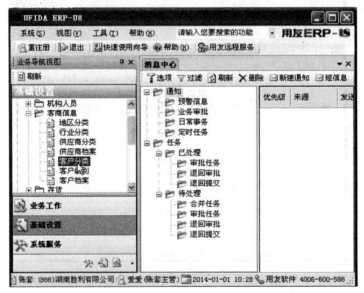

图 3-22

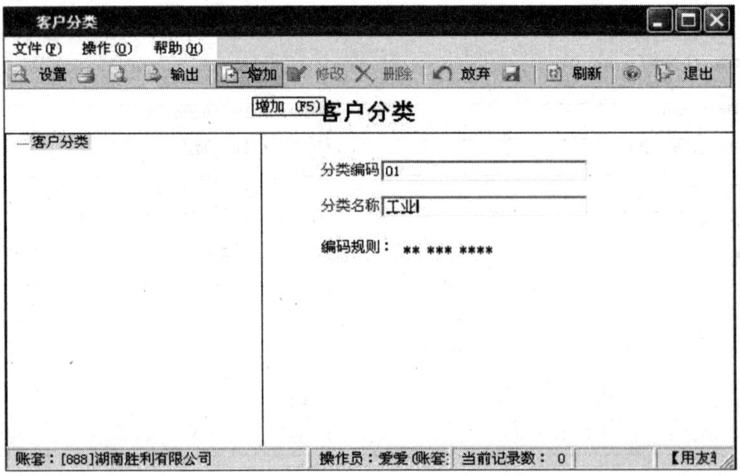

图 3-23

【功能按钮操作说明】

- "增加"按钮：用于增加客户分类。选择要增加客户分类的上级分类，单击"增加"按钮，在编辑区输入分类编码和名称等分类信息，单击"保存"按钮，保存此次增加的客户分类。

- "修改"按钮：用于修改客户分类。选择要修改的客户分类，单击"修改"按钮，注意此时只能修改类别名称，不能修改类别编码。

- "删除"按钮：用于删除客户分类。选择要删除的客户分类，单击"删除"按钮即可。注意：已被其他基础档案调用的客户分类不可删除。

（5）客户档案。本功能主要用于设置往来客户的档案信息，以便于对客户资料的管理和业务数据的录入、统计与分析。如果用户在建立账套时选择了客户分类，则必须在设置完成客户分类档案的情况下才能编辑客户档案。单击"客户档案"，如图 3-24 所示。单击"增加"按钮，依次输入"001 湖南光明公司"、"002 武汉建设公司"等，单击"保存"按钮，如图 3-25 和图 3-26 所示。

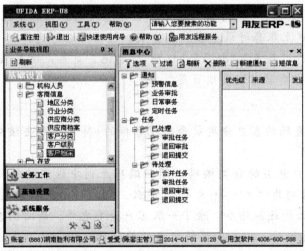

图 3-24

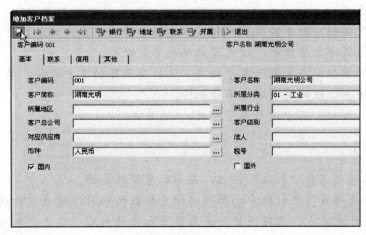

图 3-25

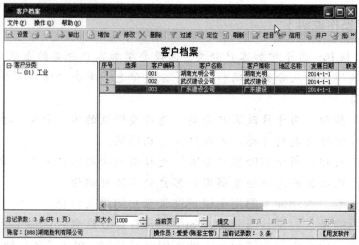

图 3-26

【功能按钮操作说明】

● "增加"按钮：用于新增客户档案。在左边的树型列表中选择一个末级的客户分类（如果用户在建立账套时设置客户不分类，则不用进行选择），单击"增加"按钮，进入增加状态。选择"基本""联系""信用""其他"页签，填写相关内容。如果设置了自定义项，还需要填写自定义项页签。

> **提 示**
>
> a. 有下级分类码的客户分类前会出现带框的+符号，双击该分类码时，会出现或取消下级分类码。
>
> b. 新增的客户分类的分类编码必须与编码原则中设定的编码级次结构相符。例如，编码级次结构为"××-×××"，那么，"001"是一个错误的客户分类编码。
>
> c. 客户分类必须逐级增加。除了一级客户分类之外，新增的客户分类的分类编码必须有上级分类编码。例如，编码级次结构为"××-×××"，那么"01001"这个编码只有在编码"01"已存在的前提下才是正确的。

● "修改"按钮：用于修改客户档案。选择要修改的客户记录，单击"修改"按钮，修改方法与新增方法相同，注意客户编码不可修改。

● "删除"按钮：用于删除客户档案。选择要删除的客户记录，单击"删除"按钮即可删除，注意已被调用的客户不能删除。

● "批改"按钮：用于进行批量修改。

【操作步骤】

● 单击工具栏上的"批改"按钮，显示批量修改界面。

● 从"修改项目"下拉框中选择可以批量修改的项目，输入"修改内容"。

● 编辑条件表达式，选择项目、关系符号和条件内容，单击"加入条件"按钮，设定的条件表达式显示在显示区内。

● 如果还有其他过滤条件，则先选择与已设定条件的逻辑关系，若是并集的关系，则选择"或者"；若是"交集"的关系，则选择"并且"。

● 再次输入条件项、关系符号和条件值，单击"加入条件"按钮，设定的条件表达式显示在条件选择结果框内。

● 单击"清除条件"按钮，可删除不需要的条件表达式。

● 输入完成后，单击"修改"按钮，系统将根据设置的条件批量修改所有符合条件的记录。

3. 存货设置

（1）存货分类。企业可以根据对存货的管理要求对存货进行分类管理，以便于对业务数据的统计和分析。存货分类最多可分 8 级，编码总长不能超过 30 位，用户可自由定义每级的级长。存货分类用于设置存货分类编码、名称及所属经济分类。

【功能按钮操作说明】

● "增加"按钮：用于增加存货分类。选择要增加存货分类的上级分类，单击"增加"按钮，在编辑区输入分类编码和名称等分类信息，单击"保存"按钮，保存此次增加的存货分类，如图 3-27 所示。

若想放弃新增存货分类，则可以单击"放弃"按钮；若想继续增加，则单击"增加"按钮即可。

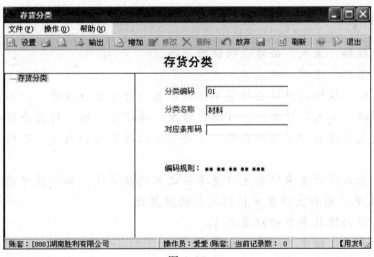

图 3-27

● "修改"按钮：用于修改存货分类。将光标移到要修改的存货分类上，单击"修改"按钮，即可进入存货分类修改界面。用户可以在此对需要修改的项目进行调整，修改完毕后，单击"保存"按钮，即可保存当前存货分类的修改；如果想放弃修改，则单击"放弃"按钮即可。如果要继续修改，则可将光标定位在下一个需要修改的存货上，重复上述步骤。

● "删除"按钮：用于删除存货分类。将光标移到要删除的存货分类上，单击"删除"按钮，即可删除当前分类。

┃ 提　示 ┃

   a.　已经使用的存货分类不能删除。

   b.　非末级存货分类不能删除。

（2）计量单位。

【操作步骤】

第 1 步，增加计量单位组。计量单位组分无换算、浮动换算和固定换算 3 种类别，每个计量单位组中有一个主计量单位、多个辅助计量单位，可以设置主、辅计量单位之间的换算率；还可以设置采购、销售、库存和成本系统所默认的计量单位。先增加计量单位组，再增加组下的具体计量单位内容。

- 在计量单位主界面中，单击"分组"按钮，显示计量单位分组新增界面。
- 单击该界面上的"增加"按钮，输入唯一的计量单位组编码和组名称，蓝色名称项为必须输入的项。
- 根据 3 种计量单位组的特点选择计量单位组的类别。
- 单击"保存"按钮，保存添加的内容。

第 2 步，增加计量单位。必须先增加计量单位组，然后再在该组下增加具体的计量单位内容。

【栏目说明】

计量单位编码：录入，必填，保证唯一性。

计量单位名称：录入，必填。

计量单位组：根据用户建立计量单位时所在的计量单位组带入，不可修改。

对应条形码：录入，可为空，可随时修改，保证唯一性。对应条形码位长必须等于条形码规则定义设置"数据源类型"为存货单位时定义的长度，否则不能生成相应的存货条码。

换算率：录入辅计量单位和主计量单位之间的换算比，如一箱啤酒为 24 罐，则 24 就是辅计量单位箱和主计量单位罐之间的换算比。

主计量单位的换算率自动设置为 1。

无换算计量单位组中不可输入换算率。

固定换算的计量单位组，辅单位的换算率必须录入。

浮动换算的计量单位组，可以录入，可以为空。

数量（按主计量单位计量）＝件数（按辅计量单位计量）×换算率。

主计量单位标志：打勾选择，不可修改。

无换算计量单位组下的计量单位全部默认为主计量单位，不可修改。

固定、浮动计量单位组：对应每一个计量单位组必须且只能设置一个主计量单位，默认值为该组下增加的第一个计量单位。

每个辅计量单位都和主计量单位进行换算。

英文单数：即单数计量单位的英文名称，手工输入。

英文复数：即复数计量单位的英文名称，手工输入。

【操作说明】

① 将光标移至要增加的计量单位组，单击"单位"按钮，弹出计量单位设置窗口。

② 单击"增加"按钮，录入主计量单位和辅计量单位。

③ 单击"保存"按钮，保存添加的内容。

（3）存货档案。存货主要用于设置企业在生产经营中使用到的各种存货信息，以便于对这些存货进行资料管理、实物管理和业务数据的统计、分析。本功能完成对存货目录的设立和管理，随同发货单或发票一起开具的应税劳务等也应设置在存货档案中，同时提供基础档案在输入中的方便性，完备基础档案中的数据项，提供存货档案的多计量单位设置。

4．财务设置

（1）会计科目设置。会计科目是填制会计凭证、登记会计账簿和编制会计报表的基础。会计科目是对会计对象的具体内容被分门别类地进行核算所规定的项目。会计科目是一个完整的体系，它是区别于流水账的标志，是复式记账和分类核算的基础。会计科目设置的完整性影响着会计过程的顺利实施，会计科目设置的层次深度直接影响会计核算的详细和准确程度。本功能完成对会计科目的设立和管理，用户可以根据业务的需要方便地增加、插入、修改、查询和打印会计科目。

【操作说明】

● "增加"按钮：用于新增会计科目。单击"增加"按钮，进入会计科目页编辑界面，根据栏目说明输入科目信息，单击"确定"后保存，如图 3-28 所示。

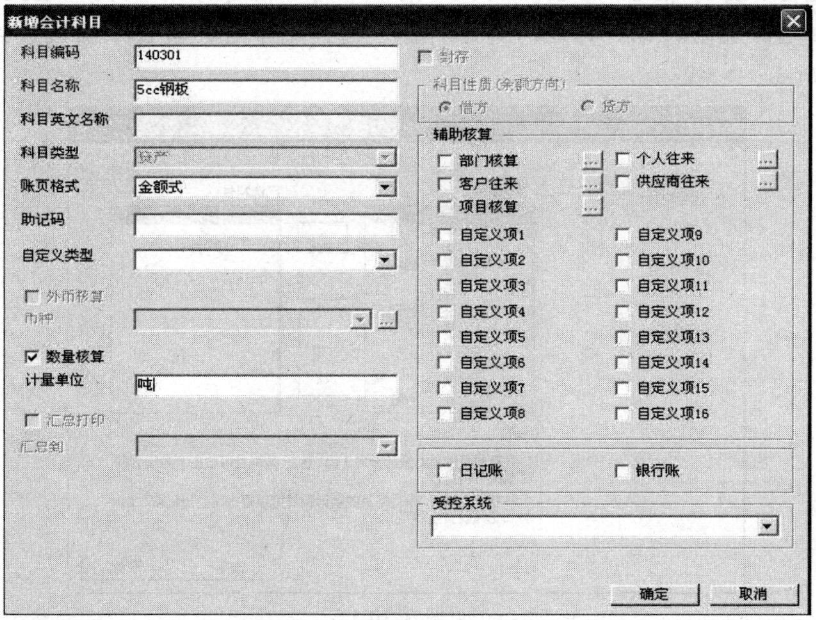

图 3-28

● "修改"按钮：用于修改会计科目。选择要修改的科目，单击"修改"按钮或双击该科目，即可进入"会计科目—修改"界面，用户可以在此对需要修改的会计科目进行调整，如图 3-29 所示。

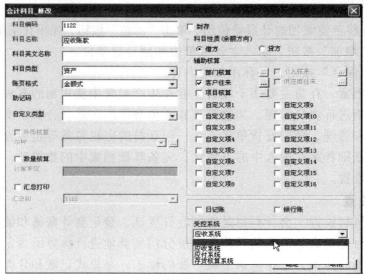

图 3-29

提 示

a. 没有会计科目设置权的用户只能在此浏览科目的具体定义，而不能进行修改。

b. 已使用的科目可以增加下级，新增的第一个下级科目具有原上级科目的全部属性。

● "删除"按钮：用于删除会计科目。删除选中的科目，但已使用的科目不能删除。

指定现金、银行科目：单击"编辑"菜单下的"指定科目"，用户在此通过">"、"》"等按钮选择现金、银行存款的总账科目，选择完毕后，单击"确认"按钮即可，如图 3-30 所示。

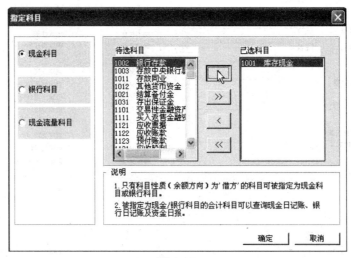

图 3-30

a. 此处指定的现金、银行存款科目供出纳管理使用，所以在查询现金、银行存款日记账前，必须指定现金、银行存款总账科目。

b. 如果本科目已被制过单或已录入期初余额，则不能删除和修改。如要修改该科目，则必须先删除有该科目的凭证，并将该科目及其下级科目余额清零，再行修改，修改完毕后要将余额及凭证补上。

c. 已使用末级的会计科目不能再增加下级科目。非末级科目及已使用的末级科目不能再修改科目编码。

（2）凭证类别设置。许多单位为了便于管理或登账方便，一般对记账凭证进行分类编制，但各单位的分类方法不尽相同，所以本系统提供了"凭证类别"功能，用户完全可以按照本单位的需要对凭证进行分类。

如果是第一次进行凭证类别设置，可以按以下几种常用的分类方式进行定义。

a. 记账凭证。

b. 收款、付款和转账凭证。

c. 现金收款、现金付款、银行收款、银行付款和转账凭证。

d. 自定义凭证类别。

【功能按钮操作说明】

● "增加"按钮：用于增加凭证类别。单击"增加"按钮，在表格新增的空白行中填写凭证类别字和凭证类别名称，并参照选择限制类型及限制科目等栏目即可。凭证类别字可输入 8 位。

● "修改"按钮：用于修改凭证类别。将光标移到要修改的凭证类别上进行双击，即可进入修改状态。

● "删除"按钮：用于删除凭证类别。将光标移到要删除的凭证类别上，单击"删除"按钮，即可删除当前凭证类别。

已经使用的凭证类别不能删除，如选中了已使用的凭证类别，则系统会在"凭证类别窗口"中显示"已使用"的红字标志。

【操作方法】

某些类别的凭证在制单时对科目有一定限制，这里，系统有以下 7 种限制类型可供选择。

● 借方必有：制单时，此类凭证借方至少有一个限制科目有发生。

● 贷方必有：制单时，此类凭证贷方至少有一个限制科目有发生。

● 凭证必有：制单时，此类凭证无论借方还是贷方至少有一个限制科目有发生。

● 凭证必无：制单时，此类凭证无论借方还是贷方不可有一个限制科目有发生。

- 无限制：制单时，此类凭证可使用所有合法的科目，限制科目由用户输入，可以是任意级次的科目，科目之间用逗号分隔，数量不限，也可参照输入，但不能重复录入。
- 借方必无：即金额发生在借方的科目必须不包含借方必无科目。可在凭证保存时检查。
- 贷方必无：即金额发生在贷方的科目必须不包含贷方必无科目。可在凭证保存时检查。

【例 3-1】 将凭证分为收、付、转 3 种常用凭证类别，设置限制类型与限制科目见表 3-14。

表 3-14　　　　　　　　　　设置限制类型和限制科目

类别字	凭证类别	限制类型	限制科目
收	收款凭证	借方必有	1001，1002
付	付款凭证	贷方必有	1001，1002
转	转账凭证	凭证必无	1001，1002

由表 3-14 可知，当操作员填制收款凭证时，借方必须有 1001 或 1002 科目至少一个科目，如果没有，则为不合法凭证，不能保存；当操作员填制付款凭证时，借方必须有 1001 或 1002 科目至少一个科目，如果没有，则为不合法凭证，不能保存；当操作员填制转账凭证时，凭证必无 1001 和 1002 科目。如图 3-31 和图 3-32 所示。

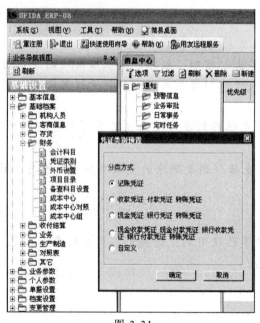

图 3-31

图 3-32

（3）外币设置。汇率管理是专为外币核算服务的。在此可以对本账套所使用的外币进行定义。

在"填制凭证"中所用的汇率应先在此进行定义，以便制单时调用，减少录入汇率的次数和差错。

当汇率变化时，应预先在此进行定义，否则，制单时不能正确录入汇率。

对于使用固定汇率（即使用月初或年初汇率）作为记账汇率的用户，在填制每月的凭证前，应预先在此录入该月的记账汇率，否则在填制该月外币凭证时，将会出现汇率为零的错误。

对于使用变动汇率（即使用当日汇率）作为记账汇率的用户，在填制该天的凭证前，应预先在此录入该天的记账汇率。

【操作方法】

① "增加"按钮：用于增加外币。单击"增加"按钮，在空格处输入外币名称、外币符号等信息。

② "删除"按钮：用于删除外币。将光标移到要删除的外币上，单击"删除"，即可删除当前外币。注意：已经使用的外币不能删除。

③ "输出"按钮：用于数据输出。在"文件"菜单下选择"数据输出"或单击"输出"按钮，选择输入"外币一览表"或"汇率一览表"。确认后，选择输入要输出的路径、文件名和文件类型，可将数据导出并保存。

（4）项目目录。企业在实际业务处理中会对多种类型的项目进行核算和管理，如在建工程、对外投资、技术改造项目、项目成本管理、合同等。因此，本产品提供项目核算管理的功能。用户可以将具有相同特性的一类项目定义成一个项目大类。一个项目大类可以核算多个项目，为了便于管理，用户还可以对这些项目进行分类管理，可以将存货、成本对象、现金流量、项目成本等作为核算的项目分类。

使用项目核算与管理的首要步骤是设置项目档案。项目档案设置包括增加或修改项目大类，定义项目核算科目、项目分类、项目栏目结构，并进行项目目录的维护。

【操作说明】

"项目档案"主界面中的"增加"、"修改"和"删除"按钮是针对项目大类的操作。

① "增加"按钮：用于增加项目大类。单击"增加"按钮，根据新增向导新增一个项目大类。

选择新增项目大类的属性，系统提供普通项目、成本对象、项目管理、存货核算和现金流量项目5个可选项。

定义项目级次：即定义项目编码规则，项目分类共分8级，总长度22位，单级级长不能超过9位。只有在这里定义了项目级次和编码规则，才能进行项目分类定义。

定义项目栏目：可单击"增加"、"删除"按钮增加或删除自定义项目栏目。显示白色背景的为可修改内容，灰色背景为不可修改内容。

具体操作步骤参见不同的项目大类中的描述。

② "修改"按钮：用于修改项目大类。单击"修改"按钮，进入项目大类修改向导，即可进行修改。可以修改项目大类名称、未定义项目分类的级次和项目栏目中的可修改项。具体操作方法如下。

修改项目大类名称：选择要修改旧项目大类名称，然后在输入栏输入新的项目大类名称，单击"下一步"按钮保存新名称，并进入修改项目级次的操作。

修改项目级次：未定义项目分类的级次可以修改。如果要修改已设置的项目分类级次，需在项目分类定义中删除要修改级次的所有下级分类，才可以修改。单击"下一步"按钮保存修改，并进入修改项目栏目的操作。

修改项目栏目：系统通过背景颜色提示用户哪些是可修改项，哪些是不可修改项。

③ "删除"按钮：用于删除项目大类。单击"删除"按钮，可删除当前项目大类，注意所有与该项目相关的项目信息也将被删除，所以在删除项目档案时须慎重。

此按钮仅在选择项目管理大类时显示。可以通过这里指定的对应关系让其他项目大类中的项目也参加成本核算。单击"对应"按钮，指定项目管理大类与其他项目大类及项目间的对应关系。

【栏目说明】

● 核算科目：在总账系统"会计科目"功能中设置项目辅助核算，如对生产成本、商品采购、库存商品、在建工程、科研课题、科研成本等科目设置项目核算的辅助账类。

● 项目分类定义：为了便于统计，可对同一项目大类下的项目进行进一步划分，这就需要进行项目分类的定义。

● 项目结构：一个项目除了项目名称外，有时还应加一些其他备注说明，如课题核算除了课题名以外，还有课题性质、课题承担单位、课题负责人等备注说明，这些备注说明均可以设置为项目栏目。

● 项目目录：列出所选项目大类下的所有项目。

【例 3-2】设置项目目录（见表 3-15）。

表 3-15　　　　　　　　　　　　　　设置项目目录

项目设置	设置内容
项目大类	生产成本
核算科目	直接材料
	直接人工
	制造费用
项目分类	1. 钻机
项目名称	101 钻机 70 型
	102 钻机 80 型

【操作步骤】

第 1 步，定义项目大类。打开"项目档案"窗口，如图 3-33 所示。单击"增加"按钮进入"项目大类定义_增加（1）"窗口，在新项目大类名称中输入"生产成本"，如图 3-34 所示。单击"下一步"按钮进入"项目大类定义_增加（2）"窗口，采用系统默认值，如图 3-35 所示。单击"下一步"按钮进入"项目大类定义_增加（3）"窗口，采用系统默认值，如图 3-36 所示。单击"完成"按钮返回"项目档案"窗口。

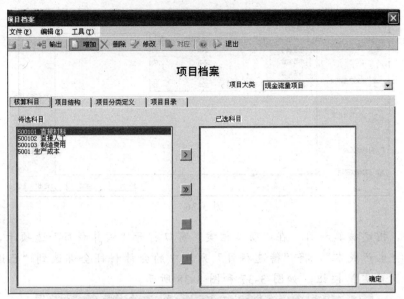

图 3-33

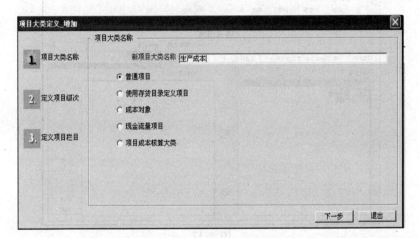

图 3-34

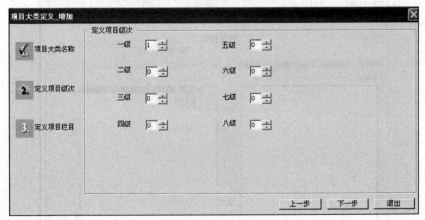

图 3-35

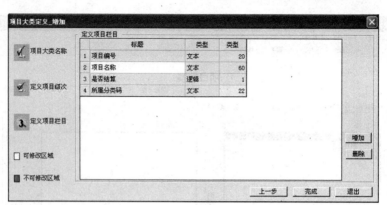

图 3-36

第 2 步，指定核算科目。在"项目档案"窗口打开"核算科目"选项卡，选择"项目大类"为"生产成本"，将"待选科目"列表中的会计科目全部选到"已选科目"列表中，单击"确定"按钮，如图 3-37 和图 3-38 所示。

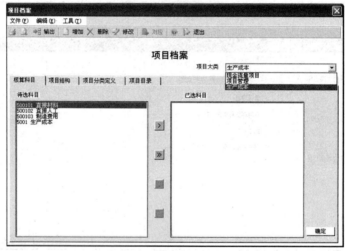

图 3-37

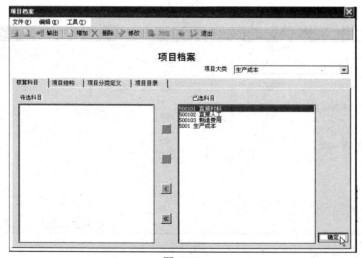

图 3-38

第 3 步，项目分类定义。在"项目档案"窗口打开"项目分类定义"选项卡，单击"增加"按钮输入分类编码"1"和分类名称"钻机"，单击"确定"按钮，如图 3-39 所示。

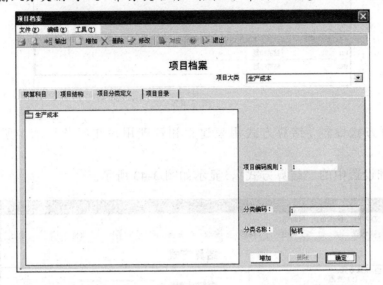

图 3-39

第 4 步，定义项目目录。在"项目档案"窗口打开"项目目录"选项卡，单击"维护"按钮进入"项目目录维护"窗口，单击"增加"按钮，输入项目编号"101"和项目名称"钻机 70 型"，所属分类码"1"，同理输入"钻机 80 型"项目目录，如图 3-40~图 3-42 所示。

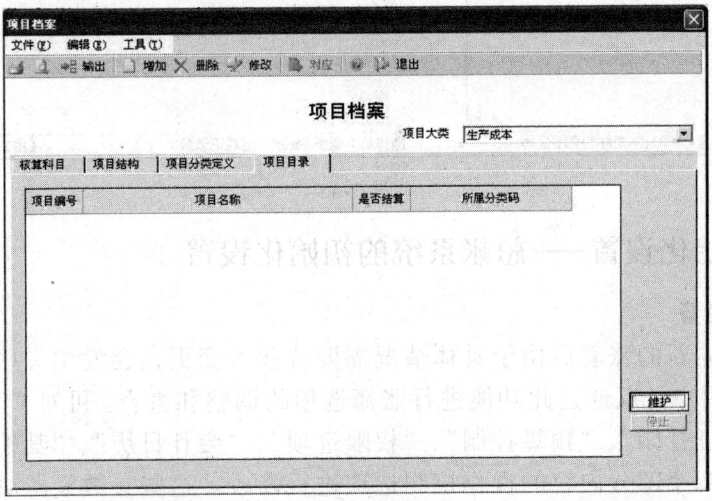

图 3-40

图 3-41

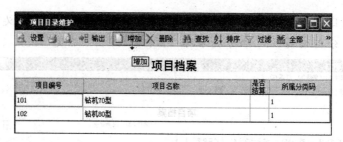

图 3-42

（5）结算方式设置。结算方式用来建立和管理用户在经营活动中所涉及的结算方式。

双击基础设置中的"结算方式"，显示如图 3-43 所示。

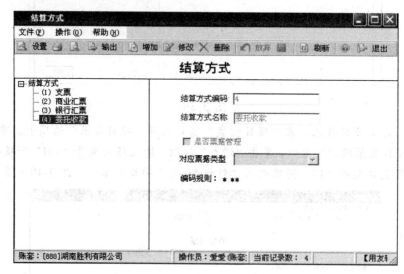

图 3-43

三、系统初始化设置——总账系统的初始化设置

1. 选项设置

系统在建立新的账套后由于具体情况需要或业务变更，会发生一些账套信息与核算内容不符，用户可以通过此功能进行账簿选项的调整和查看。可对"凭证选项"、"账簿选项"、"凭证打印"、"预算控制"、"权限选项"、"会计日历"、"其他选项"和"自定义项核算"8 个部分内容的操作控制选项进行修改。这些参数设置决定了账务处理系统的数据输入、处理和输出的内容及形式。

【操作步骤】

进入账务处理系统，在"设置"菜单下选择"选项"命令，系统弹出"选项"设置对话框，单击"编辑"按钮，即可进行相关设置的修改，修改完毕，单击"确定"按钮保存修改设置结果。

（1）"凭证"选项卡的设置。"凭证"选项卡的设置如图 3-44 所示。

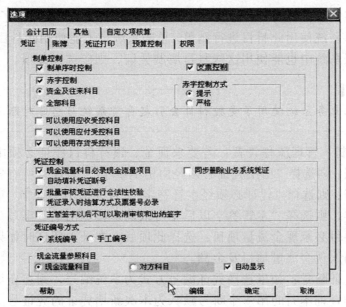

图 3-44

① 制单控制。

制单序时控制：此项和"系统编号"选项联用，制单时凭证编号必须按日期顺序排列，10 月 25 日编制了 20 号凭证，则 10 月 26 日只能开始编制 21 号凭证，即制单序时。如果有特殊需要可以将其改为不序时制单。

支票控制：若选择此项，在制单时使用银行科目编制凭证时，系统针对票据管理的结算方式进行登记，如果录入支票号在支票登记簿中已存，则系统提供登记支票报销的功能；否则，系统提供登记支票登记簿的功能。

赤字控制：若选择了此项，在制单时，当"资金及往来科目"或"全部科目"的最新余额出现负数时，系统将予以提示。提供了提示和严格两种方式，可根据用户的需要进行选择。

可以使用应收受控科目：若科目为应收款管理系统的受控科目，为了防止重复制单，只允许应收系统使用此科目进行制单，总账系统是不能使用此科目制单的。所以如果希望在总账系统中也能使用这些科目填制凭证，则应选择此项。

> **注　意**
> 总账和其他业务系统使用了受控科目会引起应收系统与总账对账不平。

可以使用应付受控科目：若科目为应付款管理系统的受控科目，为了防止重复制单，只允许应付系统使用此科目进行制单，总账系统是不能使用此科目制单的。所以，如果希望在总账系统中也能使用这些科目填制凭证，则应选择此项。

> **注　意**
> 总账和其他业务系统使用了受控科目会引起应付系统与总账对账不平。

可以使用存货受控科目：若科目为存货核算系统的受控科目，为了防止重复制单，只允许存货核算系统使用此科目进行制单，总账系统是不能使用此科目制单的。所以，如果希望在总账系统中也能使用这些科目填制凭证，则应选择此项。

> **注　意**
>
> 总账和其他业务系统使用了受控科目会引起存货系统与总账对账不平。

② 凭证控制。管理流程设置：若要求现金、银行科目凭证必须由出纳人员核对签字后才能记账，则选择"出纳凭证必须经由出纳签字"；若要求所有凭证必须由主管签字后才能记账，则选择"凭证必须经主管签字"；若要求出纳签字、审核后才可对凭证执行领导签字，则选择"主管签字以后不可取消审核和出纳签字"。

现金流量科目必录现金流量项目：选择此项后，在录入凭证时如果使用现金流量科目，则必须输入现金流量项目及金额。

自动填补凭证断号：如果选择凭证编号方式为系统编号，则在新增凭证时，系统按凭证类别自动查询本月的第一个断号默认为本次新增凭证的凭证号。如无断号则为新号，则与原编号规则一致。

批量审核凭证进行合法性校验：批量审核凭证时针对凭证进行二次审核，提高凭证输入的正确率，合法性校验与保存凭证时的合法性校验相同。

同步删除外部系统凭证：选中此项后，外部系统删除凭证时相应地将总账的凭证同步删除。否则，将总账凭证作废，不予删除。

③ 凭证编号方式。系统在"填制凭证"功能中一般按照凭证类别按月自动编制凭证编号，即"系统编号"；但有的企业需要系统允许在制单时手工录入凭证编号，即"手工编号"。

④ 现金流量参照科目。此项用来设置现金流量录入界面的参照内容和方式。选中"现金流量科目"选项时，系统只参照凭证中的现金流量科目；选中"对方科目"选项时，系统只显示凭证中的非现金流量科目；选中"自动显示"选项时，系统依据前两个选项将现金流量科目或对方科目自动显示在指定现金流量项目界面中，否则需要手工参照选择。

（2）"账簿"选项卡的设置。"账簿"选项卡的设置如图 3-45 所示。

① 打印位数宽度。定义正式账簿打印时各栏目的宽度，包括摘要、金额、外币、数量、汇率、单价。

② 明细账（日记账、多栏账）打印输出方式，即打印正式明细账、日记账或多栏账时，按年排页还是按月排页。

按月排页：即打印时从所选月份范围的起始月份开始将明细账顺序排页，再从第一页开始将其打印输出，打印起始页号为"1 页"。这样，若所选月份范围不是第一个月，则打印结果的页号必然从"1 页"开始排。

按年排页：即打印时从本会计年度的第一个会计月开始将明细账顺序排页，再将打印月份范围所在的页打印输出，打印起始页号为所打印月份在全年总排页中的页号。这样，若所选月份范围不是第一个月，则打印结果的页号有可能不是从"1 页"开始排。

③ 凭证、账簿套打。凭证、账簿套打是用友公司专门为用友软件用户设计的，适合于用各种打印机输出管理用表单与账簿。

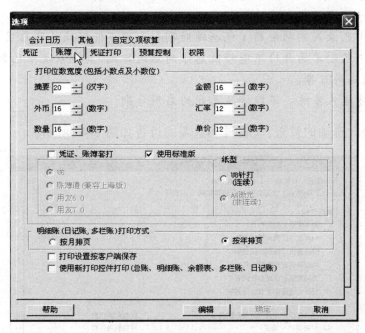

图 3-45

（3）"会计日历"选项卡的设置。"会计日历"选项卡的设置如图 3-46 所示。

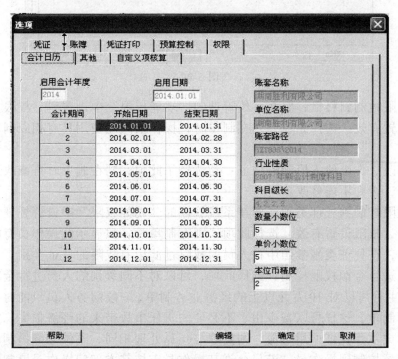

图 3-46

┃ 操作注意 ┃

- 总账系统的启用日期不能在系统的启用日期之前。
- 已录入汇率后不能修改总账启用日期。
- 总账中已录入期初余额（包括辅助期初）则不能修改总账启用日期。
- 总账中已制单的月份不能修改总账的启用日期，其他系统中已制单的月份不能修改总账的启用日期。
- 第 2 年进入系统，不能修改总账的启用日期。

（4）"权限"选项的设置。"权限"选项的设置如图 3-47 所示。

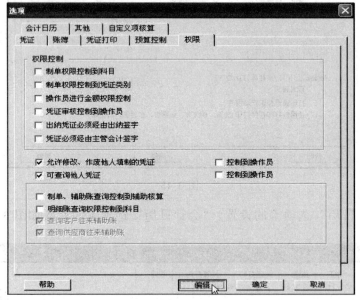

图 3-47

制单权限控制到科目：要在系统管理的"功能权限"中设置科目权限，再选择此项，权限设置有效。选择此项，则在制单时，操作员只能使用具有相应制单权限的科目制单。

允许修改、作废他人填制的凭证：若选择了此项，则在制单时可修改或作废别人填制的凭证，否则不能修改。

制单权限控制到凭证类别：要在系统管理的"功能权限"中设置凭证类别权限，再选择此项，权限设置有效。选择此项，则在制单时，只显示此操作员有权限的凭证类别。同时，在凭证类别参照中按人员的权限过滤出有权限的凭证类别。

操作员进行金额权限控制：选择此项，可以对不同级别的人员进行金额大小的控制，如财务主管可以对 10 万元以上的经济业务制单，一般财务人员只能对 5 万元以下的经济业务制单，这样可以减少由于不必要的责任事故带来的经济损失。如果此凭证为外部凭证或常用凭证调用生成，则处理与预算处理相同，不做金额控制。

凭证审核控制到操作员：若只允许某操作员审核其本部门操作员填制的凭证，则应选择此选项。

出纳凭证必须经由出纳签字：若要求现金、银行科目凭证必须由出纳人员核对签字后才能记账，则选择“出纳凭证必须经由出纳签字”。

凭证必须经由主管会计签字：若要求所有凭证必须由主管签字后才能记账，则选择“凭证必须经主管签字”。

可查询他人凭证：若允许操作员查询他人凭证，则选择“可查询他人凭证”。

明细账查询权限控制到科目：这是权限控制的开关，必须在总账系统选项中打开明细账查询权限，才能使其起到控制作用。

制单、辅助账查询控制到辅助核算：设置此项权限，制单时才能使用有辅助核算属性的科目录入分录，辅助账查询时只能查询有权限的辅助项内容。

2．期初余额设置

完成选项设置后，需要录入期初余额。录入科目期初余额可以用于年初录入余额或调整余额，并能通过核对期初余额，进行试算平衡。

（1）录入期初余额。

① 录入余额：单位如果是第一次使用账务处理系统，必须使用此功能输入科目余额。如果系统中已有上年的数据，在使用“结转上年余额”后，上年各账户余额将自动结转到本年。

操作注意

无论往来核算在总账还是在应收应付系统，有往来辅助核算的科目都要按明细录入数据。只要求录入最末级科目的余额和累计发生数，上级科目的余额和累计发生数由系统自动计算。

【例 3-3】录入库存现金期初余额 3 000.00 元，录入银行存款期初金额 165 000.00 元。

单击“库存现金”录入 3 000.00，单击“银行存款”录入 165 000.00，输入完毕后期初余额由系统自动生成，如图 3-48 所示。

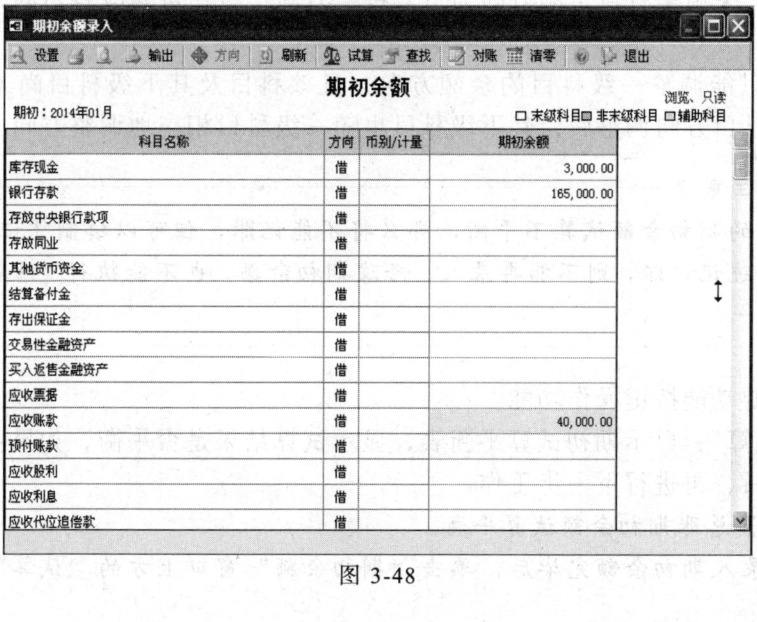
期初余额录入
设置
输出
方向
刷新
试算
查找
对账
清零
退出
期初余额
浏览、只读
期初：2014年01月
末级科目 非末级科目 辅助科目
科目名称
方向
币别/计量
期初余额
库存现金 借 3,000.00
银行存款 借 165,000.00
存放中央银行款项 借
存放同业 借
其他货币资金 借
结算备付金 借
存出保证金 借
交易性金融资产 借
买入返售金融资产 借
应收票据 借
应收账款 借 40,000.00
预付账款 借
应收股利 借
应收利息 借
应收代位追偿款 借

图 3-48

若年中启用，则只要录入末级科目的期初余额及累借、累贷，年初总账余额将自动计算出来。

如果某科目为数量、外币核算，则可以录入期初数量、外币余额，但必须先录入本币余额，再录入外币余额。若期初余额有外币、数量余额，则必须有本币余额。

在录入辅助核算期初余额之前，必须先设置各辅助核算目录。

【例 3-4】录入应收账款科目期初余额 40 000.00，具体资料如表 3-16 所示。

表 3-16   资　料

日　期	客　户	摘　要	借方金额
2013-12-25	湖南光明公司	销售商品	25 000.00
2013-12-31	武汉建设公司	销售商品	15 000.00

应收账款栏目设置为客户往来核算，科目期初余额不能从应收账款栏目直接输入，双击应收账款栏目即弹出客户往来期初输入的对话框，单击"增加"按钮，在增加的空白栏中输入应收账款客户数据，如图 3-49 所示。

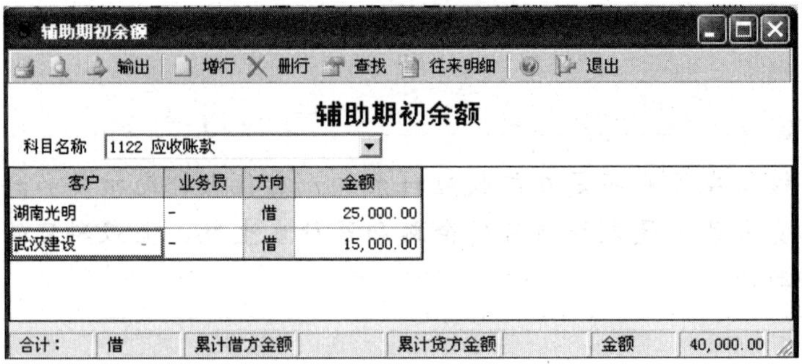

图 3-49

② 调整科目的余额方向。每个科目的余额方向由科目性质确定，占用类科目余额方向为借，来源类科目余额方向为贷。按"方向"按钮可修改科目的余额方向（即科目性质）。

账套中只能调整一级科目的余额方向，且该科目及其下级科目尚未录入期初余额。当一级科目方向调整后，其下级科目也随一级科目相应地调整方向。

▌操作注意▐

若账套的期初余额试算不平衡，那么将不能记账，但可以填制凭证。若单位已经使用本系统记过账，则不能再录入、修改期初余额，也不能执行"结转上年余额"的功能。

（2）主要功能按键操作功能。

① "试算"：显示期初试算平衡表，显示试算结果是否平衡，如果不平，应重新调整至平衡后，再进行下一步工作。

【例 3-5】总账期初余额试算平衡。

在全部录入期初余额完毕后，单击"期初余额"窗口上方的"试算"按钮，即可对科目期初余额进行试算平衡检查。结果如图 3-50 所示，期初余额试算平衡可以进入其他日常业务处理操作。

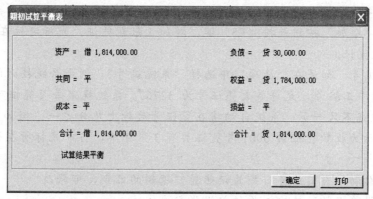

图 3-50

②　"查找"：输入科目编码或名称，或通过科目参照输入要查找的科目，可快速显示此科目所在的记录行。如果在录入期初余额时使用查找功能，则可以提高输入速度。

③　"清零"：即期初余额清零功能。当此科目的下级科目的期初数据互相抵消，使本科目的期初余额为零时，清除此科目的所有下级科目的期初数据。存在已记账凭证时，此按钮呈现为灰色。

四、日常业务处理——凭证管理

1．填制凭证

登记账簿的依据是记账凭证，记账凭证是总账系统的数据源，填制凭证也是最基础和最频繁的工作。凭证的内容一般包括两部分：一是凭证头部分，包括凭证类别、凭证编号、日期等内容；二是凭证正文部分，包括摘要、科目名称和金额等内容。单位的日常业务处理首先从填制凭证开始。

【例 3-6】2014 年 1 月 2 日，签发现金支票 1 张，提取现金 8 000 元备用。附件 1 张。支票号为 201401。操作结果如图 3-51 所示。

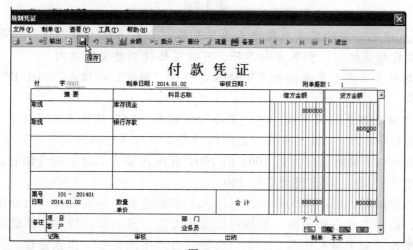

图 3-51

【操作步骤】

① 单击菜单"凭证"下的"填制凭证",显示单张凭证。

② 单击"增加"按钮或按"F5"键,增加 1 张新凭证,光标定位在凭证类别上,选择银行收款凭证。

③ 凭证编号:如果在"选项"中选择"系统编号",则由系统按时间顺序自动编号;否则,请手工编号,允许最大凭证号为 32767。系统规定每页凭证可以有 5 笔分录,当某号凭证不只一页,系统自动将在凭证号后标上几分之一。例如,收-0001 号0002/0003 表示为收款凭证第 0001 号凭证共有 3 张分单,当前光标所在分录在第 2 张分单上。

④ 系统自动取当前业务日期为记账凭证填制的日期,可修改。

⑤ 在"附单据数"处输入原始单据张数。

⑥ 用户根据需要输入凭证自定义项。凭证自定义项是由用户自定义的凭证补充信息,单击凭证右上角的输入框输入。

⑦ 输入凭证分录的摘要,按"F2"键或"参照"按钮输入常用摘要,但常用摘要的选入不会清除原来输入的内容。例如,业务的摘要可以是销售商品,用鼠标左键单击"销售商品",然后再单击"选入"按钮,凭证摘要栏自动显示所选常用摘要(常用摘要栏的内容是自己输入设置的)。

⑧ 输入末级科目或按"F2"键参照录入。

⑨ 若科目为银行科目,且在结算方式设置中确定要进行票据管理,在"选项"中设置"支票控制",那么这里会要求输入"结算方式"、"票号"及"发生日期",如图 3-52 所示。

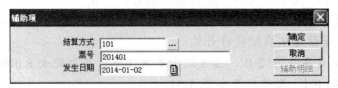

图 3-52

⑩ 录入该笔分录的借方或贷方本币发生额,金额不能为零,但可以是红字,红字金额以负数形式输入。如果方向不符,可按空格键调整金额方向。

⑪ 若想放弃当前未完成的分录的输入,可按"删行"按钮或"Ctrl+D"组合键删除当前分录。

⑫ 当凭证全部录入完毕后,按"保存"按钮或"F6"键保存这张凭证。

在金额处单击"="键,系统将根据借贷方差额自动计算此笔分录的金额。例如,填制某张凭证时,前两笔分为借 100,借 200,在录入第 3 笔分录的金额时,将光标移到贷方,按"="键,系统自动填写 300。

在录入凭证时,若不录入外币,只录入汇率和金额,系统可反算出外币数;若不录入汇率,只录入外币和金额,系统可反算出汇率,提高录入效率和准确度。

如果修改影响了原来外币、汇率、金额三方的平衡关系,也就是说,外币折算误差（即外币、汇率按折算公式计算出的本币金额与实际上输入的本币金额之间的误差）超过在"外币及汇率"中定义的折算误差，系统将会注意。如果希望重新计算，那么在要重算的地方按"F11"键，系统将按折算公式重新计算。

> **操作注意**
>
> ① 在合并状态下不能录入、修改凭证，必须先切换到展开状态再操作。按"CTRL+A"组合键可以切换合并、展开状态。
>
> ② 如果在"选项"中设置了"制单权限控制到科目"选项，那么在制单时不能使用无权限的科目进行制单。
>
> ③ 在录入辅助明细时，对于同一个往来单位来说，名称要前后一致，如不能有时用"用友公司"，有时又用"用友集团公司"，若名称前后不一致，系统则会将其当成两个单位。
>
> ④ 项目核算的科目必须先在项目定义中设置相应的项目大类，才能在制单中使用。
>
> ⑤ 科目所属项目大类中必须已定义了项目，且此处只能输入项目，不能输入项目分类。
>
> ⑥ 在系统编号时，凭证一旦保存，其凭证类别、凭证编号将不能再修改；在手工编号时，凭证一旦保存，其凭证类别不能再修改、凭证编号可修改。

2. 出纳签字

出纳首先要登录进入应用平台，如图3-53所示。出纳凭证由于涉及企业现金的收入与支出，应加强对出纳凭证的管理。出纳人员可通过出纳签字功能对制单员填制的带有现金、银行科目的凭证进行检查核对，主要核对出纳凭证中出纳科目的金额是否正确，审查认为错误或有异议的凭证，应交给填制人员修改后再核对。

（1）出纳签字查询操作。

第1步，选择主菜单"凭证"中"出纳签字"，显示"出纳签字查询条件"界面，如图3-54所示。

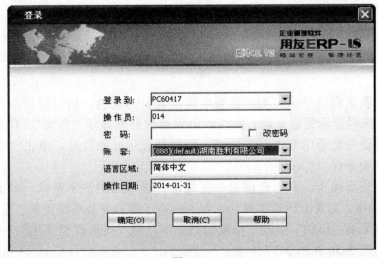

图 3-53

UFIDA ERP-U8
系统(S) 视图(V) 工具(T) 帮助(H) 简易桌面
请输入您要搜索的功能
用友ERP-U8
重注册 退出 快速使用向导 帮助(H) 用友远程服务
业务导航视图
刷新
业务工作
财务会计
总账[演示版]
设置
凭证
出纳签字
消息中心
选项 过滤 刷新 删除 新建通知 短信息
通知
预警信息
业务审批
日常事务
定时任务
任务
优先级 来源 发送人 类型
出纳签字
凭证标志
全部
作废凭证
有错凭证
凭证头尾内容
凭证类别
日期
确定
取消
月份
2014.01
凭证号
审核日期
制单人
出纳人
审核人
会计主管
来源
出纳签字 正在加载...
账套:(888)湖南胜利有限公司
君君
2014-01-31 11:22
用友软件 4006-600-588

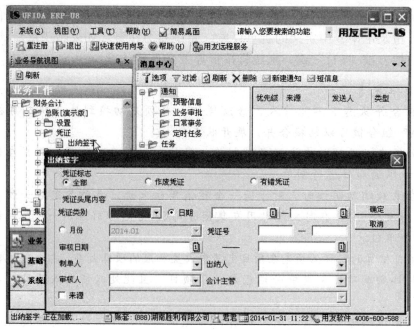

图 3-54

第 2 步，输入要查询的条件，如图 3-55 所示默认全部 1 月未签字凭证。

第 3 步，系统根据输入的查询条件，显示所有符合条件的凭证列表，输出凭证一览表。

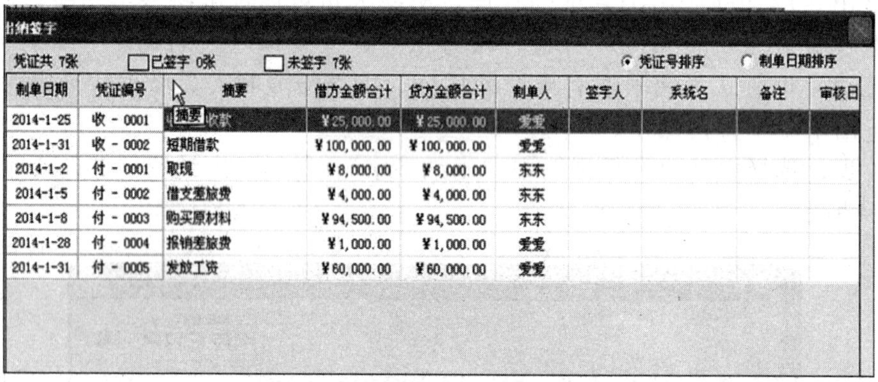

出纳签字
凭证共 7张
已签字 0张
未签字 7张
凭证号排序
制单日期排序
制单日期 凭证编号 摘要 借方金额合计 贷方金额合计 制单人 签字人 系统名 备注 审核日
2014-1-25 收 - 0001 收款 ¥25,000.00 ¥25,000.00 爱爱
2014-1-31 收 - 0002 短期借款 ¥100,000.00 ¥100,000.00 爱爱
2014-1-2 付 - 0001 取现 ¥8,000.00 ¥8,000.00 东东
2014-1-5 付 - 0002 借支差旅费 ¥4,000.00 ¥4,000.00 东东
2014-1-8 付 - 0003 购买原材料 ¥94,500.00 ¥94,500.00 东东
2014-1-28 付 - 0004 报销差旅费 ¥1,000.00 ¥1,000.00 爱爱
2014-1-31 付 - 0005 发放工资 ¥60,000.00 ¥60,000.00 爱爱

图 3-55

（2）凭证签字窗口显示。如果已签字凭证背景为蓝色：摘要栏显示凭证第一条分录的摘要；系统栏显示凭证来源；备注栏中作废凭证则显示“作废”，有错凭证则显示“有错”。在凭证一览表中双击某张凭证，则屏幕显示此张凭证。单击“查询”按钮，可重新设置查询条件。

（3）出纳签字操作。双击选择第一张凭证，进入出纳签字窗口，单击凭证上方的“出纳签字”按钮，完成出纳签字操作。为了提高工作效率，系统提供“成批出纳签字”的功能。选择菜单“出纳”中的“成批出纳签字”和“成批取消签字”，可进行签字的成批操作，如图 3-56 和图 3-57 所示。

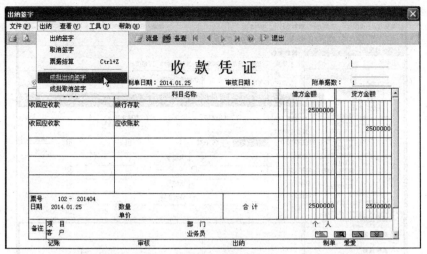

图 3-56

图 3-57

如果在录入凭证时没有录入结算方式和票据号，系统提供在出纳签字时还可以补充录入。选择横向菜单中的"票据结算"，列示所有需要进行填充结算方式、票号、票据日期的分录，包括已填写的分录；填制结算方式和票号时，针对票据的结算方式进行相应支票登记判断。已签字的凭证，不能填写票据，只能取消签字后才能进行。凭证合并状态可以进行出纳签字，但不能填补结算方式和票号。已签字的凭证，不能被修改和删除，只能取消签字才能进行。取消签字只能由出纳人自己进行。企业可根据实际需要决定是否要对出纳凭证进行出纳签字管理，若不需要此功能，可在"选项"中取消"出纳凭证必须经由出纳签字"的设置。

3. 主管签字

（1）"主管签字"的核算方式。在许多企业中为加强对会计人员制单的管理，常采用经主管会计签字后的凭证才有效的管理模式。因此，本系统提供"主管签字"的核算方式，即其他会计人员制作的凭证必须经主管签字才能记账。使用前提是在基础设置-选项中选择"凭证必须经主管签字"。单击"凭证"菜单下的"主管签字"，即出现"主管签字"查询窗口，如图 3-58 所示。

（2）"主管签字"窗口显示。在"主管签字"查询窗口选择条件后单击"确定"按钮，即可进入主管签字窗口显示。选择第一张凭证后单击"确定"按钮，进入主管签字窗口，单击凭证上方的"签字"按钮，完成主管签字操作，如图 3-59 所示。

（3）"成批主管签字"或"成批取消主管签字"。为了提高工作效率，系统提供对已审核的凭证进行成批签字的功能。选择横向菜单"主管"中的"成批主管签字"和"成批取消签字"，可进行签字的成批操作，如图 3-60 和图 3-61 所示。

图 3-58

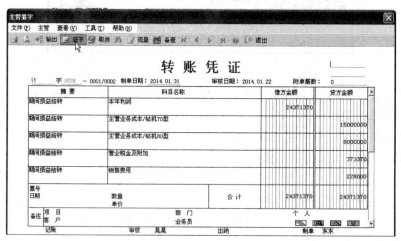

图 3-59

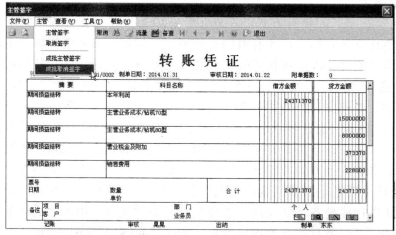

图 3-60

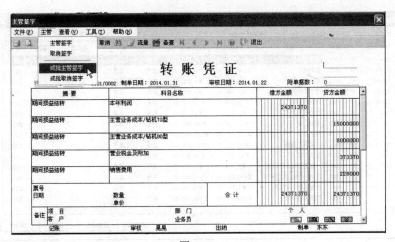

图 3-61

4．审核凭证

审核凭证是审核员按照财会制度，对制单员填制的记账凭证进行检查核对，主要审核记账凭证是否与原始凭证相符、会计分录是否正确等。审查认为错误或有异议的凭证，应交给填制人员修改后再审核。只有具有审核权的人员才能使用本功能。

（1）审核凭证查询操作。单击"凭证"菜单下的"审核凭证"即出现"凭证审核"查询窗口，如图 3-62 所示。

图 3-62

"凭证审核"查询窗口可以选择凭证来源于哪个外部系统，为空表示凭证来源于所有系统。选择要对哪位审核人审核、哪位出纳员制作的凭证进行审核，可输入审核凭证条件，显示凭证一览表，如图 3-63 所示。

（2）审核凭证窗口显示。在"凭证审核"查询窗口选择条件后单击"确定"按钮，即可进入审核凭证窗口显示。选择第一张凭证后单击"确定"按钮，进入"凭证审核"窗口，单击凭证上方的"审核"按钮，完成凭证审核操作，如图 3-64 所示。

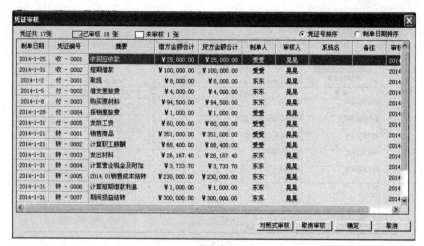

图 3-63

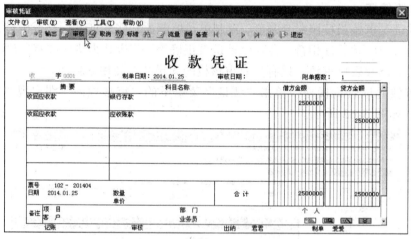

图 3-64

（3）"成批审核凭证"或"成批取消审核"。在"审核"菜单下有"成批审核凭证"和"成批取消审核"命令，可以用来批量审核和取消审核凭证，如图 3-65 所示。

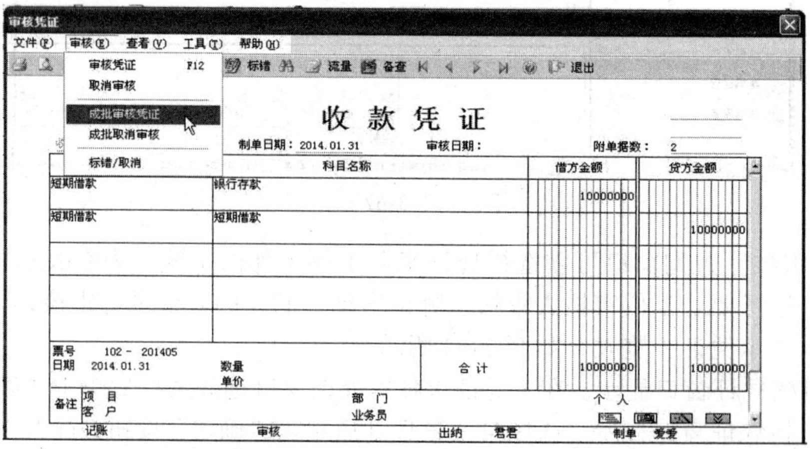

图 3-65

| 操作注意 |

审核人和制单人不能是同一个人。若想对已审核的凭证取消审核，单击"取消"按钮即可。取消审核签字只能由审核人自己进行。凭证一经审核，就不能被修改和删除，只有被取消审核签字后才可以进行修改或删除。审核人除了要具有审核权外，还需要有对审核凭证制单人所制凭证的审核权，这个权限在"基础设置"的"数据权限"中设置。采用手工制单的用户，在凭单上审核完后还须对录入机器中的凭证进行审核。作废凭证不能被审核，也不能被标错。已被标错的凭证不能被审核，若想审核，需先按"取消"按钮取消标错后才能审核。已审核的凭证不能被标错。企业依据实际需要加入审核后方可执行领导签字的控制，同时取消审核时控制领导尚未签字。在"选项"中选中"主管签字"以后不可以取消审核和出纳签字。

5．查询凭证

查询凭证可以用于查询已记账及未记账凭证。

（1）查询凭证窗口操作。单击"凭证"菜单下"查询凭证"，进入"凭证查询"条件窗口，如图 3-66 所示。

图 3-66

输入查询凭证的条件确认后，显示符合条件的凭证列表，单击"确定"按钮后进入凭证查询一览表，如图 3-67 所示。

制单日期	凭证编号	摘要	借方金额合计	贷方金额合计	制单人	审核人	系统名	备注	审核
2014-1-25	收-0001	收回应收款	￥25,000.00	￥25,000.00	爱爱	昊昊			2014
2014-1-31	收-0002	短期借款	￥100,000.00	￥100,000.00	爱爱	昊昊			2014
2014-1-2	付-0001	取现	￥8,000.00	￥8,000.00	东东	昊昊			2014
2014-1-5	付-0002	借支差旅费	￥4,000.00	￥4,000.00	东东	昊昊			2014
2014-1-8	付-0003	购买原材料	￥94,500.00	￥94,500.00	东东	昊昊			2014
2014-1-28	付-0004	报销差旅费	￥1,000.00	￥1,000.00	爱爱	昊昊			2014
2014-1-31	付-0005	发放工资	￥60,000.00	￥60,000.00	爱爱	昊昊			2014
2014-1-21	转-0001	销售商品	￥351,000.00	￥351,000.00	爱爱	昊昊			2014
2014-1-31	转-0002	计算职工薪酬	￥68,400.00	￥68,400.00	东东	昊昊			2014
2014-1-31	转-0003	发出材料	￥26,167.40	￥26,167.40	东东	昊昊			2014
2014-1-31	转-0004	计算营业税金及附加	￥3,733.70	￥3,733.70	东东	昊昊			2014
2014-1-31	转-0005	2014.01销售成本结转	￥230,000.00	￥230,000.00	东东	昊昊			2014
2014-1-31	转-0006	计算短期借款利息	￥1,000.00	￥1,000.00	东东	昊昊			2014
2014-1-31	转-0007	期间损益结转	￥300,000.00	￥300,000.00	东东	昊昊			2014

图 3-67

（2）凭证查询操作。在凭证一览表中双击某张凭证，则屏幕显示此张凭证。

（3）查看其他凭证信息。总账系统的填制凭证功能不仅是各账簿数据的输入口，同时也提供了强大的信息查询功能。在凭证画面中有些信息是可以直接被查看到的，如科目、摘要、金额等，有些信息是通过某些操作被间接查看到的，如各分录的辅助信息、当前分录行号、当前科目最新余额、外部系统制单信息等。

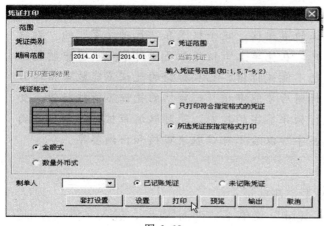

图 3-68

6. 打印凭证

本功能用于打印已记账及未记账凭证。选择“凭证”菜单下的“打印凭证”，进入“打印凭证”功能。屏幕显示打印条件窗口，输入打印条件后，单击“确定”按钮，开始进行打印，如图 3-68 所示。

7. 科目汇总

本功能可根据输入的汇总条件，有条件地对记账凭证进行汇总并生成一张科目汇总表，如图 3-69 所示。

科目编码	科目名称	外币名称	计量单位	金额合计	
				借方	贷方
1122	应收账款			351,000.00	25,000.00
1221	其他应收款			4,000.00	
1403	原材料			80,837.00	26,167.40
1405	库存商品				230,000.00
资产 小计				568,837.00	448,667.40
2001	短期借款				100,000.00
2211	应付职工薪酬			60,000.00	68,400.00
2221	应交税费			13,663.00	54,733.70
2231	应付利息				1,000.00
负债 小计				73,663.00	224,133.70
4103	本年利润			300,000.00	300,000.00
4104	利润分配				56,286.30
权益 小计				300,000.00	356,286.30
5001	生产成本			86,587.40	
5101	制造费用			3,420.00	3,420.00
成本 小计				90,007.40	3,420.00
6001	主营业务收入			300,000.00	300,000.00
6401	主营业务成本			230,000.00	230,000.00

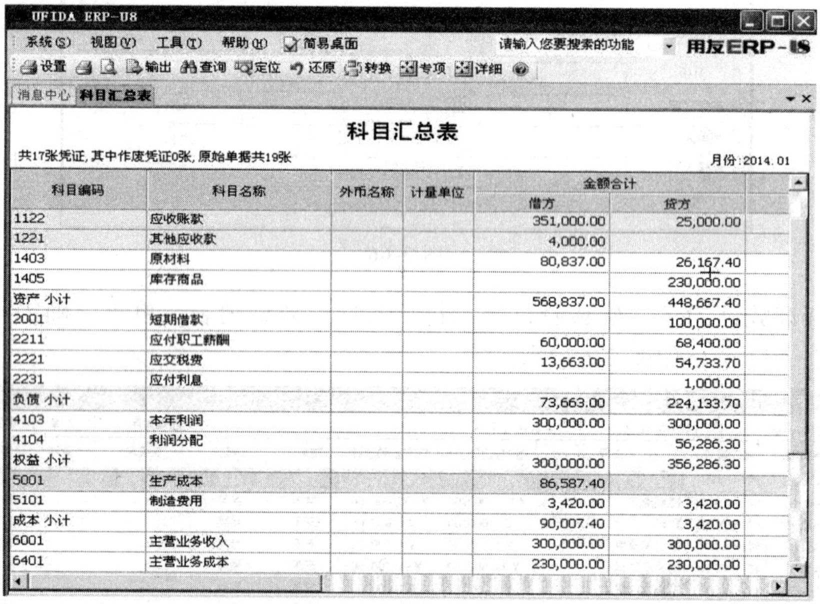

图 3-69

【操作步骤】

① 输入汇总条件后，单击“汇总”按钮，屏幕显示科目汇总表。

② 当光标在科目汇总表的某一科目行上时，单击“详细”按钮，则显示对方明细科目汇总表。

③ 单击"级次"按钮，可指定汇总的级次。

④ 如果凭证中存在红字，单击"切换"按钮，可按两种方式进行展开。

⑤ 单击"还原"按钮，恢复系统默认的栏目列宽。

8．记账

记账凭证经审核签字后，即可用来登记总账和明细账、日记账、部门账、往来账、项目账以及备查账等。本系统记账采用向导方式，这种方式使得记账过程更加明确。

（1）记账操作。单击"凭证"菜单下的"记账"功能键，出现"记账"选择界面。

第1步，列示各期间的未记账凭证清单和其中的空号与已审核凭证编号，若编号不连续，则用逗号分隔，若显示宽度不够，可用鼠标拖动表头，调整列宽查看。如图 3-70 所示，选择记账范围时，可输入连续编号范围，如 1-1 表示只有 1 张凭证；也可输入不连续编号范围，如"5，6，9"，表示第 5 号、第 6 号、第 9 号凭证为此次要记账的凭证。

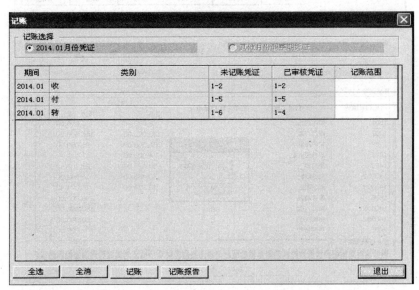

图 3-70

第2步，显示记账报告，即经过合法性检验后的操作注意信息。例如，此次要记账的凭证中有些凭证没有审核或未经出纳签字，属于不能记账的凭证，可根据操作注意信息修改后，再记账，如图 3-71 所示。

第3步，当以上工作都确认无误后，单击"记账"按钮，系统开始登录有关的总账和明细账，包括正式总账与明细账、数量总账与明细账、外币总账与明细账、项目总账与明细账、部门总账与明细账、个人往来总账与明细账、银行往来账等有关账簿，如图 3-72 所示。

（2）恢复记账前状态。记账过程一旦断电或因其他原因造成中断后，系统将自动"恢复记账前状态"恢复数据，然后再重新记账。在记账过程中，不得中断退出。在第一次记账时，若期初余额试算不平衡，系统将不允许记账。所选范围内的凭证如有不平衡凭证，系统将列出错误凭证，并重选记账范围。在期末对账界面，按"Ctrl+H"组合键，将决定是否显示/隐藏菜单中的"恢复记账前状态"功能，如图 3-73 所示。

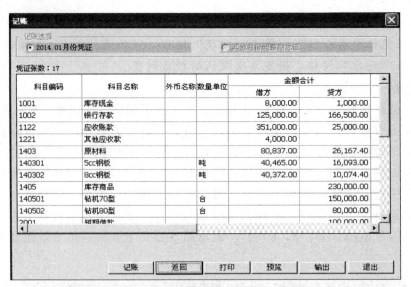

图 3-71

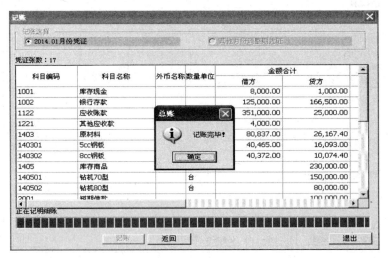

图 3-72

图 3-73

　　单击"凭证"菜单下的"恢复记账前状态"功能，如图 3-74 所示，选择恢复方式，单击"确定"按钮。在弹出的如图 3-75 所示的"输入"对话框中输入主管口令，再单击"确定"按钮，弹出窗口显示"恢复记账完毕"，如图 3-76 所示。

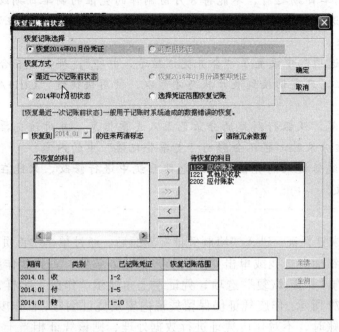

图 3-74

图 3-75

图 3-76

9. 修改删除凭证

（1）修改已填制凭证。在填制凭证中，通过单击"首页"、"上页"、"下页"、"末页"按钮翻页查找或按"查询"按钮输入查询条件，找到要修改的凭证。将光标移到制单日期处，可修改制单日期。若要修改附单据数、摘要、科目、外币、汇率、金额，直接将光标移到需修改的地方进行修改即可。凭证下方显示每条分录的辅助项信息，若要修改某辅助项，则可将光标移到要修改的辅助项处，双击鼠标，屏幕显示辅助项录入窗口，直接在上面修改即可。若要修改金额方向，则可在当前金额的相反方向按空格键。若希望当前分录的金额为其他所有分录的借贷方差额，则在金额处按"="键即可。按"插行"按钮或"Ctrl+I"组合键可在当前分录前插入一条分录。按"删行"按钮或"Ctrl+D"组合键可删除当前光标所在的分录。修改完毕后，单击"保存"按钮保存当前修改，单击"放弃"按钮放弃当前修改。

┃ 操作注意 ┃

① 若在"选项"中设置了"制单序时",那么,在修改制单日期时,不能在上一编号凭证的制单日期之前。不能将 8 月份制作的凭证的制单日期改为 9 月份。

② 若在"选项"中设置了"不允许修改、作废他人填制的凭证",则不能修改他人填制的凭证。

③ 若在"选项"中设置了"合并凭证显示、打印",那么,在合并状态下不能录入、修改凭证,只有切换到展开状态才可以。使用快捷键"Ctrl+A"可自动切换合并/展开。

④ 如果某笔涉及银行科目的分录已录入支票信息,并对该支票进行过报销处理,则当修改该分录时,将不会影响"支票登记簿"中的内容。

⑤ 外部系统传过来的凭证不能在总账系统中进行修改,只能在生成该凭证的系统中进行修改。

（2）作废、恢复凭证。进入"填制凭证"界面后,通过单击"首页"、"上页"、"下页"、"末页"按钮翻页查找或单击"查询"按钮输入条件,查找要作废的凭证。选择"制单"菜单下的"作废/恢复"选项,凭证左上角显示"作废"字样,表示已将该凭证作废,如图 3-77 所示。作废凭证仍保留凭证内容及凭证编号,且作废凭证不能修改,不能审核。在记账时,不对作废凭证进行数据处理,则该凭证相当于一张空凭证。在账簿查询时,也查不到作废凭证的数据。若当前凭证已作废,选择"制单"菜单下的"作废/恢复"选项,可取消作废标志,并将当前凭证恢复为有效凭证。

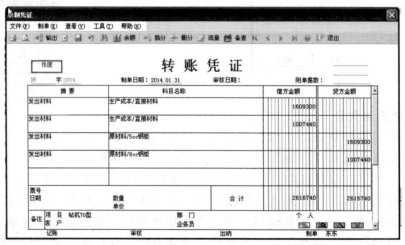

图 3-77

（3）凭证整理。若不想保留某些作废凭证,则可以通过"凭证整理"功能将其彻底删除,并利用留下的空号对未记账凭证重新编号。进入"填制凭证"界面,选择"制单"菜单下的"整理凭证"选项,如图 3-78 所示。选择要删除的作废凭证,单击"确定"按钮,系统将这些凭证从数据库中删除掉,并对剩下凭证重新排号,如图 3-79 和图 3-80 所示。

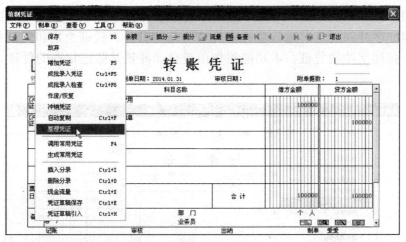

图 3-78

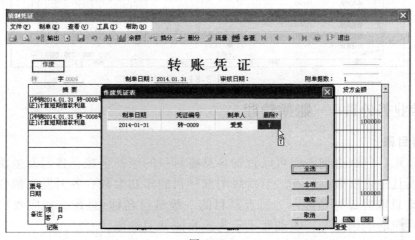

图 3-79

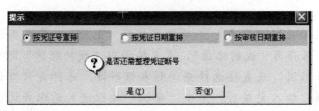

图 3-80

操作注意

若本月有凭证已记账，那么，本月最后一张已记账凭证之前的凭证将不能进行凭证整理，只能对其后面的未记账凭证进行凭证整理。若想对已记账凭证进行凭证整理，应先应用"恢复记账前状态"功能恢复本月月初的记账前状态，再进行凭证整理。

若由于手工编制凭证号造成凭证断号，也可通过此功能进行整理，方法是不选作废凭证，直接单击"确定"按钮即可。当凭证由系统编号时，删除凭证后应注意是否整理空号凭证，若选择"是"，则将作废凭证删除并重新排凭证编号。

④ 制作红字冲销凭证。在录入凭证时，选择"制单"菜单中的"冲销凭证"选项，可制作红字冲销凭证。输入要冲销凭证所在的月份、凭证类别和凭证号，系统将自动制作一张红字冲销凭证。本功能的作用是自动冲销某张已记账的凭证，如图 3-81所示。

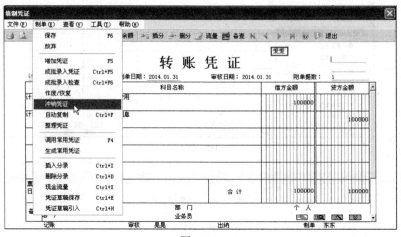

图 3-81

五、日常业务处理——账簿管理

1. 科目账

（1）总账。总账查询不但可以查询各总账科目的年初余额、各月发生额合计和月末余额，而且还可以查询所有二至六级明细科目的年初余额、各月发生额合计和月末余额。查询总账时，标题显示为所查科目的一级科目名称+总账，如应收账款总账。联查总账对应的明细账时，明细账显示为应收账款明细账。

【操作步骤】

选择系统主菜单上的"账表"下的科目账的"总账"，屏幕显示总账查询条件窗口。可将查询条件保存为"我的账簿"，或直接调用"我的账簿"即可。选择或输入要查询的科目和科目级次，或直接选择查询到末级科目；选择是只查询已记账凭证，还是包括未记账凭证；输入完成后，单击"确认"按钮进入总账查询窗口。在查询结果界面，可以在科目下拉框中选择需要查看的科目。单击工具栏中的"明细"按钮，即可联查到当前科目当前月份的明细账。当期初余额或上年结转所在行为当前行时，不能联查明细账。

> ▌操作注意▐
>
> 科目范围：可输入起止科目范围，科目范围为空时，系统默认为所有科目。
>
> 科目级次：在确定科目范围后，可以按该范围内的某级科目查询，如将科目级次输为 1-1，则只查询一级科目，如将科目级次输为 1-3，则只查询一至三级科目。如果需要查询所有末级科目，则选择末级科目即可。若想查询包含未记账凭证的总账，选择包含未记账凭证即可。

（2）余额表。余额表用于查询、统计各级科目的本期发生额、累计发生额和余额等。传统的总账是以总账科目分页设账，而余额表则可输出某月或某几个月的所有总账科目或明细科目的期初余额、本期发生额、累计发生额和期末余额，在实行计算机记账后，单位可以用余额表代替总账。

余额表的应用范围：可输出总账科目、明细科目的某一时期内的本期发生额、累计发生额和余额；可输出某科目范围的某一时期内的本期发生额、累计发生额和余额；可在某个余额范围内输出科目的余额情况。本功能提供了强大的统计功能。用户通过灵活运用该功能，不仅可以查询统计人民币金额账，还可以查询统计外币和数量发生额及余额，同时还可查询到包含未记账凭证在内的最新发生额及余额。

【操作步骤】

选择"系统"主菜单上的"账表"下的"科目账"的"余额表"菜单，显示余额表查询条件窗口，用户可根据需要输入查询条件，可输入具体科目进行查询，也可以选择某一科目类型查询这一类型的所有科目余额表。用户输入完查询条件后，单击"确认"按钮，屏幕将显示查询统计结果。用户可以通过屏幕右上方的"账页格式"下拉框，以金额式、外币金额式、数量金额式、数量外币式显示账页。

（3）明细账。明细账用于平时查询各账户的明细发生情况，及按任意条件组合查询明细账。在查询过程中可以包含未记账凭证。本功能提供了普通明细账、按科目排序明细账和月份综合明细账3种明细账的查询格式。普通明细账是按科目查询，按发生日期排序的明细账；按科目排序明细账是按非末级科目查询，按其有发生额的末级科目排序的明细账；月份综合明细账是按非末级科目查询，包含非末级科目总账数据及末级科目明细数据的综合明细账，使用户对各级科目的数据关系一目了然。

【操作步骤】

选择"系统"主菜单上的"账表"下的"科目账"的"明细账"。选择"科目范围"：可输入科目起止范围，范围为空时，系统默认为所有科目。选择"月份范围"：选择起止月份，当只查某个月时，应将起止月都选择为同一月份，如查2014年1月，则月份范围应选择2014.01—2014.01。选择"包含未记账凭证"：若要查询包含未记账凭证的明细账，可选择此项。查询结果中的未记账业务将用颜色加以区别。选择"按科目排序"：若希望在查询非末级科目明细账时，能看到该科目的明细账按其下末级科目分别列示，则可选择此项。选择"月份综合明细账"：若希望同时查看某月份末级科目的明细账及其上级科目的总账数据，则可选择该选项。

┃操作注意┃

如果在"选项"菜单中设置了"合并凭证显示、打印"，那么在明细账界面会显示"合并显示"选项，选择此项，明细账以科目相同或科目＋摘要相同合并显示。月份综合明细账无此选项。

在设置月份综合明细账查询条件时，必须先指定一级科目，且起始科目与终止科目必须为指定科目或其下属科目，且为同一级次。例如，指定科目为1002，则科目范围可输入 100201～100203，也可输入 1002～1002，但不能输入 100201～10020101。

若在"选项"菜单中选择了"明细账查询权限控制到科目"，则须在"基础设置—数据权限"中对此进行设置。若操作员不具备查询某科目明细账的权限，那么在进入"明细账查询"功能后，将看不到此科目的明细账。只要有查询月份综合明细账的权限，就可查询所有科目的月份综合明细账。如果不希望某操作员查询某科目的明细账，那么，除了在"基础设置"中进行设置外，还需在系统管理的"权限"中取消该操作员查询月份综合明细账的权限。按科目范围查询明细账时，不能查询在科目设置中指定为现金银行科目的明细账，但可查询月份综合明细账，且可以到"出纳管理"中通过现金日记账与银行日记账查询该科目的明细数据。

（4）序时账。"序时账"功能用于按时间顺序排列每笔业务的明细数据。

【操作步骤】

选择"系统"主菜单上的"账表"下的科目账的"序时账"。进入后，屏幕显示序时账查询条件窗，也可将查询条件保存为"我的账簿"，或直接调用"我的账簿"。条件输入完毕后，单击"确定"按钮，屏幕显示序时账查询结果。双击某行或单击"凭证"按钮，可查看相应的凭证。在序时账中，每笔业务只显示末级科目名称，要想查看上级科目的名称，单击工具栏中的"上级"按钮即可。

（5）多栏账。"多栏账"功能用于查询多栏明细账。选择系统主菜单上的"账表"下的科目账的"多栏账"，进入后屏幕将显示多栏账查询条件窗。

【操作步骤】

- 修改多栏账。在多栏账初始界面中单击"修改"按钮，屏幕显示多栏账定义窗，直接修改各项即可，具体操作同增加多栏账操作。
- 删除多栏账。在多栏账初始界面中用鼠标选择要删除的多栏账，单击"删除"按钮，即可删除此多栏账。
- 查询多栏账。单击"查询"按钮，在多栏账查询条件界面中选择所要查询的多栏账及月份，单击"确认"按钮，屏幕将显示多栏账查询结果。按"F8"键可切换科目编码和科目名称。
- 增加多栏账。系统采用自定义多栏账查询方式，即用户要查询某个多栏账之前，必须先定义其查询格式，然后才能进行查询。单击"增加"按钮，显示多栏定义窗口，选择多栏账"核算科目"，系统自动携带显示多栏账名称，可以在"多栏账名称"处直接修改。

（6）日记账。"日记账"功能主要用于查询除现金日记账、银行日记账以外的其他日记账。现金日记账、银行日记账可在出纳管理中查询。如果某日的凭证已填制完毕但未登记入账，则可以通过选择"包含未记账凭证"进行查询。

【操作步骤】

选择"系统"主菜单上的"账表"下的科目账的"日记账"菜单，显示日记账查询条件窗。在条件窗中科目范围处选择日记账科目，即在会计科目中设有"日记账"

的科目，然后选择查询方式（系统提供按月和按日查询两种方式，用户可选择要查询的会计月份或日期）。如果用户查看包含未记账凭证的日记账，可选择"包含未记账凭证"。输入查询条件后，单击"确定"按钮，屏幕上将显示日记账查询结果。在"账页格式"下拉框中选择需要查询的格式，系统将自动根据科目的性质列出选项供用户选择。双击某行或单击"凭证"按钮，可查看相应的凭证。单击"总账"按钮可查看此科目的总账。

（7）日报表。"日报表"功能用于查询输出某日所有科目的发生额及余额情况（不包括现金、银行存款科目）。

【操作步骤】

选择"系统"主菜单上的"账表"下的科目账的"日报表"菜单，显示日报表查询窗口。单击日历图标选择要查询的日报表日期。选择查询科目的级次。如果选择多级查询，则可以在一张日报表上看到所有资金发生的明细情况。由于企业内控制度规定或其他滞后原因，在查询时有些凭证尚未记账，如果想要查询资金发生的真实情况，可以选择"包含未记账凭证"。如果只想查询账面数据，则可以不选。选择"有无余额发生"选项后，即使某个科目在查询日没有发生业务（即没有制作凭证），只要有余额就会显示。

（8）综合多栏账。综合多栏账是在原多栏账的基础上新增的一个账簿查询方式，通过它可以以科目为分析栏目查询明细账，也可以以辅助项及自定义项为分析栏目查询明细账，并可完成多组借贷栏目在同一账表中的查询。其目的主要是为了完成商品销售、库存、成本明细账的横向联合查询。并提供简单的计算功能，以方便用户对商品进销存状况的即时了解。

为了完成这一类账簿的查询，还需设置相应的科目及辅助核算。如库存商品科目、商品销售收入科目需设置项目核算，并将"收购"、"省内"、"省外"、"溢余"、"其他"、"供应"、"转销"等出入库方式设为项目目录。然后，还需在填制凭证时填写相应的项目。这样，每一笔库存、销售业务的相关信息都将被保存到数据库中。想要按以上格式查询库存及销售的明细账必须先定义好要查询的格式。

【操作步骤】

首先，选择"综合多栏账"菜单，显示已定义的综合多栏账列表。如果没有定义过，则单击"增加"按钮，屏幕将显示综合多栏账定义窗。若要修改已定义的综合多栏账，可单击"修改"按钮，屏幕显示综合多栏账定义窗，直接修改各项即可。若要删除已定义的综合多栏账，单击"删除"按钮即可。

综合多栏账与普通多栏账有以下几点不同。

- 综合多栏账可以有多组栏目，每组栏目都可按借、贷、余顺序列示；而普通多栏账只能定义一组栏目。
- 综合多栏账的每一个栏目不仅可按科目进行分析，而且更可明细到辅助项乃至自定义项进行分析；而普通多栏账只能按科目进行分析。
- 综合多栏账在分析栏目的基础上增加了计算栏，加强了对数据的分析功能；

而普通多栏账只能显示已有的数据。

- 综合多栏账可将自定义项单独列示出来；而普通多栏账每行的自定义项只能与摘要合并成一列显示。

总的说来，综合多栏账比普通多栏账更灵活、功能更强大，也更复杂，定义工作的难度也较大。

2. 辅助账

（1）客户往来辅助账。

① 客户往来余额表包括以下几种。

客户科目余额表：用于查询某往来科目下所有客户的发生额和余额情况。

客户三栏余额表：用于查询某往来科目下某客户在各月的发生额和余额情况。

客户项目余额表：用于查询带有客户、项目辅助核算科目的发生额和余额情况。

客户部门余额表：用于查询某客户往来科目下各部门及其往来客户的发生额和余额情况。

客户业务员余额表：用于查询某客户往来科目下各业务员及其往来客户的发生额和余额情况。

客户分类余额表：用于查询某客户往来科目下所有客户分类的发生额和余额情况。

客户地区分类余额表：用于查询某客户往来科目下所有地区分类的发生额和余额情况。

② 客户往来明细账包括以下几种。

客户明细账：用于查询某个往来客户所有科目的明细账情况。

客户科目明细账：用于查询指定科目下各往来客户的明细账情况。

客户三栏明细账：用于查询某个往来客户某个科目的明细账情况。

客户部门明细账：用于查询某客户往来科目下各部门及其往来客户的明细账。

客户项目明细账：用于查询带有客户、项目辅助核算科目的明细账。

客户分类明细账：用于查询某客户往来科目下各客户分类及其往来客户的明细账。

客户地区分类明细账：用于查询某客户往来科目下各地区分类及其往来客户的明细账。

客户多栏明细账：用于查询某个指定的上级科目的多栏明细账。

③ 客户往来账两清。可以在此进行客户往来款项的清理勾对工作，以便及时了解应收款的结算情况以及未达账情况。系统提供自动与手工勾对两种方式清理客户欠款。供应商往来的清理操作与客户往来类似。

【操作步骤】

单击"客户往来辅助账"菜单下的"客户往来两清"。输入科目、客户名称和截止月份等查询条件。选择两清列表显示方式：选择业务员，则列表显示业务员栏目。选择两清依据。选择查询方式：专认勾对、逐笔勾对、全额勾对。单击"确认"按钮，屏幕上将会出现两清结果界面。

> **操作注意**
>
> 　　按部门相同两清：对于同一科目下部门相同、借贷方向相反、金额一致的两笔分录自动勾对。
>
> 　　按项目相同两清：对于同一科目同一往来户下，辅助核算项目相同的往来款项多笔借方（贷方）合计相等的情况。
>
> 　　按票号相同两清：对于同一科目下相同票号、借贷方向相反、金额一致的两笔分录自动勾对。
>
> 　　显示已两清：是否包含两清部分，如选中则查询结果中包含已两清的客户往来。
>
> 　　专认勾对：即按业务号勾对，通过用户在制单过程中指定业务编号或字符，作为往来账勾对标志，对于同一科目下业务号相同、借贷方向相反、金额一致的两笔分录自动勾对。
>
> 　　逐笔勾对：在用户未指定业务号的情况下，系统按照金额一致、方向相反的原则自动勾对同一科目下同一往来户的往来款项。
>
> 　　全额勾对：为提高对账成功率，对于同一科目同一往来户下，可能存在着借方（贷方）的某项合计等于对方科目的某几项合计，尤其是带有业务号的往来款项，全额勾对将对这些合计项进行勾对。

　　④ 客户往来催款单。"客户往来催款单"功能用于显示客户欠款情况，及时地清理客户借款。

　　⑤ 客户往来账龄分析。通过"客户往来账龄分析"功能可以及时地了解各单位往来款余额的时间分布情况，进行科学的账龄分析，及时通过"客户往来催款单"催要货款或通过调整客户的信用额度控制客户延期付款的状况。

　　（2）供应商往来辅助账。

　　① 供应商往来余额表包括以下几种。

　　供应商余额表：用于查询某个往来供应商所有科目下的发生额和余额情况。

　　供应商科目余额表：用于查询某往来科目下所有供应商的发生额和余额情况。

　　供应商项目余额表：用于查询带有供应商、项目辅助核算科目的发生额和余额情况。

　　供应商三栏余额表：用于查询某供应商往来科目下某供应商在各月的发生额和余额情况。

　　供应商部门余额表：用于查询某供应商往来科目下各部门及其往来供应商的发生额和余额情况。

　　供应商分类余额表：用于查询某供应商往来科目下所有供应商分类的发生额和余额情况。

　　供应商业务员余额表：用于查询某供应商往来科目下各业务员及其往来供应商的发生额和余额情况。

　　供应商地区分类余额表：用于查询某供应商往来科目下所有地区分类的发生额和余额情况。

　　② 供应商往来明细账包括以下几种。

供应商明细账：用于查询某个往来供应商所有科目的明细账情况。

供应商科目明细账：用于查询指定科目下各往来供应商的明细账情况。提供科目明细账查询可以按科目相同合并或按科目+摘要相同查询、打印。

供应商三栏明细账：用于查询某个往来供应商某个科目的明细账情况。

供应商部门明细账：用于查询某供应商往来科目下各部门及其往来供应商的明细账。

供应商项目明细账：用于查询带有供应商、项目辅助核算科目的明细账。

供应商业务员明细账：用于查询某供应商往来科目下各业务员及其往来供应商的明细账。

供应商分类明细账：用于查询某供应商往来科目下各供应商分类及其往来供应商的明细账。

供应商地区分类明细账：用于查询某供应商往来科目下各地区分类及其往来供应商的明细账。

供应商多栏明细账：用于查询某个指定的上级科目的多栏明细账。

③ 供应商往来两清包括以下内容。

供应商往来两清：可以在此进行供应商往来款项的清理勾对工作，以便及时了解应收款的结算情况以及未达账情况。系统提供自动与手工勾对两种方式清理供应商欠款。

科目：可以直接输入科目的名称，也可以单击右边的下拉框，选择要两清的科目。

供应商：输入要进行勾对的供应商名称。

截止日期：截止月份主要限制进行往来管理的时间范围，可以单击右边的下拉框选择供应商两清的截止期。如果不输入截止月份，则系统会处理所有的往来账。

两清依据：选择是依据业务号、业务员、部门，还是项目进行往来两清处理。

显示已两清：表明是否包含两清部分，如选中该选项则查询结果中包含已两清的供应商。

④ 供应商往来催款单。在此生成并打印供应商往来对账单。

⑤ 供应商往来账龄分析。可以通过本功能了解单位往来款余额的时间分布情况。

（3）个人往来账。

① 个人往来余额表包括以下几种。

科目余额表：用于查询某个人往来核算科目下所有的发生额及余额情况。

部门余额表：用于查询某科目某部门下所有人的发生额及余额情况。

个人余额表：用于查询部门往来个人的各往来科目的发生额及余额情况。

三栏余额表：用于查询某科目及个人下各个月的发生额及余额汇总情况。

② 个人往来明细账包括以下几种。

科目明细账：用于查询某部门核算科目（即在"会计科目"中账类设为个人往来的科目）下各个人的明细账。提供科目明细账查询可以按科目相同合并或按科目+摘要相同查询、打印。

部门明细账：用于查询某部门各个人往来的明细账。

个人明细账：用于查询某个人的往来款项的明细账。

三栏明细账：用于查询某个人下某科目各个月的明细账。

多栏明细账：用于查询某个人相应科目的多栏明细账。

③ 个人往来清理。本功能用于对个人的借款、还款情况进行清理，及时地了解个人借款、还款情况，清理个人借款。

④ 个人往来催款。本功能用于打印个人催款单，及时地清理个人借款。

⑤ 个人往来账龄分析。本功能通过账龄区间的设置，由系统科学地统计个人往来款余额的时间分布情况，由此进行账龄分析，及时清理个人借款。

（4）部门辅助账。

① 部门总账包括以下几种。

科目总账：用于查询某部门核算科目（即在"会计科目"中设为部门核算的科目）下各个部门的发生额及余额汇总情况。

部门总账：用于查询某部门的各费用、收入科目（即在"会计科目"中账类设为部门核算的科目）的发生额及余额汇总情况。

三栏总账：用于查询某部门下某科目各个月的发生额及余额汇总情况。

② 部门明细账包括以下几种。

科目明细账：用于查询某部门核算科目（即在"会计科目"中账类设为部门核算的科目）下各个部门的明细账。

部门明细账：用于查询某部门的各个费用、收入科目（即在"会计科目"中账类设为部门核算的科目）的明细账。

三栏明细账：用于查询某部门下某科目各个月的明细账。

多栏明细账：用于查询某部门的各个费用、收入科目的多栏明细账。

③ 部门收支分析。为了加强对各部门收支情况的管理，系统提供"部门收支分析"功能，可对所有部门核算科目的发生额及余额按部门进行分析。

选择"部门辅助账"菜单下的"部门收支分析"选项，显示查询条件向导。

【操作步骤】

向导一，可在科目选择窗中选择需要查询部门收支分析的部门核算科目。

向导二，在部门选择窗中选择需要查询部门收支分析的部门。

向导三，在此选择要进行收支分析的起止月份。

选择后单击"完成"按钮，屏幕上将显示部门收支分析表。

使用过滤功能快速查询，得到部门收支分析表后，如用户想查询贷方发生额的统计表，则可以单击"过滤"按钮，选择过滤方式为贷方即可。

分会计要素进行收支分析：用户在"部门收支分析表"界面中单击"全部""收入科目""费用科目"页签，可按不同会计要素分析各部门的收支情况。

（5）项目辅助账。

① 项目总账包括以下几种。

科目总账：用于查询某科目下各明细项目的发生额及余额情况。

项目总账：用于查询某部门、项目下的各费用、收入科目（即在"会计科目"中账类设为项目核算的科目）的发生额及余额汇总情况。

三栏总账：用于查询某项目下某科目各月的发生额及余额汇总情况。

分类总账：用于查询某科目下各项目分类的发生额及余额情况。

部门项目总账：用于查询某部门下各项目的发生额及余额情况。只能查询在"会计科目"中账类设置为部门项目的科目。它提供了两种统计查询方式，即按部门统计查询和按项目统计查询。

② 项目明细账包括以下几种。

科目明细账：用于查询某项目核算科目（即在"会计科目"中账类设为项目核算的科目）下各个项目的明细账。

项目明细账：用于查询某项目及部门的各个费用、收入科目的明细账。

三栏明细账：用于查询某项目下某科目各月的明细账。

分类明细账：用于查询某科目下各项目分类的明细账。

分类多栏账：用于按不同的项目分类查询，并以多栏账形式显示科目各月份的明细发生额及余额。

部门项目明细账：用于查询某项目及部门的各个费用、收入科目的明细账。

项目多栏账：用于查询某项目的各个费用、收入科目的多栏式明细账。

若想查询某科目的项目多栏账，则应先将该科目本身及要核算的下级科目都设为项目核算科目，再在项目多栏账查询条件中选择该科目即可。

③ 项目统计表。项目统计表可统计所有项目的发生额及余额情况。单击"项目辅助账"菜单下的"项目统计表"，显示项目统计表查询条件。

【操作步骤】

向导一：选择要统计的项目大类，选择项目范围。

系统提供 5 个条件组，用户可以输入 5 个并列的条件选择项目范围。每个条件组的第 1 栏用于选择用户在项目定义中定义的项目结构，如工程名称、开工日期等；第 2 栏用于选择关系运算符，如"="、">="等；第 3 栏用于录入或选择条件判断内容，如"办公大楼"、"1996.01.20"等。可按所输条件查询明细账。例如，要分析负责人为张三的项目的发生额及余额情况，用户应在第 1 栏选择负责人，在第 2 栏选择"="，在第 3 栏输入或下拉选择"张三"即可。

若选择"显示项目"，则将在项目统计表中同时对项目及各项分类进行统计，否则，将只对项目分类进行统计。

项目级次范围即项目分类级次范围，系统默认对所有级次的项目分类进行统计分析。

当统计科目为部门项目科目时，应选择"项目部门类"，否则应选择"其他项目类"。

向导二：在科目选择窗中选择需要查询项目统计表的项目核算科目。

向导三：选择要查询的起止月份。

单击"完成"按钮，屏幕显示项目统计表。

使用"过滤"功能快速查询：得到项目统计表后，如用户想查询贷方发生额的统计表，可以单击"过滤"按钮，选择过滤方式为贷方即可。

（6）现金流量表。

① 现金流量统计表。系统提供现金流量统计表的查询功能。现金流量项目需指定是流入项目还是流出项目。可在"我的账簿"中选择已保存的查询条件，或设置新

的查询条件进行查询。

项目大类：可选择项目大类范围，如果选择单一项目大类，则只统计一个项目大类的现金流量情况；如果选择项目大类范围，则可以统计显示几个大类的数据。项目大类为空时表示选择全部项目。

> **┃ 操作注意 ┃**
>
> 　　可以选择不同级次的项目大类。在输入项目大类时，如果知道项目大类编码则可直接输入；如果不知道编码，通过参照选择时，若遇到重名现象，系统会弹出注意窗口让用户根据分类编码再次确认。查询日期包括按月查询和按日查询，任选一个。如果选择按日查询，可以不输日期，系统默认为显示全部数据信息。

现金流量统计表说明如下。

按项目分类编号+项目编号排序并做小计，列示在对应项目的后面，输出现金流量统计表列示所有现金流量明细项目。

　　　按项目分类一级做本级净额合计=流入项目金额合计-流出项目金额合计。

　　　流入项目统计金额=流入项目借方金额-流出项目贷方金额。

　　　流出项目统计金额=流出项目贷方金额-流出项目借方金额。

功能按钮提示如下。

"明细"按钮：将显示光标所在行末级现金流量项目明细。

"查询"按钮：可调用查询条件界面，重新设置查询条件，进行新的查询。

> **┃ 注　意 ┃**
>
> 　　现金流量统计表不存在科目及辅助核算的权限控制。

② 现金流量明细表。本系统提供针对现金流量项目明细表的查询功能。现金流量项目需指定是流入项目还是流出项目。可在"我的账簿"中选择已保存的查询条件，或设置新的查询条件进行查询。

"查询条件界面"查询日期：包括按月查询和按日查询，任选一个。如果选择按日查询，可以不输日期，系统默认为显示全部数据信息。项目范围：如果不选，表示选择了全部项目。

条件框：项目档案中的所有项目属性。

比较框：提供比较符号"<"、">"、"<>"、"="、">="、"<="。

值框：提供对应项目属性的内容，如项目编号则提供所有项目编号参照；项目名称则提供所有项目名称参照；是否结算提供已结算、未结算等。

关联条件框：提供"且"、"或"等条件。

例如，某公司现在有一批正在进行的项目，如果想查询 2002 年 10 月尚未结算的项目的现金流入、流出详细情况，了解项目的详情，以确定下一步工作的进行，那么可以使用现金流量明细表进行查询（前提是项目目录中设置了该现金流量项目、填制凭证时录入了相关数据）。设置查询条件：选择"按月查询"2002.10—2002.10，"包含未记账凭证"。项目范围选择"是否结算=未结算"。

操作注意

现金流量明细表无科目及辅助核算的权限控制。

3. 账簿打印

（1）科目账簿打印。选择“系统”主菜单上的“账簿”→“账簿打印”完成总账、余额表、明细账、多栏账、日记账的打印。

（2）辅助账簿打印。单击“系统”主菜单中“辅助”下的“辅助账簿打印”，再选择“辅助账簿打印”下的个人明细账、部门明细账、部门多栏账、项目多栏账、项目明细账、客户多栏账、客户明细账、供应商明细账和供应商多栏账。

六、日常业务处理——出纳管理

1. 账簿管理

（1）现金日记账。本功能用于查询现金日记账， 现金科目必须在“会计科目”功能下的“指定科目”中预先指定。现金日记账格式如图 3-82 所示。

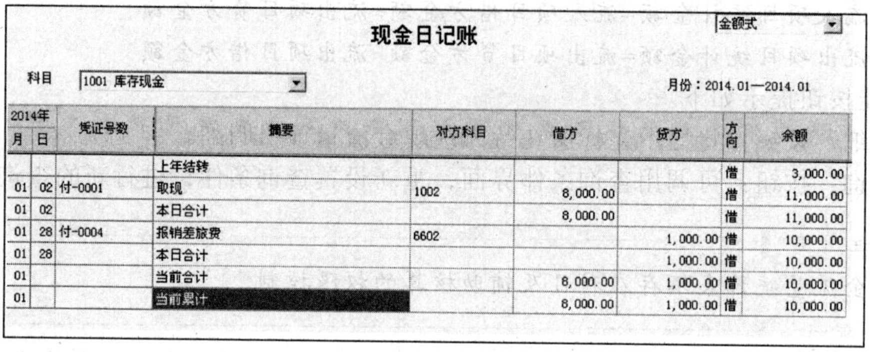
金额式

现金日记账

科目 1001 库存现金　　月份：2014.01—2014.01

2014年 月	日	凭证号数	摘要	对方科目	借方	贷方	方向	余额
			上年结转				借	3,000.00
01	02	付-0001	取现	1002	8,000.00		借	11,000.00
01	02		本日合计		8,000.00		借	11,000.00
01	28	付-0004	报销差旅费	6602		1,000.00	借	10,000.00
01	28		本日合计			1,000.00	借	10,000.00
01			当前合计		8,000.00	1,000.00	借	10,000.00
01			当前累计		8,000.00	1,000.00	借	10,000.00

图 3-82

① 查询条件设置。

按月查：显示查询月的现金日记账。

按日查：显示查询日的现金日记账。

编码：现金日记账显示对方科目编码。

名称+编码：现金日记账可以显示对方科目编码及名称，可以选择显示一级科目或显示至末级。

是否按对方科目展开：选择此项，则必须选择显示对方科目“名称+编码”。

包含未记账凭证：由于未审核等原因，可能会有部分凭证尚未记账，所以当要查询真实的现金收支情况时最好选择“包含未记账凭证”。

② 查询条件设定后，单击“确认”按钮，进入“现金日记账”界面。

“凭证”按钮：用于查看相应的凭证。

“总账”按钮：用于查看现金科目的三栏式总账。

“过滤”按钮：用于快速过滤查询。单击“过滤”按钮，输入相关过滤条件包括自定义项，可缩小查询范围，快速查出需要的凭证。

“查询”按钮：用于重新选择查询条件。

"摘要"按钮：用于设置摘要显示内容。

"锁定"与"还原"按钮：用于调整、还原栏目列宽。单击"锁定"按钮则不可调整栏目列宽，单击"还原"按钮将返回系统默认的列宽。

（2）银行日记账。本功能用于查询银行日记账，银行科目必须在"会计科目"功能下的"指定科目"中预先指定。可在"我的账簿"中选择已保存的查询条件，或设置新的查询条件进行查询。银行日记账格式如图3-83所示。

银行日记账										金额式
科目	1002 银行存款					月份：2014.01-2014.01				
2014年 月 日	凭证号数	摘要		结算号	对方科目	借方	贷方	方向	余额	
		上年结转						借	165,000.00	
01 02	付-0001	取现_101_201401_2014.01.02		现金支票-201401	1001		8,000.00	借	157,000.00	
01 02		本日合计					8,000.00	借	157,000.00	
01 05	付-0002	借支差旅费_101_201402_2014.01.05		现金支票-201402	1221		4,000.00	借	153,000.00	
01 05		本日合计					4,000.00	借	153,000.00	
01 08	付-0003	购买原材料_102_201403_2014.01.08		转账支票-201403	140302, 14030		94,500.00	借	58,500.00	
01 08		本日合计					94,500.00	借	58,500.00	
01 25	收-0001	收回应收款_102_201404_2014.01.25		转账支票-201404	1122	25,000.00		借	83,500.00	
01 25		本日合计				25,000.00		借	83,500.00	
01 31	收-0002	短期借款_102_201405_2014.01.31		转账支票-201405	2001	100,000.00		借	183,500.00	
01 31	付-0005	发放工资_102_201406_2014.01.31		转账支票-201406	221101		60,000.00	借	123,500.00	
01 31		本日合计				100,000.00	60,000.00	借	123,500.00	
01		当前合计				125,000.00	166,500.00	借	123,500.00	
01		当前累计				125,000.00	166,500.00	借	123,500.00	

图 3-83

① 查询条件设置。

科目：可以查询不同账户的银行存款收支情况。

按月查：显示查询月的银行日记账。

按日查：显示查询日的银行日记账。

编码：银行日记账显示对方科目编码。

名称+编码：银行日记账可以显示对方科目编码及名称，可以选择显示一级科目或显示至末级。

是否按对方科目展开：选择此项，则必须选择显示对方科目"名称+编码"。

包含未记账凭证：由于未审核等原因，可能会有部分凭证尚未记账，所以当要查询真实的银行存款收支情况时最好选择"包含未记账凭证"。

② 查询条件设定后，单击"确认"按钮，进入"银行日记账"界面。

"凭证"按钮：用于查看相应的凭证。

"总账"按钮：用于查看银行科目的三栏式总账。

"过滤"按钮：用于快速过滤查询。

"查询"按钮：用于重新选择查询条件。单击"查询"按钮，输入查询条件或在"我的账簿"中选择查询方式进行重新查询。

"摘要"按钮：用于设置摘要显示内容。如果该科目设有科目属性，且录入凭证时录入了科目属性的内容，在摘要选项中被选中打上"√"，则账表显示时摘要栏显示相关的科目属性内容、自定义项内容和结算方式、票号、日期、业务员等内容。注意：该科目必须具有至少一项科目属性，这里的选项才能起作用。

"锁定"和"还原"按钮：用于调整、还原栏目列宽。单击"锁定"按钮则不可调整栏目列宽，单击"还原"按钮将返回系统默认的列宽。

（3）资金日报。本功能用于查询输出现金、银行存款科目某日的发生额及余额情况。

① 查询条件设置。

日期：可单击日历图标选择要查询的资金日报日期。

级次：选择查询科目的级次。如果选择多级查询，则可以在一张资金日报表上看到所有资金发生的明细情况。

包含未记账凭证：由于企业内控制度规定或其他滞后原因，在查询时有些凭证尚未记账，如果想要查询资金发生的真实情况，则可以选择"包含未记账凭证"；如果只想查询账面数据，则可以不选。

有无余额发生也显示：选择此项后，即使现金或银行科目在查询日没有发生业务（即没有制作凭证），只要有余额就显示。

② "资金日报表说明"。报表显示今日余额、今日共借、今日共贷、余额方向、借方发生凭证笔数和贷方发生凭证笔数，如图 3-84 所示。

资金日报表

日期:2014.01.08

科目编码	科目名称	币种	今日共借	今日共贷	方向	今日余额	借方笔数	贷方笔数
1002	银行存款			94,500.00	借	58,500.00		1
合计				94,500.00	借	58,500.00		1

图 3-84

"日报"按钮：用于显示和打印光标所在科目的日报单。

"昨日"按钮：用于在表头增加"昨日余额"列，以查看各现金、银行科目的昨日余额。

"还原"按钮：用于还原列宽。在查看报表的过程中，由于调整视图效果可能会改变列宽，如果不使用"还原"按钮返回原视图效果而直接退出，那么下次进入该界面时就会看到这次修改过的视图效果。

（4）支票登记簿。在手工记账时，银行出纳通常建立支票领用登记簿，用来登记支票领用情况。为此，本系统为出纳员提供了"支票登记簿"功能，以供其详细登记支票领用人、领用日期、支票用途、是否报销等情况。当应收、应付系统或资金系统有支票领用时，系统自动填写支票登记簿，如图 3-85 所示。注意：只有在"会计科目"中设置银行账的科目才能使用支票登记簿。

① 使用前提：需要使用"支票登记簿"功能时，需在"结算方式"设置中对需使用支票登记簿的结算方式在"是否票据管理"前打"√"。

② 本系统对于不同的银行账户分别登记支票登记簿，所以需先选择要登记的银行账户，才能进入"支票登记簿"界面。

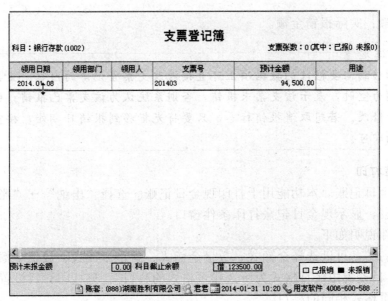

图 3-85

③ 支票登记簿使用说明如下。

"增加"按钮：用于增加记录。单击"增加"按钮，新增一空行，登记支票领用人、领用日期、支票用途、是否报销等信息。新增记录为未报销记录。

"定位"按钮：用于查找支票记录。在查找窗口输入支票领用日期或支票号，确定后光标将停在符合条件的记录上。

"批删"按钮：用于删除一批已报销的支票。单击"批删"按钮后，输入需要删除已报销支票的起止日期，即可删除此期间内的已报销支票。

"过滤"按钮：用于按领用人或部门统计支票情况。

屏幕显示所有已登记的记录情况，右上角显示已报销和未报销的支票数。未报销支票背景呈现白色。屏幕下方显示预计未报金额和本科目的截止余额。

当支票支出后，经办人持原始单据（发票）到财务部门报销，会计人员据此填制记账凭证。当在系统中录入该凭证时，系统要求录入该支票的结算方式和支票号。在系统填制完成该凭证后，系统自动在支票登记簿中将该号支票写上报销日期，该号支票即为已报销。领用部门、领用人可以参照部门档案、职员档案输入。

支票号：支票号可达 30 位，必须唯一。

已报张数、未报张数：随记录数随时更新。

预计未报金额：为所有未报销支票的预计未报金额合计。

用途：可输入 30 个字符。

收款人：可以输入 100 个字符。

付款银行名称：提供在"基础设置"中设置的开户银行参照，选择本张支票的付款银行。

报销日期：不能在领用日期之前。支票登记簿中的报销日期栏一般是由系统自动填写的，但对于有些已报销而由于人为原因造成系统未能自动填写报销日期的支票，可进行手工填写，将光标移到报销日期栏，然后写上报销日期即可。

实际金额：实际报销金额。

> **┃ 操作注意 ┃**
>
> 将光标移到需要修改的数据项上可直接修改支票登记簿的内容。支票登记簿中的报销日期为空时，表示该支票未报销，否则系统认为该支票已报销。已报销的支票不能进行修改。若想取消报销标志，只要将光标移到报销日期处，按空格键后删掉报销日期即可。

2. 账簿打印

（1）现金日记账。本功能用于打印现金日记账。选择"出纳"→"账簿打印"→"现金日记账"，显示现金日记账打印条件窗口。

查询条件说明如下。

"账页格式"：可以选择金额式、数量金额式、外币金额式、数量金额式。

"打印科目设置中账页格式为所选账页格式的科目"：只打印科目设置中账页格式与所选的账页格式相同的科目。

"所选科目按所选账页格式打印"：所选的科目全部按所选账页格式打印。

"最后一页未满页也打印"：若不选此项，则当所打印的日记账最后一页不能打满一页时，不打印该页。若该科目日记账只有一页，且不满页，则不打印该科目日记账。

"是否按对方科目展开"：选择此项，则必须选择显示打印对方科目"名称+编码"。"名称+编码"是指现金日记账可以显示打印对方科目编码及名称，并选择显示打印一级科目或显示至末级。

> **┃ 注意 ┃**
>
> 系统默认日记账与明细账打印每页打印行数一样，都为 30 行，但可通过"选项"进行调整。若不使用套打功能，系统默认摘要为 20 个汉字，金额、数量、外币打印宽度为 16 位数字，单价、汇率显示宽度为 12 位数字（包括小数点及小数位）。若不想按此宽度打印，可在"选项"中修改金额、数量、外币、单价、汇率的宽度。

若将"选项"中的"明细账输出方式"设为"按月排页"，则打印时从所选月份范围的起始月份开始将日记账顺序排页，再从第一页开始将其打印输出，打印起始页号为"1页"。这样，若所选月份范围不是第一个月，则打印结果的页号必然从"1页"开始排。若将"选项"中的"明细账输出方式"设为"按年排页"，则打印时从本会计年度的第一个会计月开始将日记账顺序排页，再将打印月份范围所在的页打印输出，打印起始页号为所打印月份在全年总排页中的页号。这样，若所选月份范围不是第一个月，则打印结果的页号有可能不是从"1"页开始排。

（2）银行日记账。本功能用于打印银行日记账。选择"出纳"→"账簿打印"→"银行日记账"，显示银行日记账打印条件窗口。

查询条件说明如下。

"账页格式"：可以选择金额式、数量金额式、外币金额式、数量金额式。

"打印科目设置中账页格式为所选账页格式的科目"：只打印科目设置中账页格式与所选的账页格式相同的科目。

"所选科目按所选账页格式打印"：所选的科目全部按所选账页格式打印。

"最后一页未满页也打印"：若不选此项，则当所打印的日记账最后一页不能打满一页时，不打印该页。若该科目日记账只有一页，且不满页，则不打印该科目日记账。

"是否按对方科目展开"：选择此项，则必须选择显示打印对方科目"名称+编码"。"名称+编码"是指银行日记账可以显示打印对方科目编码及名称，并选择显示打印一级科目或显示至末级。

操作注意同现金日记账。

3. 银行对账

（1）银行对账期初录入。为了保证银行对账的正确性，在使用"银行对账"功能进行对账之前，必须在开始对账的月初先将日记账、银行对账单未达项录入系统中。

【操作步骤】

单击"系统"主菜单中"银行对账"下的"银行对账期初"。输入银行科目后单击"确定"按钮，屏幕上将显示银行期初录入窗。在启用日期处录入该银行账户的启用日期。录入单位日记账及银行对账单的调整前余额。录入银行对账单及单位日记账期初未达项，系统将根据调整前余额及期初未达项自动计算出银行对账单与单位日记账的调整后余额，如图 3-86 所示。

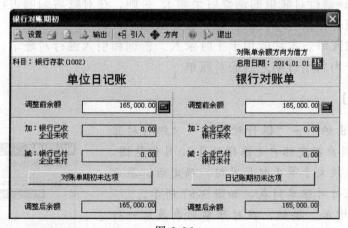

图 3-86

操作注意

如果科目有外币核算，则应在这里录入外币余额、外币未达项。

单位日记账与银行对账单的"调整前余额"应分别为启用日期时该银行科目的科目余额及银行存款余额；"期初未达项"分别为上次手工勾对截止日期到启用日

期前的未达账项；"调整后余额"分别为上次手工勾对截止日期的该银行科目的科目余额及银行存款余额。若录入正确，则单位日记账与银行对账单的调整后余额应平衡。

录入的银行对账单、单位日记账的期初未达项的发生日期不能大于等于此银行科目的启用日期。

"银行对账期初"功能用于第一次使用银行对账模块前录入日记账及对账单未达项，在开始使用银行对账之后一般不再使用。

当第一次开始使用账务处理系统时便开始使用银行对账模块，或是年初时便开始使用银行对账模块，所以在做完建账后还需进"银行对账期初"中录入期初日记账未达项和期初银行对账单未达项，然后再开始制单记账，待月末再录入银行对账单，然后开始对账。

在录入完单位日记账、银行对账单期初未达项后，不要随意调整启用日期，尤其是向前调，否则可能会造成启用日期后的期初数不能再参与对账。例如，录入了 4 月 1 日、5 日、8 日的几笔期初未达项后，将启用日期由 4 月 10 日调整为 4 月 6 日，那么，4 月 8 日的那笔未达项将不能在期初及银行对账中见到。

若某银行科目已进行过对账，在期初未达项录入中，对于已勾对或已核销的记录不能再修改。

银行对账单余额方向为借方时，借方发生表示银行存款增加，贷方发生表示银行存款减少；反之，借方发生表示银行存款减少，贷方发生表示银行存款增加。系统默认银行对账单余额方向为借方，单击"方向"按钮可调整银行对账单余额方向。已进行过银行对账勾对的银行科目不能调整银行对账单余额方向。

在执行对账功能之前，应将"银行期初"中的"调整后余额"调平（即单位日记账的调整后余额=银行对账单的调整后余额），否则，在对账后编制银行存款余额调节表时，会造成银行存款与单位银行账的账面余额不平。

（2）银行对账单。本功能用于平时录入、查询和引入银行对账单。在此功能中显示的银行对账单为启用日期之后的对账单。

【操作步骤】

① 选择"出纳"→"银行对账"→"银行对账单"，系统要求用户指定账户（银行科目）、月份范围，注意终止月份必须大于等于起始月份，确定后，显示指定范围内的银行对账单列表，如图 3-87 所示。

② 单击"增加"按钮，在对账单列表最后一行增加一空行，可增加一笔银行对账单，手工录入或参照日历输入银行对账单日期，选择结算方式。注意：在此输入的结算方式同制单时所使用的结算方式可相同，也可不同。

图 3-87

③ 录入票号和借、贷方金额，系统自动计算余额，并按对账单日期顺序显示。在此输入的票号应同制单时输入的票号位长相同。

④ 当继续增加下一条记录时，自动将上一条记录的日期携带下来，并处于输入状态。

⑤ 单击"删除"按钮可删除一笔银行对账单。银行对账单 3-88 所示。

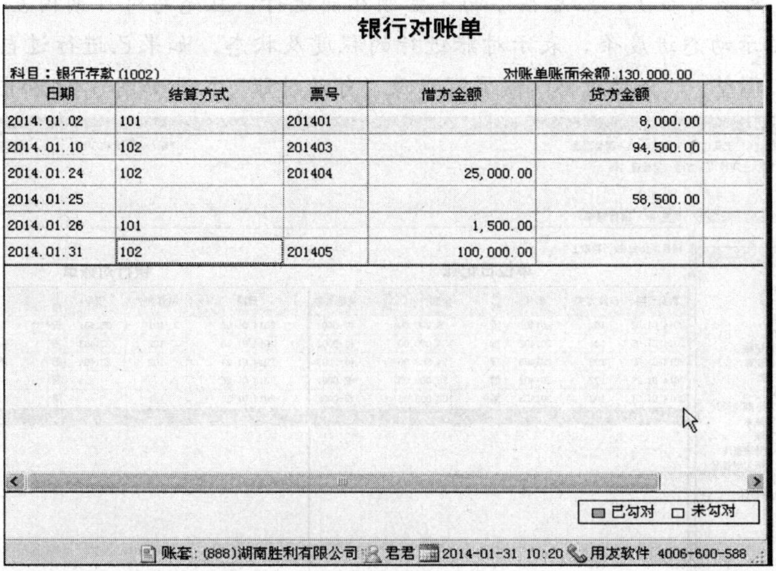

银行对账单

科目：银行存款(1002)　　　　　　　　　　　　　　　　对账单账面余额：130,000.00

日期	结算方式	票号	借方金额	贷方金额
2014.01.02	101	201401		8,000.00
2014.01.10	102	201403		94,500.00
2014.01.24	102	201404	25,000.00	
2014.01.25				58,500.00
2014.01.26	101		1,500.00	
2014.01.31	102	201405	100,000.00	

■ 已勾对　□ 未勾对

账套：(888)湖南胜利有限公司　君君　2014-01-31 10:20　用友软件 4006-600-588

图 3-88

（3）银行对账。银行对账采用自动对账与手工对账相结合的方式。自动对账是计算机根据对账依据自动进行核对、勾销，对于已核对无误的银行业务，系统将自动在银行存款日记账和银行对账单上生成两清标志，并视为已达账项；对于在两清栏未写上两清符号的记录，系统则视其为未达账项。手工对账是对自动对账的补充。使用完自动对账后，可能还有一些特殊的已达账没有对出来，而被视为未达账项。为了保证对账更彻底、更准确，可用手工对账来进行调整。

【操作步骤】

① 单击"银行对账"菜单，选择要对账的银行科目（账户）及月份范围，终止月份大于等于起始月份。若选择"显示已达账"选项则显示已两清勾对的单位日记账和银行对账单，如图 3-89 所示。

② 单击"确定"按钮，屏幕显示对账界面，左边为单位日记账，右边为银行对账单，如图 3-90 所示。单击"显示方式"按钮，可由水平改变为上下显示方式。

图 3-89

③ 单击"对账"按钮，进行自动银行对账。输入对账截止日期，如果不输入则系统将核对所有日期的账。选择对账条件：系统默认的对账条件为日期相差 12 天之内，结算方式、票号相同，用户可以根据业务需要确定自动对账条件。如果需要根据票据日期和对账单日期进行对账，可以选择"按票据日期对账"，

否则，系统将根据凭证日期和对账单日期进行对账。单击"确定"按钮，系统开始按照用户设定的对账条件进行对账，自动对账两清的记录将标记"○"，且已两清的记录背景色为黄色。用户可以分别选择对账条件按不同次序对账，如对账先按票号＋方向＋金额相同进行（可多对多），然后按方向＋金额相同进行，且先勾对日期相差 12 天之内的未达账，并显示动态进度条，表示对账进行的程度及状态。如果已进行过自动对账，可直接进行手工调整。"自动对账"设置窗口及"自动对账"界面如图 3-91 和图 3-92 所示。

图 3-90

图 3-91

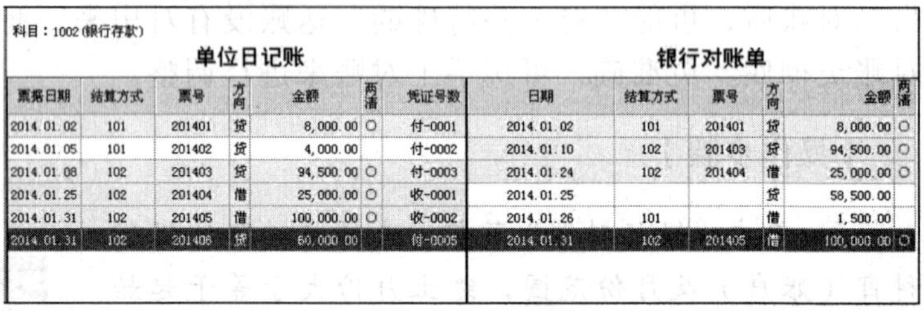

图 3-92

④ 单击"检查"按钮检查对账是否有错，如果有错误，应进行调整。

⑤ 单击"对照"按钮可以根据选中的单位账或银行对账单，在对应的银行对账单或单位账中查找金额相同的记录。

若所选银行科目是核算外币的科目，则单位日记账中为外币账，同时也只对外币账进行勾对。

系统提供两种取消对账标志的方式，即手动取消某一笔的对账标志和自动取消指定时间内的所有对账标志。

手动取消勾对：双击要取消对账标志业务的"两清"区即可。

自动取消勾对：单击"取消"按钮，显示反勾对月份范围录入窗，选择要进行反对账的期间和取消的数据范围（全部数据、自动勾对数据和手工勾对数据），单击"确定"按钮，系统将自动取消此期间已两清的银行账的两清标志。

（4）余额调节表查询。在对银行账进行两清勾对后，便可调用此功能查询打印"银行存款余额调节表"，以检查对账是否正确。进入此项操作，屏幕显示所有银行科目的账面余额及调整余额。若要查看某科目的调节表，则将光标移到该科目上，然后单击"查看"按钮或双击该行，则可查看该银行账户的银行存款余额调节表，如图 3-93 所示。

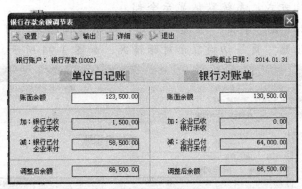

图 3-93

单击银行余额调节表中的"详细"按钮，将显示当前光标所在行的详细情况，并提供打印功能。

企业账面存款余额、银行账面存款余额、银行已收企业未收、银行已付企业未付、企业已收银行未收、企业已付银行未付、企业调整后存款余额、银行调整后存款余额、科目、对账截止日期与原余额调节表的数据一致。

详细勾对情况分别从明细账表及银行对账单表中取数。每组数据都按日期、结算方式、结算号、金额列示。

若对账单余额方向为借方，"银行已收企业未收"为截止日期以前未两清的银行对账单的借方发生明细数据，"银行已付企业未付"为截止日期以前未两清的银行对账单的贷方发生明细数据。若对账单余额方向为贷方，"银行已收企业未收"为截止日期以前未两清的银行对账单的贷方发生明细数据，"银行已付企业未付"为截止日期以前未两清的银行对账单的借方发生明细数据。

"企业已收银行未收"为截止日期以前未两清的企业日记账的借方发生明细数据。"企业已付银行未付"为截止日期以前未两清的企业日记账的贷方发生明细数据。

单击"打印"按钮可打印银行存款余额调节表。此余额调节表为截止到对账截止日期的余额调节表；若无对账截止日期，则为最新余额调节表。

如果余额调节表显示账面余额不平，则可查看："银行期初录入"中的"调整后余额"是否平衡，如不平衡可查看"调整前余额"、"日记账期初未达项"及"银行对账单期初未达项"是否录入正确，如不正确应进行调整；银行对账单录入是否正确，如不正确应进行调整；"银行对账"中勾对是否正确、对账是否平衡，如不正确、不平衡应进行调整。

（5）查询对账勾对情况。查询对账勾对情况用于查询单位日记账及银行对账单的对账结果。

【操作步骤】

① 调用"银行对账"下的"查询对账勾对情况"功能。

输入要查找的银行科目，然后选择查询方式。系统提供显示全部、显示未达账和显示已达账 3 种查询方式，系统默认显示全部。

② 输入查询条件后，单击"确定"按钮，显示查询结果。可以通过单击"银行对账单"、"单位日记账"页签切换显示对账情况，如图 3-94 所示。

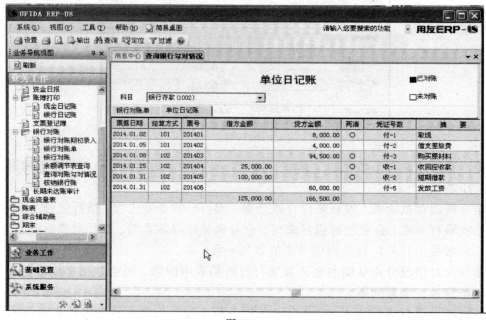

图 3-94

（6）核销银行账。本功能用于将核对正确并确认无误的已达账删除。对于一般用户来说，在银行对账正确后，如果想将已达账删除并只保留未达账时，可使用本功能。

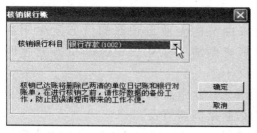

图 3-95

调用"系统"主菜单"银行对账"下的"核销银行账"功能，选择要核销的银行科目，单击"确定"按钮即可，如图 3-95 所示。

当银行对账不平衡时，不要使用本功能，否则将造成以后对账错误。

本功能不影响银行日记账的查询和打印。

按"ALT+U"组合键可以进行反核销。

（7）长期未达账审计。本功能用于查询至截止日期为止未达天数超过一定天数的银行未达账项，以便企业分析长期未达原因，避免资金损失。

【操作步骤】

① 选择主菜单中"银行对账"下的"长期未达账审计"。进入本功能后，屏幕显示查询条件窗。

② 在此录入查询的截止日期及至截止日期未达天数超过天数。

③ 审计条件录入完成后，单击"确定"按钮，显示查询结果。可以通过单击"银行对账单"和"单位日记账"页签，切换显示不同的查询内容。

七、期末处理——转账

总账系统中，期末处理是指在将本月所发生的经济业务全部登记入账后所要做的工作，主要包括计提、分摊、结转、对账和结账。在日常的账务核算中，每个月末，会计核算的工作量非常大。这些业务每月重复出现，主要的数据来源于账簿记录，且有一定的规律可循，这些凭证业务性质固定、凭证内容不变，每月变更的只是金额数字，这一特性比较适合于计算机自动进行处理数据。在电算化方式下，预先将这种以一定规律性出现的会计业务定义好转账凭证模板，再将各种取数依据及计算公式存入计算机，便可由计算机自动生成转账凭证。这种预先定义好分录的结构，再由计算机自动编制凭证的过程称为自动转账，由此而生成的凭证称为自动转账凭证。

使用自动转账凭证生成功能时需要注意以下 5 个问题。

① 转账凭证模板必须事先进行设置。

② 转账凭证中各科目的数据都是从账簿中提取、经处理后生成的，为了保证数据的完整性和准确性，在调用转账凭证模板生成转账凭证前必须将本月发生的各种具体业务登记入账。

③ 期末的分摊、计提、结转业务具有严格的处理顺序，其基本的处理顺序如图3-96 所示。如果结转顺序发生错误，那么即使所有的转账凭证模板设置都是正确的，转账凭证中的数据也可能是错误的。为了避免结转顺序发生错误，转账凭证模板提供了转账序号。在进行期末的分摊、计提、结转业务处理时，可以通过指定转账顺序号分期、分批地完成转账和记账工作。

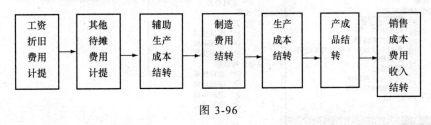

图 3-96

④ 结转生成的记账凭证系统将存于未记账凭证库，这些凭证还需要进行审核和记账操作才能记入账簿。对这些凭证的审核主要是审核结转是否正确。对于错误的结转凭证，系统一般不提供修改功能，要修改这些凭证的错误只能通过修改设置来进行。

⑤ 期末结转工作是一项比较复杂而重要的工作，应由指定的专人进行。

1. 定义转账凭证

转账定义分 5 种，分别是自定义转账设置、对应结转设置、销售成本结转设置、汇兑损益结转设置和期间损益结转设置。第一次使用本系统的用户进入系统后，应先执行"转账定义"，用户在定义完转账凭证后，在以后的各月只需调用"转账凭证生成"即可。但当某转账凭证的转账公式有变化时，需先在"转账定义"中修改转账凭证内容，然后再转账。

（1）自动转账。

① 自定义转账设置。自定义转账功能可以完成的转账业务主要有"费用分配"的结转，如工资分配等；"费用分摊"的结转，如制造费用等；"税金计算"的结转，如增值税等；"提取各项费用"的结转，如提取福利费等；"部门核算"的结转；"项目核算"的结转；"个人核算"的结转；"客户核算"的结转；"供应商核算"的结转。如果客户和供应商使用本公司的应收、应付系统管理，那么，在总账系统中，不能按客户、供应商辅助项进行结转，只能按科目总数进行结转。

【操作步骤】

单击"系统"主菜单"期末"下的"转账定义"，再选择其下级菜单中的"自定义转账"，屏幕显示自动转账设置窗，如图 3-97 所示。

单击"增加"按钮，可定义一张转账凭证，屏幕弹出凭证主要信息录入窗口。输入以上各项后，单击"确定"按钮，开始定义转账凭证分录信息。公式录入完毕后，按"Enter"键，可继续编辑下一条转账分录。单击"插入"按钮，可从中间插入一行。

② 导入公式。在录入公式处按"F2"键或单击，屏幕显示公式向导一。选择所需的公式名称，单击"下一步"按钮，屏幕显示公式向导二。

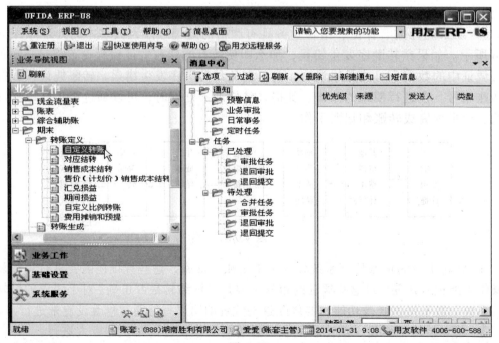

图 3-97

┃操作注意┃

如果选择的是账务取数函数[即 QM( )、QC( )、JE( )、FS( )、LFS( )及 JG( )函数]，则屏幕显示取数来源录入框。输入取数的科目、期间，并根据科目属性决定输入部门、项目、个人、客户、供应商等信息。公式中的科目表示决定取哪个科目的数据。部门只能录入明细级。科目可以为非末级科目，但只能取该科目的总数，不能按辅助项取数。若不输入科目，系统默认按转账分录中定义的科目和辅助项取数。若取数科目有辅助核算，则应输入相应的辅助项内容；若不输入，系统则默认按转账分录中定义的辅助项取数（即按默认值取数）。但如果希望能取到该科目的总数，则应选择"取科目或辅助项总数"。

如果选择的是通用转账公式[即 TY( )函数]，则屏幕显示数据库名、表名等录入框。输入 SQL 数据库文件名、SQL 表名、取数表达式及取数条件。

如果想继续输入公式，则单击"继续输入公式"选项，选择加、减、乘、除运算符号，并单击"下一步"按钮；如果不用继续录入公式，则应单击"完成"按钮，系统将定义的结果以公式的形式表示出来。

如果选择 UFO 报表取数，则输入报表文件名、表页、行号及列号。

③ 函数基本格式。

取数函数格式：函数名（科目编码，会计期间，方向，辅助项1，辅助项2）。

函数中的各项可根据情况决定是否输入。若科目是部门核算的科目，则应输入部门信息；若某科目无辅助核算，则不能输入辅助项；科目编码可以为非末级科目；各辅助项必须为末级，由于科目最多只能有两个辅助核算账类，因此，辅助项最多可定义两个；期间、方向由函数确定，若按年取数，则期间为"年"，若按月取数，则期间为"月"；若取借方发生或累计发生，则方向为"借"，若取贷方发生或累计发生，则方向为"贷"。

例如，QM（100101，月）的执行结果为取 100101 科目结转月份的期末余额，QM（520101，月，销售部）的执行结果为取 520101 科目销售部的期末余额，结转月份可在生成转账凭证时选择。

④ 函数内容说明。

方向：发生额函数或累计发生额函数的方向用"J"、"j"、"借"或"Dr"（英文借方缩写）表示借方；用"D"、"d"、"贷"或"Cr"（英文贷方缩写）表示贷方，其意义为取该科目所选方向的发生额或累计发生额。余额函数的方向表示方式同上，但允许为空，其意义为取该科目所选方向上的余额，即若余额在相同方向，则返回余额；若余额在相反方向，则返回 0；若方向为空，则根据科目性质返回余额，如 1001 现金科目为借方科目；若余额在借方，则正常返回其余额；若余额在贷方，则返回负数。

【例 3-7】函数方向举例。

FS（400101，月，J）表示取 400101 科目的结转月份借方发生额。

FS（400101，月，D）表示取 400101 科目的结转月份贷方发生额。

SFS（1306602，月，Dr）表示取 1306602 科目的结转月份借方发生数。

LFS（520101，7，贷）表示取 520101 科目的截止到 7 月的贷方累计发生数。

QM（2022，月，贷）表示取 2022 科目的结转月份的贷方余额。

辅助项：当科目为辅助核算科目（即科目账类设为辅助核算）时，可以指定辅助项取数。如果科目有两种辅助核算，则可输入两个末级辅助项。辅助项可输入编码也可输入名称，或者输入"＊"，也可以不输入。如果输入辅助项，则按所输入的辅助项取数；如果输入"＊"，则取科目总数；如果不输入，则按当前分录左边各辅助项栏中定义的辅助项取数。

科目编码：用于确定取哪个科目的数据。科目编码必须是总账系统中已定义的会计科目编码。如果转账凭证明细科目栏的科目与公式中的科目编码相同，则公式中的科目编码可省去不写。

QM( )表示取当前分录左边科目栏定义的科目的月末余额；WQM( )表示取当前分录左边科目栏定义的科目的外币月末余额；SQM( )表示取当前分录左边科目栏定义的科目的数量月末余额。

会计期间：可输为"年"、"月"或"1"、"2"，…，"12"。如果输入"年"，则按当前会计年度取数；如果输入"月"，则按结转月份取数；如果输入"1"、"2"等数字时，表示取此会计月的数据。

操作注意

会计期可以为空，为空时默认为"月"。当输入 1~12 的数字时，代表 1~12 的会计期，而不是自然月。

通用转账公式：如果想从本公司的其他产品中直接取数，如从工资系统中取应交所得税合计，从固定资产系统中取固定资产清理收入、清理费用等，由于这些数据都在 SQL 数据库中，所以可以使用通用转账公式，指定相应的数据库、数据表和数据字段取到相应的数据。由于涉及数据库的操作，所以最好由熟悉计算机的专业人员来进行。

函数格式：TY(SQL 数据库文件名，数据表名，计算表达式，条件表达式)。

数据库文件名：必须为已存在的数据库，且应录入全部路径及数据库文件全名。如 C:\Ufsoft80\zt999\1998\ufdata.mdb。

数据表名：必须为已存在的数据表。

计算表达式：可录入字段名，也可输入 SQL 语句中的统计函数。

条件表达式：可以录入查找条件，相当于 SQL 语句中 where 子句中的内容。执行公式时，系统自动将输入内容拼写成 SQL 数据库查询语句，可从数据库中取到相应的数据。若执行结果有多个值，则函数返回第一个符合条件的值。

【例 3-8】期末余额函数举例。

500101 为部门核算科目，一车间为某明细级部门。则：

QM（500101，月，，一车间）表示取一车间 500101 科目的期末余额；

QM（500101，月，，＊）表示取 500101 科目的各部门期末余额的总余额；

QM（500101，月）表示取当前分录所定义的转账发生部门的期末余额。

122101 为个人往来科目，则：

QM（122101，月,，一车间，张三）表示取一车间的张三 122101 科目的期末余额；

QM（122101，月,，*，*）表示取 122101 科目的各个人期末余额的总余额；

QM（122101，月,，一车间，*）表示取 122101 科目的属于一车间的各个人期末余额的总余额；

QM（122101，月）表示取当前分录所定义的转账发生个人的期末余额。

【例 3-9】公式组合举例。

QM（1001，月）＋QM（1002 ，月）

含义：将 1001 科目和 1002 科目当月的期末余额相加。

QM（500101，月,，836 工程）－ QM（5001 ，月）

含义：将 500101 项目核算科目的 836 工程项目的余额与 5001 科目当月的期末余额相减。

JE（2211，月）＊ 0.14

含义：将 2211 科目当月的净发生额乘以比率（分配率或税率）。

【例 3-10】转账定义。

2014 年 1 月 31 日，计算本月短期借款利息，年利率 12%。每月月末计提借款利息，公司设置"应付利息"一级科目。那么，每月月末的借款利息计提可以在期末转账中定义好设置，每月月末只需要用系统的"转账生成"功能自动生成凭证。

【操作步骤】

单击"期末"菜单下的"转账定义"，弹出"自定义转账设置"窗口，单击"增加"按钮，增加自定义转账设置的转账说明（即以后转账凭证摘要）和凭证类别。转账序号为"0001"，转账说明是"计提短期借款利息"，凭证类别选择"转账凭证"，输入完毕单击"确定"按钮，如图 3-98 所示。

确定转账目录后进入定义自动转账设置分录设置窗口，定义转账凭证分录信息。单击"增行"按钮，输入摘要"计算短期借款利息"，科目编码选择"6603"（财务费用），方向选择"借方"，然后双击金额公式栏，出现"公式向导"对话框，如图 3-99 所示。拖动上下滚动条，选择"期末余额"→"QM（）"，在公式向导中选择科目"2001"（短期借款），期间，方向选择"默认"。选择"继续输入公式"，选择运算符号*（乘），如图 3-100 所示。单击"下一步"按钮，进入公式向导选择公式，拖动上下滚动条，选择"常数"，如图 3-101 所示。单击"下一步"按钮，输入常数"0.01"，单击"完成"按钮，即完成了转账分录的借方栏目的设置，如图 3-102 所示。

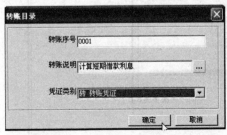

图 3-98

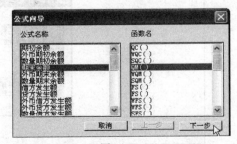

图 3-99

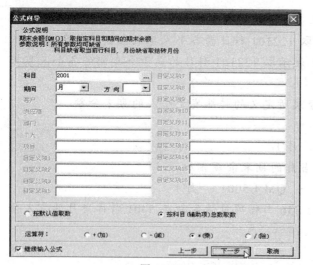

图 3-100

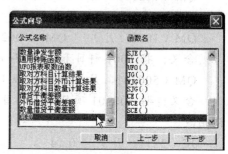

图 3-101

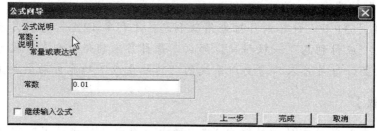

图 3-102

单击"增行"按钮，依次输入摘要"计算短期借款利息"，科目编码选择"2231"（应付利息），方向选择"贷方"，然后双击金额公式栏，出现公式向导对话框，选择"取对方科目计算结果"→"JG（）"，单击"下一步"按钮，如图 3-103 所示。单击"保存"按钮，自定义转账设置完成，如图 3-104 所示。

图 3-103

图 3-104

（2）对应结转。对应结转不仅可进行两个科目一对一结转，还提供科目的一对多结转功能。对应结转的科目可为上级科目，但其下级科目的科目结构必须一致（相同明细科目），如有辅助核算，则两个科目的辅助账类也必须一一对应。本功能只结转期末余额。

【例 3-11】31 日，结转本年利润。附件 1 张。

将"本年利润"账户余额转入"利润分配"账户定义为对应结转分录，如图 3-105所示。

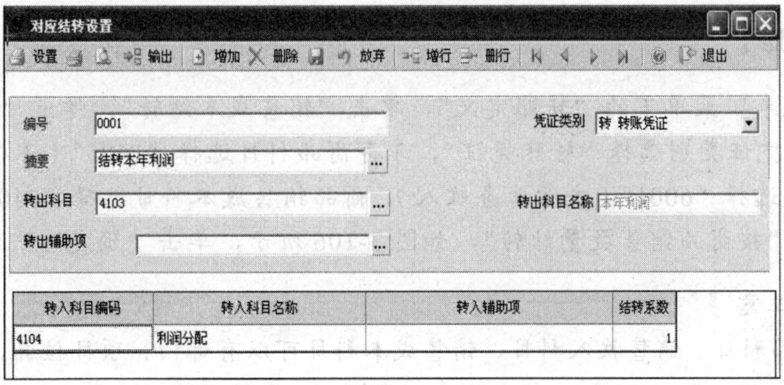

图 3-105

【操作步骤】

单击系统主菜单"期末"下的"转账定义"，选取"对应结转"。

单击"增加"按钮，开始增加对应转账模板。

输入以上各项后，按"Enter"键，开始增加下一条定义。

单击"删除"按钮，可删除光标所在行的对应结转凭证。

转入科目可定义多个。转入、转出科目可为上级科目，但其下级科目的科目结构必须相同；若转出科目定义辅助项，则转入科目的辅助项不能为空。

本功能只结转期末余额。如果想转发生额，可到自定义结转中设置。

▌操作注意▐

一张凭证可定义多行，转出科目及辅助项必须一致，转入科目及辅助项可不相同。

转出科目与转入科目必须有相同的科目结构，但转出辅助项与转入辅助项可不相同。

┃操作注意┃

辅助项可根据科目性质进行参照。若转出科目有复合账类，则系统弹出辅助项录入窗。如该科目为部门项目辅助账类，则要求录入结转的项目和部门。录入完毕后，系统用逗号分隔显示在表格中。同一编号的凭证类别必须相同。

自动生成转账凭证时，如果同一凭证转入科目有多个，且同一凭证的结转系数之和为 1，则最后一笔结转金额为转出科目余额减当前凭证已转出的余额。

（3）销售成本结转。销售成本结转是将月末商品（或产成品）销售数量乘以库存商品（或产成品）的平均单价计算各类商品销售成本并进行结转。

在"销售成本设置"窗口中用户可输入总账科目或明细科目，但要求这 3 个科目具有相同结构的明细科目，即要求库存商品科目和商品销售收入科目下的所有明细科目必须都有数量核算，且这 3 个科目的下级必须一一对应。输入完成后，系统自动计算出所有商品的销售成本。其中：数量=商品销售收入科目下某商品的贷方数量；单价=库存商品科目下某商品的月末金额 / 月末数量；金额=数量×单价。

【例 3-12】1 月 31 日，按全月一次加权平均法结转本月销售成本。

【操作步骤】

单击"期末"菜单下的"转账定义"，单击"销售成本结转"，弹出"销售成本结转设置"窗口。凭证类别选择"转账凭证"，库存商品科目选择"1405"（库存商品），商品销售收入科目选择"6001"（主营业务收入），商品销售成本科目选择"6401"（主营业务成本），勾选"按商品销售数量结转"，如图 3-106 所示，单击"确定"即保存了设置。

┃操作注意┃

库存商品科目、销售收入科目、销售成本科目可以有部门、项目核算，但不能有往来核算。

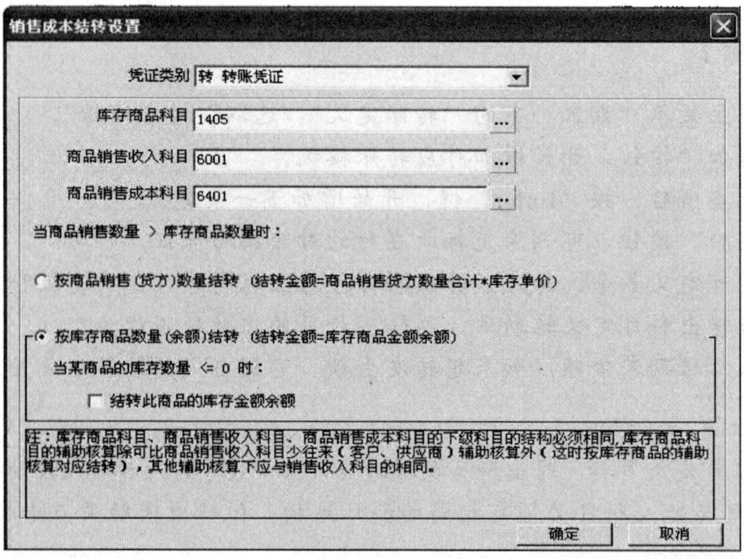

图 3-106

当库存商品科目的期末数量余额小于商品销售收入科目的贷方数量发生额时，若不希望结转后造成库存商品科目余额为负数，则可选择按库存商品科目的期末数量余额结转。

库存商品科目、商品销售收入科目、商品销售成本科目及下级科目的结构必须相同，并且都不能带辅助账类，如果想对带辅助账类的科目结转成本，可到"自定义转账"中定义。在"自定义转账"中的转账公式处进行如下定义也可得到相应的销售成本（与执行"销售成本结转"功能相同）。

商品销售收入科目下某商品的贷方数量×（库存商品科目下某商品的月末金额/月末数量）。

（4）售价（计划价）销售成本结转。本功能提供按售价（计划价）结转销售成本或调整月末成本。

单击系统主菜单"期末"下的"转账定义"，再选择其下级菜单中的"售价（计划价）销售成本结转设置"，屏幕显示销售成本设置窗。

项目说明如下。

差异额计算方法：分为售价法和计划价法。售价法即差异额＝收入余额×差异率（商业企业多用此法）；计划价法即差异额＝成本余额×差异率（工业企业多用此法）。

计算科目：由用户指定库存商品科目、商品销售收入科目、商品销售成本科目和进销差价科目4个科目。用户可输入总账科目或明细科目，但输入要求它们具有相同结构的明细科目，即要求库存商品科目和商品销售收入科目下的所有明细科目必须都有数量核算，且其下级必须一一对应。

结转方式：提供月末结转成本和月末调整成本两种转账生成分录的方式。

月末结转成本：有些商业企业月中发生销售业务时不计算成本，在月末按当月销售情况结转成本。生成凭证分录如下。

借：成本　　　　　　　　库存——差异
　　差异　　　　　　　　差异额
　　贷：库存　　　　　　收入余额（售价法）/成本借方发生额（计划价法）

月末调整成本：有些工业企业平时在发生销售业务时即结转成本，到月末对成本及差异科目进行调整。生成凭证分录如下。

借：差异　　　　　　　　差异额
　　贷：成本　　　　　　差异额

差异率：分为综合差异率和个别差异率。综合差异率即按当前结转科目的上一级科目取数所计算出当前科目的差异率。若当前结转科目为一级科目，则按该科目本身取数计算差异率；若当前结转的是项目，则按其隶属的科目进行计算。个别差异率即按当前结转科目或项目本身取数计算差异率。

差异率计算公式：提供 [A＋（－）B]/[C＋（－）D] 形式的计算公式。其中，A、B、C、D由用户指定，运算符为"＋"或"－"。A、B按差异科目取数，C、D按库存科目取数。A、B、C、D为取数内容，预置为 [期初余额]、[期末余额]、[借方发生额]、[贷方发生额]、[净发生额]。初始预置一个常用差异公式。

计算科目必须同构。允许有辅助核算，但只能是部门、项目。库存商品科目与销售收入科目的末级科目必须有数量核算。

若差异额计算方法为"计划价法"，则"商品销售收入科目"与"月末结转成本"呈灰色。

差异公式中的分子、分母至少各定义一项。

（5）汇兑损益。此项用于期末自动计算外币账户的汇总损益，并在转账生成中自动生成汇总损益转账凭证。汇兑损益只处理以下外币账户：外汇存款户，外币现金，外币结算的各项债权、债务，不包括所有者权益类账户、成本类账户和损益类账户。

【操作步骤】

单击"系统"主菜单"期末"下的"转账定义"，再选择其下级菜单中的"汇兑损益结转设置"，屏幕显示汇兑损益设置窗。

在"汇兑损益入账科目"处输入该账套中汇兑损益科目的科目编码，也可单击"参照"按钮或按"F2"键参照科目录入。

将光标移到要计算汇兑损益的外币科目上，按空格键选择需要计算汇兑损益的科目，或双击要计算汇兑损益的科目，选择完毕后，单击"确定"按钮即可。

为了保证汇兑损益计算正确，填制某月的汇兑损益凭证时必须先将本月的所有未记账凭证先记账。

汇兑损益入账科目不能是辅助账科目或有数量外币。

若启用了应收、应付系统，且在应收、应付的选项中选择了"详细核算"，应先在应收、应付系统做汇兑损益，生成凭证并记账，再在总账做相应科目的汇兑损益。

（6）期间损益结转。期间损益结转用于在一个会计期间终了时，将损益类科目的余额结转到本年利润科目中，从而及时反映企业的盈亏情况。它主要是针对管理费用、销售费用、财务费用、主营业务收入、主营业务成本、营业外收支等科目的结转。

【操作步骤】

单击"系统"主菜单"期末"下的"转账定义"，再选择其下级菜单中的"期间损益"，屏幕显示期间损益设置窗。

表格上方的本年利润科目是本年利润的入账科目，可按"F2"键参照录入。如果本年利润科目又分为多个下级科目，则可在下面表格中录入，并与相应的损益科目对应。如图 3-107 所示，设置凭证类别为"转账凭证"，本年利润科目是"4103"，单击"确定"按钮即完成了期间损益结转的设置。

在下面的对应结转表中录入明细级的本年利润科目。

损益科目结转表中将列出所有的损益科目。如果希望某损益科目参与期间损益的结转，则应在该科目所在行的本年利润科目栏填写相应的本年利润科目，若不填本年利润科目，则将不转此损益科目的余额。

图 3-107

损益科目结转表的每一行中的损益科目的期末余额将转到该行的本年利润科目中去。

若损益科目结转表的每一行中的损益科目与本年利润科目都有辅助核算,则辅助账类必须相同。

损益科目结转表中的本年利润科目必须为末级科目,且为本年利润入账科目的下级科目。

2. 转账生成

在定义完转账凭证后,每月月末只需执行本功能即可快速生成转账凭证,在此生成的转账凭证将自动追加到未记账凭证中去。

【操作步骤】

单击"系统"主菜单"期末"下的"转账生成",选择要进行的转账工作(如自定义转账、对应结转等)、要进行结转的月份和要结转的凭证,然后,单击"确定"按钮,屏幕显示将要生成的转账凭证。按"首页"、"上页"、"下页"和"末页"可翻页查看将要生成的转账凭证。若凭证类别、制单日期和附单据数与实际情况略有出入,则可直接在当前凭证上进行修改。当确定系统显示的凭证是希望生成的转账凭证时,按"保存"按钮可将当前凭证追加到未记账凭证中。

由于转账是按照已记账凭证的数据进行计算的,所以在进行月末转账工作之前,应先将所有未记账凭证记账;否则,生成的转账凭证数据可能有误。

如果使用了应收、应付系统,那么总账系统中不能按客户、供应商进行结转。

单击 6 种转账功能选项右侧的"查看"按钮,可调出相应的转账定义功能,对转账定义进行修改。

（1）生成自定义转账凭证。单击"期末"菜单中的"转账生成"，单击"自定义转账"，则屏幕显示自定义转账凭证信息。选择需要结转的转账凭证，在"是否结转"处双击鼠标打上"Y"，表示该转账凭证将执行结转；也可单击"全选"或"全消"按钮，全部选择或全部取消选择要结转的凭证。若转账科目有辅助核算，但未定义具体的转账辅助项，则应选择按所有辅助项结转还是按有发生的辅助项结转。按所有辅助项结转，即转账科目的每一个辅助项生成一笔分录，如有 10 个部门，则生成 10 笔分录，每个部门生成一笔转账分录。按有发生的辅助项结转，即按转账科目下每一个有发生的辅助项生成一笔分录，如有 10 个部门，其中转账科目下有 5 个部门有余额，则生成 5 笔分录，每个有余额的部门生成一笔转账分录。选择完毕后，单击"确定"按钮，系统开始进行结转计算。

【例 3-13】生成自定义转账凭证。

单击"期末"菜单下的"转账生成"，弹出"转账生成"窗口，选择"自定义转账"，单击"全选"按钮，确定后生成转账凭证，如图 3-108 和图 3-109 所示。

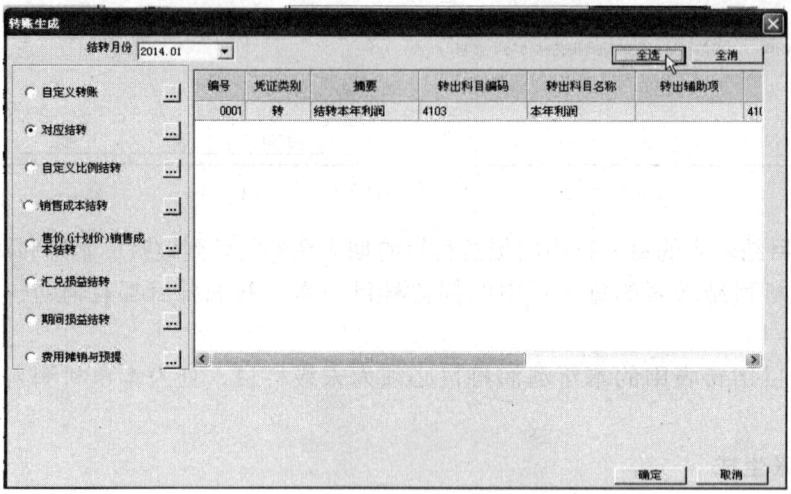

图 3-108

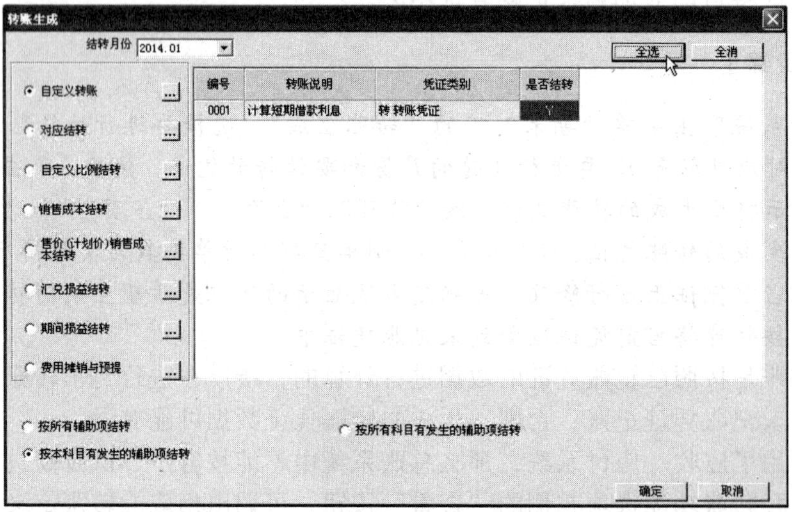

图 3-109

（2）生成对应结转凭证。单击"期末"菜单中的"转账生成"，单击"对应结转"，显示并选择要结转的转账凭证，在"是否结转"处双击鼠标打上"Y"，表示该转账凭证将执行结转；或单击"全选"或"全消"按钮，全部选择或全部取消选择要结转的凭证。选择完毕后，单击"确定"按钮，系统自动生成转账凭证，如图 3-110 和图 3-111 所示。

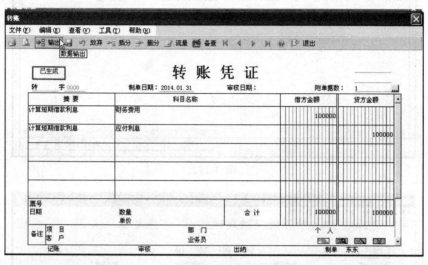

图 3-110

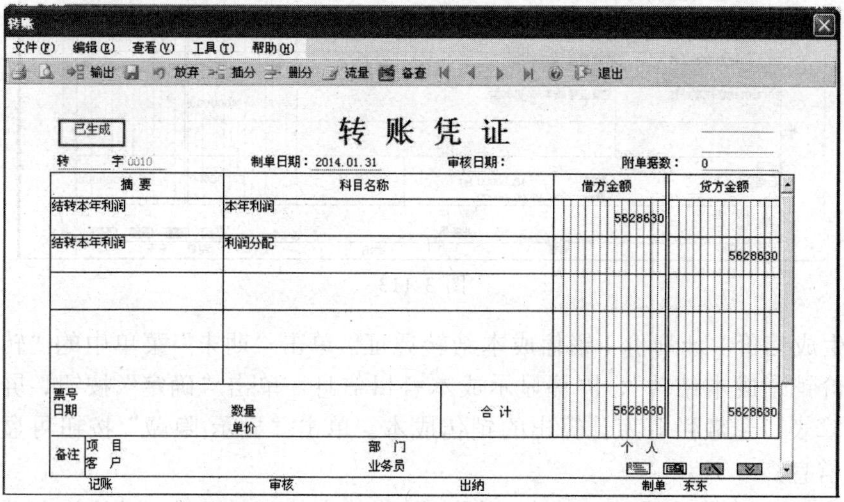

图 3-111

（3）生成销售成本结转凭证。单击"期末"菜单中的"转账生成"，单击"销售成本结转"，销售成本结转可按全月平均法结转销售成本。单击"全月平均销售成本结转"，屏幕显示成本科目信息。单击"确定"按钮，屏幕显示销售成本结转表。金额栏即为计算出的销售成本。输入凭证类别、摘要后，单击"确定"按钮即按计算结果生成转账凭证，如图 3-112 和图 3-113 所示。

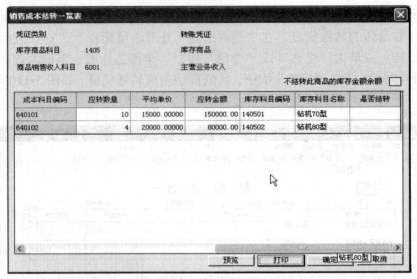

图 3-112

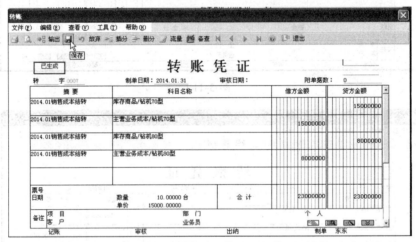

图 3-113

（4）生成售价（计划价）销售成本结转凭证。单击"期末"菜单中的"转账生成"，单击"售价销售成本结转"，屏幕显示成本科目信息。单击"确定"按钮，屏幕显示销售成本试算表。金额栏即为计算出的销售成本。单击"显示/隐藏"按钮可显示或隐藏详细计算信息。

（5）生成汇兑损益凭证。单击"期末"菜单中的"转账生成"，单击"汇兑损益结转"，屏幕显示要计算汇兑损益的科目。选择需要结转的科目，在"是否结转"处双击鼠标打上"Y"，表示该科目将执行结转；也可单击"全选"或"全消"按钮，全部选择或全部取消选择要结转的凭证。另外，也可通过币种下拉框选择相应的币种进行结转，选择为空表示对所有币种进行结转。选择完毕后，单击"确定"按钮后屏幕显示汇兑损益试算表。查看汇兑损益试算表后，单击"确定"按钮即按计算结果生成转账凭证。

（6）生成期间损益凭证。单击"期末"菜单中的"转账生成"，单击"期间损益结转"，屏幕显示要结转期间损益的损益类科目。选择需要结转的科目，在"是否结转"处双击鼠标打上"Y"，表示该科目将执行结转；也可单击"全选"或"全消"按钮，全部选择或全部取消选择要结转的凭证，也可以分类结转收入类和费用类科目。选择完毕后，单击"确定"按钮即按计算结果生成转账凭证

　　单击"期末"菜单下的"转账生成"，选择"期间损益结转"，类型选择"支出"，选择"全选"，单击"确定"按钮，即可把当期支出类科目结转到"本年利润"中去。

　　当然，也可以在类型选择时选择"全部"，系统就会将本期收入和支出类科目一起结转到"本年利润"科目。

　　【例3-14】 31日，结转本月损益类账户的余额。附件0张。

　　单击"期末"菜单下的"转账生成"，弹出"转账生成"窗口，选择"期间损益结转"，选择类型为"收入"，如图3-114所示。

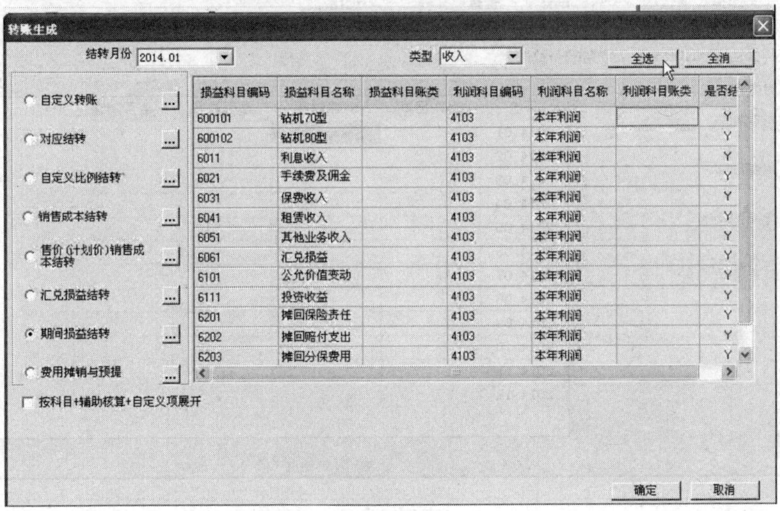

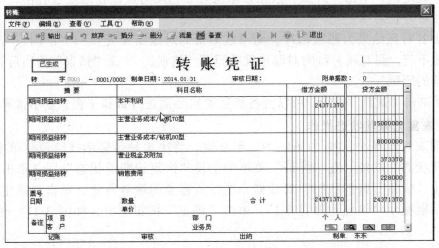

图 3-114

　　单击"确定"按钮，自定义转账凭证即可根据设置自动生成，如图3-115所示。

图 3-115

八、期末处理——对账

一般说来，只要记账凭证录入正确，计算机自动记账后各种账簿都应是正确、平衡的，但由于非法操作、计算机病毒或其他原因，有时某些数据可能被破坏，因而引起账账不符，为了保证账证相符、账账相符，单位财务部门应经常使用对账功能进行对账，至少一个月一次，一般可在月末结账前进行。进入系统时，"恢复记账前状态"功能被隐藏了，如果要使用此功能，则必须进入"对账"功能按"Ctrl+H"组合键激活"恢复记账前功能"。

1. 操作步骤

（1）单击"系统"主菜单"期末"下的"对账"，显示待对账界面，如图 3-116 所示。

图 3-116

（2）选择要对账的会计期间和对账内容，选择总账与哪些辅助账进行核对。

（3）确定后，单击"对账"按钮，系统开始自动对账。在对账过程中，单击"对账"按钮可停止对账。

（4）若对账结果为账账相符，则对账月份的对账结果处显示"正确"；若对账结果为账账不符，则对账月份的对账结果处显示"错误"。单击"错误"按钮可查看引起账账不符的原因。

（5）单击"试算"按钮，可以对各科目类别余额进行试算平衡，显示试算平衡表。

2. 恢复记账前状态操作

在期末对账界面，按"Ctrl + H"组合键，将决定是否显示或隐藏菜单中的"恢复记账前状态"功能。在"凭证"菜单中出现"恢复记账前状态"后，单击该命令，系统弹出"恢复记账前状态"对话框，选择所需要的恢复方式，单击"确定"按钮，弹出对话框提示"恢复记账完毕！"，单击"确定"按钮退出，如图 3-117～图 3-121 所示。

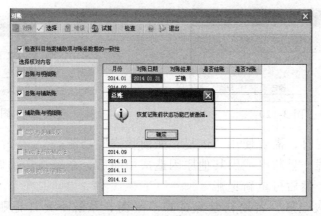

图 3-117

图 3-118

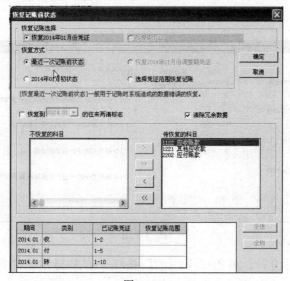

图 3-119

图 3-120 　　　　　　　　　　　　　　　图 3-121

出现以下情况时，需要使用"恢复记账前状态"功能。

（1）记账过程一旦断电或因其他原因造成中断后，系统将自动调用"恢复记账前状态"恢复数据，然后再重新记账。

（2）在第一次记账，若期初余额试算不平衡，系统不允许记账时，需要使用此功能。

（3）所选范围内的凭证如有不平衡凭证，系统将列出错误凭证，并重选记账范围。

九、期末处理——结账

在手工会计处理中，都有结账的过程，在计算机会计处理中也应有这一过程，以符合会计制度的要求。因此，账务处理系统也提供了"结账"功能。结账只能每月进行一次。

1. 月末结账条件

单位月末进行结账时条件如下：上月未结账，则本月不能记账，但可以填制、复核凭证；如本月还有未记账凭证时，则本月不能结账；已结账月份不能再填制凭证；结账只能由有结账权的人进行；若总账与明细账对账不符，则不能结账；若其他相关系统本月未结账则总账不能结账。

2. 月末结账操作

（1）单位月末结账操作分为以下 4 个步骤。

单击"系统"主菜单中"期末"下的"结账"进入此功能，屏幕显示结账向导一——选择结账月份。单击要结账的月份，如图 3-122 所示。

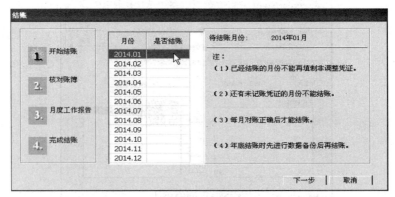

图 3-122

（2）选择结账月份后，单击"下一步"按钮，屏幕显示结账向导二——核对账簿，如图 3-123 所示。

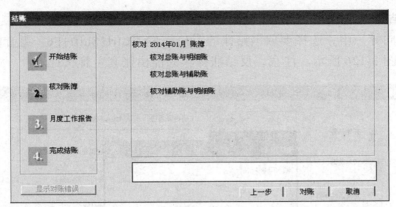

图 3-123

（3）单击"对账"按钮，系统对要结账的月份进行账账核对。在对账过程中，可单击"取消"按钮中止对账。对账完成后，单击"下一步"按钮，屏幕显示结账向导三——月度工作报告。若需打印，则单击"打印月度工作报告"即可，如图 3-124 所示。

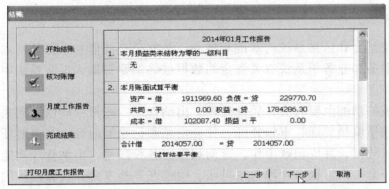

图 3-124

（4）查看工作报告后，单击"下一步"按钮，屏幕显示结账向导四——完成结账。单击"结账"按钮，若符合结账要求，系统将进行结账，否则不予结账，如图 3-125 所示。

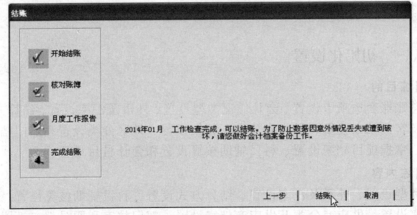

图 3-125

3．反结账操作

在结账向导一中，选择要取消结账的月份，按"Ctrl+Shift+F6"组合键即可进行反结账，如图 3-126 所示。注意，反结账操作只能由账套主管执行。

图 3-126

 小　结

总账系统是会计信息系统的基础和核心，是整个会计信息系统最基本和最重要的内容，其他财务和业务子系统有关资金的数据最终都要归集到总账系统中以生成完整的会计账簿。

总账系统的功能主要有会计凭证处理、出纳管理、账簿管理以及期末处理等。凭证处理一般包括填制凭证、审核凭证、凭证汇总和记账等内容，其主要任务是通过输入和处理记账凭证，完成记账工作，查询和输出各种账簿。出纳管理功能是出纳人员进行管理的一套工具。账簿管理包括总账、明细账等基本会计核算账簿的查询输出，以及个人往来、单位往来等各种辅助核算账簿的查询输出。期末处理包括转账、对账、结账工作。转账工作是会计自动化的重要体现，可以由计算机系统完成自动转账。月末必须进行对账和结账工作，是会计前后期间衔接的重要内容。

任务训练

任务训练一　初始化设置

1．训练目的

熟悉总账账套选项卡设置、会计凭证类型设置、外币及汇率设置、结算方法设置、客户分类及客户档案设置、供应商分类及档案设置、地区分类设置和部门档案和职员档案设置；掌握项目档案设置、科目辅助核算设置和会计科目设置。

2．训练内容

凭证类型设置、外币及汇率设置、结算方式设置、科目辅助核算设置、客户分类及客户档案设置、供应商分类及供应商档案设置、部门档案和职员档案设置、项目档案设置和会计科目设置。

3. 训练资料

资料1 部门档案（见表3-17）

表3-17 部门档案

部门编码	部门名称	部门属性
1	财务部	财务管理
2	经理室	综合管理
3	销售部	市场营销
301	销售一部	市场营销
302	销售二部	市场营销
4	供应部	采购供应
5	制造部	生产制造

资料2 职员档案（见表3-18）

表3-18 职员档案

职员编号	职员姓名	性别	是否业务员	所属部门	人员类别	人员属性
101	张青	男	是	财务部	在职人员	会计主管
102	王玲	男	是	财务部	在职人员	会计
103	苏成	男	是	财务部	在职人员	出纳
104	罗婷	女	是	财务部	在职人员	审核
201	刘建	男	是	经理室	在职人员	总经理
301	李静	女	是	销售一部	在职人员	部门经理
302	刘超	女	是	销售二部	在职人员	业务人员
303	李艳	女	是	销售二部	在职人员	部门经理
304	周容	女	是	销售二部	在职人员	业务人员
401	凌莉	女	是	供应部	在职人员	部门经理
501	蒋健	男	是	制造部	在职人员	部门经理

资料3 客户档案（见表3-19）

表3-19 客户档案

编码	客户名称	客户简称	邮编	开户行	银行账号	电话
001	长沙达达集团	达达集团	410000	光大银行	18905189	0731-22588066
002	武汉永泰公司	永泰公司	430000	建设银行	24302656	027-22228166
003	北京胜利公司	胜利公司	100000	光大银行	38428825	010-62222251
004	上海长城公司	长城公司	201100	工商银行	46032682	021-65668677

资料4 供应商档案（见表3-20）

表3-20 供应商档案

编码	供应商名称	供应商简称	邮编	开户行	银行账号	电话
001	北京蓝天集团	蓝天集团	100000	工商银行	98664321	010-26268141
002	上海南方公司	南方公司	200000	工商银行	73568725	021-46267194

编码	供应商名称	供应商简称	邮编	开户行	银行账号	电话
003	北京大力公司	大力公司	100000	工商银行	64267972	010-46268302
004	湖南鸿达公司	鸿达公司	410000	工商银行	25482671	0731-56267734

说明：（1）所有客户分类均为商业企业，所有供应商分类均为工业企业。

（2）表中没有列出的资料可以不用输入。

资料 5　会计科目

2015 年 1 月 1 日，恒达股份有限公司部分会计科目，如表 3-21 所示。

表 3-21　　　　　　　　　　恒达股份有限公司部分会计科目

类型	级次	科目代码	科目名称	计量单位	辅助账类型	账页格式	余额方向
资产	1	1001	库存现金		日记账	金额式	借
资产	1	1002	银行存款		银行账、日记账	金额式	借
资产	2	100201	工行存款		日记账	金额式	借
资产	2	100202	建行存款		日记账	金额式	借
资产	1	1121	应收票据		客户往来，不受控	金额式	借
资产	1	1122	应收账款		客户往来，不受控	金额式	借
资产	1	1221	其他应收款		个人往来	金额式	借
资产	1	1401	材料采购			金额式	借
资产	2	140101	甲材料	吨	数量核算	数量金额式	借
资产	2	140102	乙材料	吨	数量核算	数量金额式	借
资产	1	1403	原材料			金额式	借
资产	2	140301	甲材料	吨	数量核算	数量金额式	借
资产	2	140302	乙材料	吨	数量核算	数量金额式	借
资产	1	1405	库存商品	件	项目核算　数量核算	金额式	借
负债	1	2201	应付票据		供应商往来，不受控	金额式	贷
负债	1	2202	应付账款		供应商往来，不受控	金额式	贷
负债	2	220201	应付款项		供应商往来，不受控	金额式	贷
负债	2	220202	暂估应付款项			金额式	贷
负债	1	2203	预收账款		客户往来，不受控	金额式	贷
负债	1	2221	应交税费			金额式	贷
负债	2	222101	应交增值税			金额式	贷
负债	3	22210101	进项税额			金额式	贷
负债	3	22210102	已交税金			金额式	贷
负债	3	22210103	转出未交增值税			金额式	贷
负债	3	22210104	销项税额			金额式	贷
负债	3	22210105	进项税额转出			金额式	贷
负债	3	22210106	转出多交增值税			金额式	贷
负债	2	222102	未交增值税			金额式	贷
负债	2	222103	应交所得税			金额式	贷

负债	2	222104	应交城市维护建设费			金额式	贷
负债	2	222105	应交个人所得税			金额式	贷
权益	1	4104	利润分配			金额式	贷
权益	2	410401	其他转入			金额式	贷
权益	2	410402	提取法定盈余公积			金额式	贷
权益	2	410403	提取任意盈余公积			金额式	贷
权益	2	410404	应付普通股股利			金额式	贷
权益	2	410405	未分配利润			金额式	贷
成本	1	5001	生产成本		项目核算	金额式	借
成本	2	500101	直接材料		项目核算	金额式	借
成本	2	500102	直接人工		项目核算	金额式	借
成本	2	500103	制造费用		项目核算	金额式	借
成本	1	5101	制造费用			金额式	借
损益	1	6001	主营业务收入	件	项目、数量核算	金额式	贷
损益	1	6401	主营业务成本	件	项目、数量核算	金额式	借
损益	1	6601	销售费用			金额式	借
损益	2	660101	广告费			金额式	借
损益	2	660102	差旅费			金额式	借
损益	2	660103	其他费用			金额式	借
损益	2	660104	工资及福利费			金额式	借
损益	1	6602	管理费用			金额式	借
损益	2	660201	工资及福利费			金额式	借
损益	2	660202	折旧费			金额式	借
损益	2	660203	办公费			金额式	借
损益	2	660204	其他费用			金额式	借
损益	1	6603	财务费用			金额式	借
损益	2	660301	利息费			金额式	借
损益	2	660302	其他费用			金额式	借

指定科目如下。

（1）现金总账科目：库存现金（1001）。

（2）银行总账科目：银行存款（1002）。

资料6 其他设置

（1）设置凭证类别。恒达股份有限公司凭证类别为：收款凭证、付款凭证、转账凭证。设置限制类型与限制科目如下。

类别字	凭证类别	限制类型	限制科目
收	收款凭证	借方必有	1001，1002
付	付款凭证	贷方必有	1001，1002
转	转账凭证	凭证必无	1001，1002

（2）外币设置：币符"USA"，币名"美元"，其他默认，1月份的记账汇率为 7.000 00。

资料 7　项目目录

（1）项目大类定义，如表 3-22 所示。

表 3-22　　　　　　　　　　　　　　项目大类定义

项目大类名称	项目级次
产品核算	1

（2）核算科目定义，如表 3-23 所示。

表 3-23　　　　　　　　　　　　　　核算科目定义

项目科目定义	核算科目
产品核算	库存商品（1405）
	生产成本（5001）
	直接材料（500101）
	直接人工（500102）
	制造费用（500103）
	主营业务收入（6001）
	主营业务成本（6401）

（3）项目分类定义，如表 3-24 所示。

表 3-24　　　　　　　　　　　　　　项目分类定义

项目大类名称	分类编码	分类名称
产品核算	1	产成品

（4）项目目录定义，如表 3-25 所示。

表 3-25　　　　　　　　　　　　　　项目目录定义

项目大类名称	项目编号	项目名称	是否结算	所属分类
产品核算	01	A 产品	否	1
	02	B 产品	否	1

资料 8　结算方式（见表 3-26）

表 3-26　　　　　　　　　　　　　　结算方式

结算方式编码	结算方式名称	票据管理标志
1	支票	
101	现金支票	√
102	转账支票	√
2	商业汇票	
201	商业承兑汇票	
202	银行承兑汇票	
3	银行汇票	
4	委托收款	
5	托收承付	

资料 9　增加常用摘要

常用摘要内容自行设计。

资料 10　数据权限设置

（1）金额级别设置，如表 3-27 所示。

表 3-27　　　　　　　　　　　　　金额级别设置

科目编码	科目名称	级别一	级别二	级别三	级别四	级别五	级别六
1001	库存现金	1 000	2 000	3 000	4 000	5 000	6 000

（2）金额权限设置，如表 3-28 所示。

表 3-28　　　　　　　　　　金额权限设置

用户编号	用户名称	级别
103	苏成	级别三

（3）数据权限设置

103 苏成的科目权限包括：库存现金、银行存款、其他货币资金。

任务训练二　业务处理

1. 训练目的

掌握总账系统的选项设置，会计科目期初余额的录入，会计凭证的填制、修改和删除，出纳签字、凭证审核、银行对账、期末对账、记账、结账等操作。

2. 训练内容

会计科目期初余额录入，会计凭证的填制、修改、删除，出纳签字、凭证审核、记账等操作，银行对账，期末对账、结账。

3. 训练资料

资料 1　总账系统选项设置资料（见表 3-29）。

表 3-29　　　　　　　　　　总账系统选项设置

参数设置
1. 制单序时控制
2. 支票控制
3. 赤字控制：资金及往来科目
4. 允许修改、作废他人填制的凭证
5. 可以使用应收、应付、存货受控科目
6. 凭证编号方式采用系统编号
7. 打印凭证的制单、出纳、审核、记账等人员姓名
8. 出纳凭证必须经由出纳人员签字
9. 外汇汇率采用固定汇率
1. 账簿打印位数、每页打印行数按标准设定
2. 明细账打印按月排页
3. 明细账查询权限控制到科目
会计日历为 1 月 1 日～12 月 31 日
1. 数量小数位和单价小数位设置为 2
2. 部门、个人、项目按编码方式排序

资料 2　会计科目期初余额

（1）恒达股份有限公司 2015 年 1 月会计科目期初余额表（见表 3-30）。

表 3-30　　　　　　　　　　　　　期初余额表

科目代码	科目名称	计量单位	余额方向	期初余额（元）
1001	库存现金		借	30 900.00
1002	银行存款		借	1 250 000.00
100201	工行存款		借	1 000 000.00
100202	建行存款		借	250 000.00
1012	其他货币资金		借	150 400.00
1101	交易性金融资产		借	20 000.00
1121	应收票据		借	351 000.00
1122	应收账款		借	234 000.00
1221	其他应收款		借	8 000.00
1231	坏账准备		贷	1 170.00
1401	材料采购		借	150 000.00
140101	甲材料		借	100 000.00
		吨		4 000.00
140102	乙材料		借	50 000.00
		吨		1 250.00
1403	原材料		借	452 400.00
140301	甲材料		借	150 000.00
		吨		5 000.00
140302	乙材料		借	302 400.00
		吨		7 200.00
1405	库存商品		借	1 750 000.00
		件		75 000.00
1411	周转材料		借	144 400.00
1511	长期股权投资		借	280 000.00
1601	固定资产		借	10 365 480.00
1602	累计折旧		贷	2 168 480.80
1701	无形资产		借	326 540.00
1801	长期待摊费用		借	160 000.00
2001	短期借款		贷	800 000.00
2201	应付票据		贷	468 000.00
2202	应付账款		贷	147 000.00
220201	应付款项		贷	117 000.00
220202	暂估应付款项		贷	30 000.00
2211	应付职工薪酬		贷	43 590.00
2221	应交税费		贷	354 360.00
222102	未交增值税		贷	128 000.00
222103	应交所得税		贷	213 560.00
222104	应交城市维护建设费		贷	12 800.00

科目代码	科目名称	计量单位	余额方向	期初余额（元）
2231	应付利息		贷	2 680.00
2241	其他应付款		贷	6 800.00
2501	长期借款		贷	1 500 000.00
4001	实收资本		贷	7 000 000.00
4002	资本公积		贷	1 011 650.80
4101	盈余公积		贷	886 000.00
4104	利润分配		贷	1 283 388.40
410405	未分配利润		贷	1 283 388.40

注：表中只列出了有期初余额的账户。

（2）辅助账期初余额表。

① 应收票据（1121）辅助账期初余额表（见表3-31）。

表3-31　　　　　　　　　　应收票据辅助账期初余额表

日　期	凭证号	客户名称	摘　要	方　向	期初余额（元）	业务员	票　号
2014.12.25	转—24	达达集团	销售商品	借	351 000.00	刘超	101225

② 应收账款（1122）辅助账期初余额表（见表3-32）。

表3-32　　　　　　　　　　应收账款辅助账期初余额表

日　期	凭证号	客户名称	摘　要	方　向	期初余额（元）	业务员	票　号
2014.12.26	转—25	长城公司	销售商品	借	117 000.00	刘超	101226
2014.12.27	转—26	胜利公司	销售商品	借	117 000.00	李艳	101227

③ 其他应收款（1221）辅助账期初余额表（见表3-33）。

表3-33　　　　　　　　　　其他应收款辅助账期初余额表

日　期	凭证号	部　门	个　人	摘　要	方　向	金额（元）
2014.12.20	转—18	销售二部	刘超	借支差旅费	借	5 000.00
2014.12.22	转—19	销售二部	李艳	借支差旅费	借	3 000.00

④ 库存商品（1405）辅助账期初余额表（见表3-34）。

表3-34　　　　　　　　　　库存商品辅助账期初余额表

项 目 名 称	方　向	金　额（元）	数量
A 产品	借	1 500 000.00	25 000
B 产品	借	250 000.00	50 000

⑤ 应付票据（2201）辅助账期初余额表（见表3-35）。

表3-35　　　　　　　　　　应付票据辅助账期初余额表

日　期	凭证号	客户名称	摘　要	方　向	期初余额（元）	业务员	票　号
2014.12.16	转—15	蓝天集团	购买材料	贷	468 000.00	凌莉	101216

⑥ 应付账款—应付款项（222101）辅助账期初余额表（见表 3-36）。

表 3-36　　　　　　　　　　应付账款—应付款项辅助账期初余额表

日　期	凭证号	客户名称	摘　要	方向	期初余额（元）	业务员	票　号
2014.12.16	转—16	鸿达公司	购买材料	贷	117 000	凌莉	101217

资料 3　经济业务

恒达股份有限公司 2015 年 1 月发生的经济业务如下。

（1）1 日，冲销上年末暂估入账的甲材料，数量 1 000 吨，暂估单价 30 元。

（2）1 日，财务部苏成签发现金支票（No. 201501）从中国工商银行提取现金 1 200 元备用，附原始凭证 2 张。

（3）2 日，销售二部刘超出差归来报销差旅费 4 000 元，查原借款 5 000 元，多余现金交回，附原始单据 1 张。

（4）3 日，收到湖南鸿达公司发来的发票账单，注明购入甲材料 1 000 吨，单价 25 元，当即开出中国建设银行转账支票（No. 201502）支付货款。材料已于上年年末入库，附原始凭证 2 张。

（5）6 日，销售一部李静到北京出差，预借差旅费 800 元，以现金付讫，附原始凭证 1 张。

（6）7 日，销售二部刘超向永泰公司销售 A 产品 100 件，单价 100 元，增值税适用税率为 17%，货款对方暂欠，附原始凭证 2 张。

（7）8 日，财务部苏成填制现金交款单，将多余现金 100 元送存中国工商银行，附原始凭证 1 张。

（8）9 日，制造部蒋健购入专利权一项，价值 38 000 元，签发中国建设银行转账支票（No. 201509）付讫，附原始凭证 2 张。

（9）11 日，总经理刘建报销医药费 60 元，附原始凭证 1 张。

（10）12 日，供应部凌莉从上海南方公司购入如表 3-37 所示材料，材料未到。附原始凭证 3 张，其中甲材料 2 张，乙材料 1 张。

表 3-37　　　　　　　　　　　　购入材料　　　　　　　　　　　　单位：元

材料名称	数量吨	单价	总买价	增值税	货款结算方式
甲材料	3 000	25.00	75 000.00	12 750.00	签发商业承兑汇票
乙材料	1 250	40.00	50 000.00	8 500.00	签发商业承兑汇票
合计	4 250		125 000.00	21 250.00	

（11）16 日，制造部向仓库领用如表 3-26 所示材料，附原始凭证 2 张见表 3-38。

表 3-38　　　　　　　　　　　　领用材料　　　　　　　　　　　　单位：元

材料 耗用	甲材料			乙材料			合　计
	数量（吨）	单价	金额	数量（吨）	单价	金额	金额
生产 A 产品领用	1 500	30.00	45 000.00	400	45.00	18 000.00	63 000.00
生产 B 产品领用	1 200	30.00	36 000.00	2 000	45.00	90 000.00	126 000.00
车间一般消耗用	100	30.00	3 000.00				3 000.00

材料 耗用	甲材料			乙材料			合　计
	数量（吨）	单价	金额	数量（吨）	单价	金额	金额
管理部门耗用				100	45.00	4 500.00	4 500.00
合　计	2 800		84 000.00	2 500		112 500.00	196 500.00

（12）17 日，财务部苏成签发中国工商银行转账支票（No. 201505）300 元支付办公费，其中车间负担 200 元，管理部门负担 100 元，附原始凭证 2 张。

（13）18 日，财务部苏成签发中国建设银行转账支票（No. 201510），支付车间管理部门固定资产修理费 1 200 元，附原始凭证 2 张。

（14）24 日，财务部苏成签发中国工商银行转账支票（No. 201506），支付广告费9 800 元，附原始凭证 2 张。

（15）25 日，销售一部李静向北京胜利公司出售如表 3-39 所示产品。

表 3-39　　　　　　　　　　　出售产品　　　　　　　　　　单位：元

产品名称	数量（件）	单　价	售　价	增值税
A 产品	2 000	90.00	180 000.00	30 600.00
B 产品	32 000	10.00	320 000.00	54 400.00
合　计	34 000		500 000.00	85 000.00

收到对方签发并承兑的商业汇票 1 张，附原始凭证 2 张。

（16）28 日，收到外商投入无形资产一项，价值 70 000 元（附原始凭证 2 张）。

（17）31 日，计算分配本月工资总额 230 000 元。其中，生产 A 产品工人工资 80 000元；生产 B 产品工人工资 60 000 元；车间管理人员工资 20 000 元；行政管理人员工资 70 000 元，附原始凭证 1 张。

（18）31 日，按上例业务中工资总额的 14% 计提本月应付福利费，附原始凭证 1 张。

（19）31 日，计提应由本月负担的短期借款利息 800 元，附原始凭证 1 张。

（20）31 日，根据以上资料，按生产工人工资标准计算结转本月制造费用，其中A 产品 14 856 元，B 产品 11 144 元，附原始凭证 1 张。

（21）31 日，结转完工产品成本，其中 A 产品完工 2 600 件，单价 60 元；B 产品完工 40 000 件，单价 5 元，附原始凭证 1 张（见表 3-40）。

表 3-40　　　　　　　　　　完工产品成本计算单

2015 年 1 月 31 日　　　　　　　　　　　　　　　　　　　　　　单位：元

成本项目	A 产品（完工 2 600 件）		B 产品（完工 40 000 件）	
	总成本	单位成本	总成本	单位成本
直接材料	56 000.00		124 000.00	
直接人工	90 000.00		65 000.00	
制造费用	10 000.00		11 000.00	
合　计	156 000.00	60	200 000.00	5.00

（22）31 日，结转销售一部本月已销产品的生产成本，其中 A 产品 2 100 件，

单价 60 元，计 126 000 元；B 产品 32 000 件，单价 5 元，计 160 000 元，附原始凭证 1 张。

（23）31 日，计算出本月应交城建税 61 204 元，附原始凭证 1 张。

资料 4　出纳管理资料

（1）银行对账期初资料（见表 3-41）。

表 3-41　　　　　　　　　　　　　**银行存款余额调节表**

2014 年 12 月 31 日

科目：工行

项　目	余额（元）	项　目	余额（元）
单位日记账账面余额	1 000 000.00	银行对账单账面余额	1 050 000.00
加：银行已收，企业未收	25 000.00	加：企业已收，银行未收	1 500.00
2014.12.16/委托收款/101121	2 0000.00	2014.12.16/收字 15/转账支票/101228	1 500.00
2014.12.17/转账支票	5 000.00		
减：银行已付，企业未付		减：企业已付，银行未付	26 500.00
		2014.12.17/付字 11/转账支票/101230	26 500.00
调整后余额	1 025 000.00		1 025 000.00

（2）本期银行对账单（见表 3-42）。

表 3-42　　　　　　　　　　　　　**银行对账单**

科目：工行　　　　　　　　　　　　　　　　　　　　　　截止日期：2015.01.31

日期	结算方式	票号	借方	贷方（元）	余额（元）
01.17	现金支票	2015101		1 200.00	1 048 800.00
01.26	转账支票	101228	1 500.00		1 050 300.00
01.26	现金交款单		100.00		1 050 400.00
01.26	转账支票	101230		26 500.00	1 023 900.00

资料 5　期末处理资料

（1）期末将"主营业务收入"等收入类账户结转到本年利润。

（2）期末将"主营业务成本"等支出类账户结转到本年利润。

（3）根据上项结果，计算本期应交所得税。

（4）将"所得税费用"结转到本年利润。

（5）将"本年利润"结转到利润分配——未分配利润。

（6）按 10% 的比例计提法定盈余公积并结转到利润分配。

任务四

报表管理系统

 学习目标、重点及难点

- 目标：了解报表管理系统的主要功能；理解报表管理系统的一些基本概念；掌握编制会计报表的业务处理流程、报表格式设计的内容和方法、报表公式的定义方法、报表数据处理的内容和方法、图表的绘制与管理。
- 重点：报表格式设计的内容和方法、报表公式的定义方法、报表数据处理的内容和方法、图表的绘制与管理。
- 难点：报表公式的定义方法、报表数据处理的内容和方法、图表的绘制与管理。

 任务资料

1. 利用报表功能分别生成 1 月利润表和资产负债表，并分别输出 Excel 文件保存在学生学号文件夹中，Excel 文件名分别为"学生学号+利润表"和"学生学号+资产负债表"。

2. 新建"应收账款分析表"，如表 4-1 所示。

表 4-1　　　　　　　　　　　　　应收账款分析表

单位名称：湖南胜利有限公司	2014 年 1 月 31 日			单位：元
客户	期初数	本月新增	本月收回	期末数
湖南光明公司				
武汉建设公司				
广东建设公司				
合计				
				制表人：

任务实施

一、认识用友UFO报表管理系统

编制财务报表是财务会计工作的重要内容。用友 UFO 报表管理系统能帮助用户及时、方便地编制需要的各种会计报表，为企业内部各管理部门及外部相关部门提供综合反映企业一定时期财务状况、经营成果和现金流量等方面的会计信息。

1. 报表管理系统的主要功能

UFO 报表管理系统不仅提供了强大的设置各种报表格式的功能，还提供了种类丰富的专用函数，可以方便地从总账、固定资产等各子系统提取数据，生成财务报表、进行财务分析和生成相应的统计图。UFO 报表管理系统的主要功能包括以下 4 点。

（1）设计报表的结构，编制报表公式。

（2）从总账、固定资产等各子系统取得有关会计数据，并自动编制各种会计报表。

（3）对报表进行审核、舍位、汇总，生成各种分析图。

（4）按预定格式输出各种格式的会计报表。

2. 报表管理系统的业务处理流程

报表管理系统的业务处理流程如图 4-1 所示。

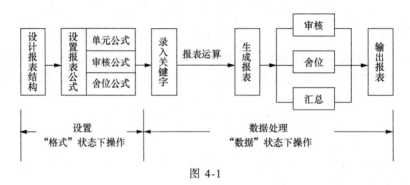

图 4-1

3. 基本概念

（1）表页与报表文件。

① 表页。表页是由若干行和若干列组成的一个二维表。在一张表页中要确定某一数据的位置，必须确定该数据所在的"行"和"列"，确定位置的要素称为"维"。

② 报表文件（*.rep）。报表文件是一个三维表。为了便于管理和操作，UFO 报表管理系统把具有相同格式的若干张报表表页放在一个报表文件中。例如，把各月编制的资产负债表放在"资产负债表.rep"报表文件中。这样，在某一报表文件中要确定某一数据的位置，除了该数据所在的"行"和"列"外，还要增加一个要素——表页。在行、列和表页这 3 个要素的基础上，能够实现在多个表页间获取数据，我们称之为三维表。

UFO 能将多达 99 999 张具有相同格式的报表表页资料统一在一个报表文件中管理，并且在每张表页之间建立有机的联系。其中每一张表页最多可以有 9 999 行 255 列。

如果将多个不同的三维表放在一起，要从多个三维表中找到一个数据，又需要增加一个要素——表名。三维表中的表间操作称为"四维运算"。UFO 与其他电子表软件的最大区别在于它是真正的三维立体表，在此基础上提供了丰富的实用功能，完全实现了三维立体表的四维处理能力。

（2）格式状态与数据状态。UFO 将含有数据的报表分为两部分来处理，即报表格式设计工作与报表数据处理工作。报表格式设计工作和报表数据处理工作是在不同的状态下进行的。实现状态切换的是一个特别重要的按钮——"格式/数据"按钮，如图 4-2 所示，单击此按钮可以在"格式"状态和"数据"状态之间进行切换。

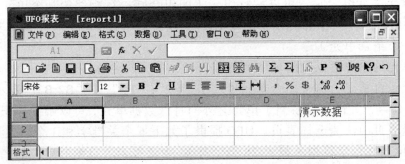

图 4-2

① 格式状态。在"格式"状态下可以设计报表的格式，如表尺寸、行高、列宽、单元类型、单元风格、组合单元、关键字、可变区等。报表的 3 类公式——单元公式、审核公式和舍位平衡公式也在"格式"状态下定义。在"格式"状态下所做的操作对本报表所有的表页都发生作用。在"格式"状态下不能进行数据的录入、计算等操作。在"格式"状态下时，所看到的是报表的格式，报表的数据全部都隐藏了。

② 数据状态。在"数据"状态下可以管理报表的数据，如输入数据、增加或删除表页、审核、舍位平衡、做图形、汇总、合并报表等。在"数据"状态下时，看到的是报表的全部内容，包括格式和数据，但不能修改报表的格式。

③ 单元/单元格。单元，又叫单元格，是指报表中由表行和表列确定的方格。单元是组成报表的最小单位。

单元名称由列号和行号组成，列号用字母 A～IU 表示，行号用数字 1～9 999 表示。例如，D22 表示第 4 列第 22 行的那个单元。

（3）单元类型。单元有数值单元、字符单元和表样单元 3 种类型。

① 数值单元。数值单元是报表的数据，在"数据"状态下输入。数值单元的内容可以是 1.7*（10E-308）～1.7*（10E+308）之间的任何数（15 位有效数字），数字可以直接输入或由单元中存放的单元公式运算生成。建立一个新表时，所有单元的类型默认为数值型。

② 字符单元。字符单元是报表的数据，在"数据"状态下输入。字符单元的内容可以是汉字、字母、数字及各种键盘可输入的符号组成的一串字符。一个单元中最多可输入 255 个字符。字符单元的内容也可由单元公式生成。

③ 表样单元。表样单元是报表的格式，是定义一个没有数据的空表所需的所有

文字、符号或数字。一旦单元被定义为表样，那么在其中输入的内容对所有表页都有效。表样单元的内容在"格式"状态下输入和修改，在"数据"状态下不允许修改。一个单元中最多可输入 255 个字符。

（4）区域与组合单元。

① 区域。区域，也叫块，是由一张表页上的一组相邻的单元组成的矩形块。区域的名称用冒号连接左上角单元和右下角单元来表示，例如：B2:D6。

② 组合单元。组合单元由相邻的两个或两个以上的单元组成。需要设置成组合单元的单元必须具有相同的单元类型。UFO 在处理报表时将组合单元视为一个单元。

在对单元进行组合时，可以按行组合（即组合同一行相邻的几个单元），可以按列组合（即组合同一列相邻的几个单元），也可以整体组合（即把一个多行多列的平面区域设为一个组合单元）。

组合单元的名称可以用区域的名称或区域中单元的名称来表示。例如，把 B2:B3 定义为一个组合单元，这个组合单元可以用"B2"、"B3"或"B2:B3"表示。

（5）关键字。关键字是游离于单元之外的特殊数据单元，可以唯一标识一张表页，用于在大量表页中快速选择表页。UFO 提供了如下 6 个关键字和 1 个自定义关键字。

① 单位名称：字符型（最大 28 个字符），为该报表表页编制单位的名称。

② 单位编号：字符型（最大 10 个字符），为该报表表页编制单位的编号。

③ 年：数字型（1980～2099），为该报表表页反映的年度。

④ 季：数字型（1～4），为该报表表页反映的季度。

⑤ 月：数字型（1～12），为该报表表页反映的月份。

⑥ 日：数字型（1～31），为该报表表页反映的日期。

⑦ 自定义关键字：UFO 有自定义关键字功能，有"数值型（1～30 000）"和"字符型"可供选择，可以用于业务函数中。

每个报表可以定义多个关键字。关键字的显示位置在"格式"状态下设置，关键字的值则在"数据"状态下录入。

二、报表格式设计

报表的格式是多种多样的，一般对外报表（如资产负债表、利润表、现金流量表等）要求有统一的报表格式，而对内报表（如成本报表）不要求格式统一，可由各单位根据自身的需要自行设计。对于统一格式的报表，UFO 报表管理系统已设计好，并放在报表模板中，用户直接调用就可使用。而对于没有统一格式的报表，用户得先设计才能使用。

1．创建新表

创建新表即建立一个新的报表。可以进入"格式"状态，在这张报表上设计报表格式，在保存文件时用自己的文件名给这张报表命名。

【例 4-1】创建一张新表。

以账套主管爱爱的身份注册进入"企业应用平台"，在"业务工作"页签，执行"财务会计→UFO 报表"命令，进入"UFO 报表"界面，如图 4-3 所示。

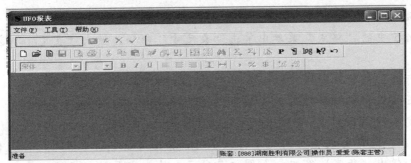

图 4-3

在"文件"菜单中单击"新建"命令，或者单击工具栏上的新建图标按钮▯，将出现报表窗口，在窗口中显示一个系统自动创建的名为"report1"的报表文件，如图 4-4 所示。

图 4-4

2. 报表格式设计

在"格式"状态下操作。

对于没有统一格式的报表，用户得先设计才能使用。不同的报表，格式定义的内容会有所不同，但一般情况下报表格式应包括报表表样、单元类型和单元风格等内容。

如图 4-5 所示，报表格式设计包括设置表尺寸、行高、列宽、区域画线、单元属性、组合单元等内容。

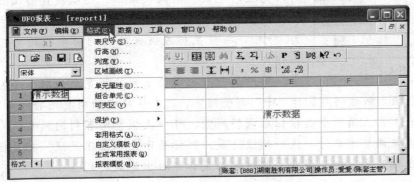

图 4-5

【例 4-2】设计"应收账款分析表"。

（1）设置表尺寸。"表尺寸"用于设置报表的大小。行数范围为 1～9 999，默认为 50。列数范围为 1~255，默认为 7。

在图 4-5 中的"格式"菜单中单击"表尺寸"命令，弹出"表尺寸"窗口，如图 4-6 所示。

在"行数"编辑框输入"8"，在"列数"编辑框输入"5"，单击"确认"按钮，表尺寸设置完成，当前处理的报表按照设置的行数和列数显示。

（2）定义行高和列宽。

① 行高。选定要调整行高的 1 行或多行，在图 4-5 中的"格式"菜单中单击"行高"命令，弹出"行高"窗口，如图 4-7 所示。输入需要的行高值，单击"确认"按钮，完成行高的设置。

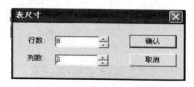

图 4-6

图 4-7

调整行高也可以把鼠标移动到两个行标之间，鼠标变为"✛"，按住鼠标左键并拖动到满意的行高，松开鼠标按钮即可。

可用鼠标一次调整多行的行高。点取多个行标，选中一个多行区域，然后利用鼠标"✛"调整行高，选中区域中的所有行将按新高度显示。

点取表页左上角的全选按钮后调整行高，可一次调整所有行的行高。

当行高被调整为 0 时，这一行被隐藏，行标显示为一条粗黑线。把鼠标移动到粗黑线上，鼠标变为"✛"形状，这时拖动鼠标可拉出隐藏行。

> **注意**
>
> 在"数据"状态下也可修改行高。

② 列宽。选定要调整列宽的 1 列或多列，在图 4-5 中的"格式"菜单中单击"列宽"命令，弹出"列宽"窗口，如图 4-8 所示。输入需要的列宽值，单击"确认"按钮，完成列宽的设置。

图 4-8

调整列宽也可以把鼠标移动到两个列标之间，鼠标变为"╋"，按住鼠标左键并拖动到满意的列宽，松开鼠标按钮即可。

可用鼠标一次调整多列的列宽。点取多个列标，选中一个多列区域，然后利用鼠标"╋"调整列宽，选中区域中的所有列将按新宽度显示。

点取表页左上角的全选按钮后调整列宽，可一次调整所有列的列宽。

当列宽被调整为 0 时，这一列被隐藏，列标显示为一条粗黑线。把鼠标移动到粗黑线上，鼠标变为"╋"形状，这时拖动鼠标可拉出隐藏的列。

> **注意**
>
> 在"数据"状态下也可修改列宽。

（3）画表格线。选取要画线的区域 A3:E8，在图 4-5 中的"格式"菜单中单击"区域画线"命令，弹出"区域画线"窗口，如图 4-9 所示。在"画线类型"中选择"网线"，"样式"采用系统默认样式，单击"确认"按钮，选定区域按指定方式画线。

"单元格属性"窗口中的"边框"页签，也可以用来设置区域的表格线，但不能设置框线和斜线。

如果想删除区域中的表格线，在"区域画线"窗口中，"样式"选择"空线"即可。

（4）定义组合单元。

① 设置组合单元。选取要设置为组合单元的区域 A1:E1，在图 4-5 中的"格式"菜单中单击"组合单元"命令，弹出"组合单元"窗口，如图 4-10 所示。

图 4-9

图 4-10

单击"整体组合"或"按行组合"按钮，将区域 A1:E1 设置成组合单元。

② 取消组合单元。选取要取消组合的组合单元，在图 4-5 中的"格式"菜单中单击"组合单元"命令，弹出"组合单元"窗口，如图 4-10 所示。单击"取消组合"按钮，取消组合单元。

> 注意
> - 定义组合单元后，组合单元的单元类型和内容以区域左上角单元为准。
> - 取消组合单元后，区域中的各单元恢复原有单元类型和内容。
> - 有单元公式的单元不能包含在定义组合单元的区域中。

（5）输入文字内容。输入文字内容即输入报表的固定文字内容，包括表头、表体和表尾的固定文字内容。先在报表中选中需要输入内容的单元或组合单元，再输入相关的文字内容，如图 4-11 所示。

> 注意
> "单位名称"、"年"、"月"、"日"要设置为关键字，不能直接输入。

（6）设置单元类型。设置单元类型即把固定内容的单元如"项目"、"行次"、"期初数"、"期末数"等设置为表样单元；把需要输入数字的单元设置为数值单元；把需要输入字符的单元设置为字符单元。

> 注意
> - 建立一个新表时，所有单元的类型默认为数值型。
> - 在"格式"状态下输入字符的单元，系统自动设置为表样单元。

选取要设置单元类型的单元，如 E9，在图 4-5 中的"格式"菜单中单击"单元属性"命令,弹出"单元格属性"窗口,如图 4-12 所示。

图 4-11

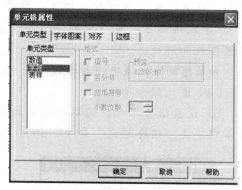

图 4-12

选择"单元类型"页签,在"单元类型"栏选择"字符",单击"确定"按钮,完成单元类型的设置。以后每个月生成报表后,在"数据"状态下,可将制表人的名字录入 E9 单元。

(7)设置单元风格。设置单元风格即设置单元内容的字体、字型、字号、颜色、图案、对齐方式和折行显示等。

选取要设置单元风格的区域,在图 4-5 中的"格式"菜单中单击"单元属性"命令,弹出"单元格属性"窗口,如图 4-12 所示。根据需要选择"字体图案"页签、"对齐"页签或"边框"页签,如图 4-13~图 4-15 所示,在其中设置单元内容的字体、字型、字号、前景色、背景色、图案、对齐方式、折行显示和边框等。

图 4-13

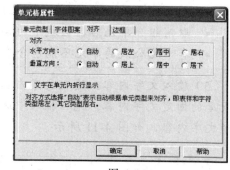

图 4-14

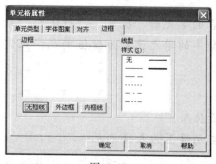

图 4-15

(8)设置关键字。

① 设置关键字。选取要设置关键字的单元,如 A2,如图 4-16 所示,执行"数据→关键字→设置"命令。

打开"设置关键字"窗口,如图 4-17 所示。

选中"单位名称",单击"确定"按钮,完成一个关键字的设置。在选定单元中关键字名称显示为红色。

同理，分别将"年"、"月"、"日"也设置为关键字。

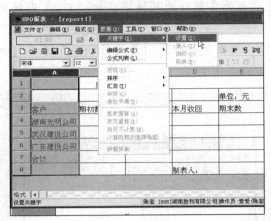

图 4-16 图 4-17

如果对关键字的位置不满意，可以通过"偏移"功能来改变关键字在单元中的左右位置。在图 4-16 所示的窗口中执行"数据→关键字→偏移"命令，弹出"定义关键字偏移"窗口，如图 4-18 所示。

在"定义关键字偏移"窗口中可按用户需求输入适当的关键字偏移量。关键字偏移量的范围是 [-300，300]，负数表示向左偏移，正数表示向右偏移。将"年"的偏移量设为"-120"，将"月"的偏移量设为"-90"，将"日"的偏移量设为"-60"。单击"确定"按钮，返回"UFO 报表"界面。在"格式"状态下，"应收账款分析表"显示如图 4-19 所示。

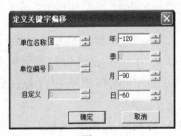

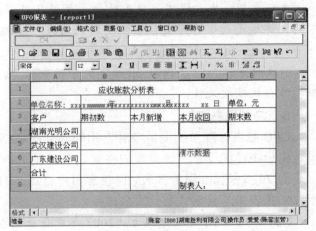

图 4-18 图 4-19

注意

● 一次只能定义一个关键字。

● 每个关键字只能定义一次，第二次定义一个已经定义的关键字时，系统自动取消第一次的定义。

● 每个单元中可以设置多个关键字，其显示位置由单元偏移量控制。

② 取消关键字。在图 4-16 所示的窗口中执行"数据→关键字→取消"命令，弹出"取消关键字"窗口，如图 4-20 所示。选择要取消的关键字，如"日"，则该关键字被取消。

（9）保存报表文件。单击工具栏上的"保存"按钮，打开"另存为"窗口，如图 4-21 所示。

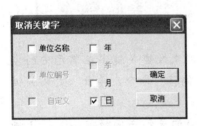

图 4-20   图 4-21

保存在：输入要保存文件的路径。

文件名：显示保存文件的名称，系统默认为"report1.rep"，后缀为空时系统默认为 REP 文件。

文件类型：为方便不同应用软件之间进行数据的交换，UFO 报表管理系统提供了不同文件格式的保存方式。系统支持的报表输出格式有报表文件（*.rep）、文本文件（*.txt）、Access 文件（*.mdb）、MS Excel 文件（*.xls）、Lotusl-2-3 文件（*.wk4）。

将文件名改为"201401 应收账款分析表"，选择好存放路径，单击"另存为"按钮，保存该报表文件。

3．定制报表模板

UFO 报表管理系统提供多种常用的会计报表格式及公式，称为报表模板。在每个报表模板中详细设计了该报表的格式、公式及修饰。UFO 提供的报表模板包括 19 个行业的 70 多张标准财务报表，也包含用户自定义的模板。用户可以根据所在行业挑选相应的报表套用其格式及计算公式。

【例 4-3】调用所在行业为"2007 年新会计制度科目"的利润表报表模板。

在"文件"菜单中单击"新建"命令，或者单击工具栏中的[]按钮，创建一张空表，如图 4-4 所示。在图 4-5 中的"格式"状态下，执行"格式→报表模板"命令，弹出"报表模板"窗口，如图 4-22 所示。

单击"您所在的行业"项目下拉菜单，选择"2007 年新会计制度科目"；单击"财务报表"项目下拉菜单，选择"利润表"，单击"确认"按钮，打开如图 4-23 所示的对话框。

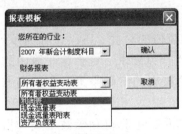

图 4-22

图 4-23

单击"确定"按钮，生成一张空的标准利润表，如图 4-24 所示。

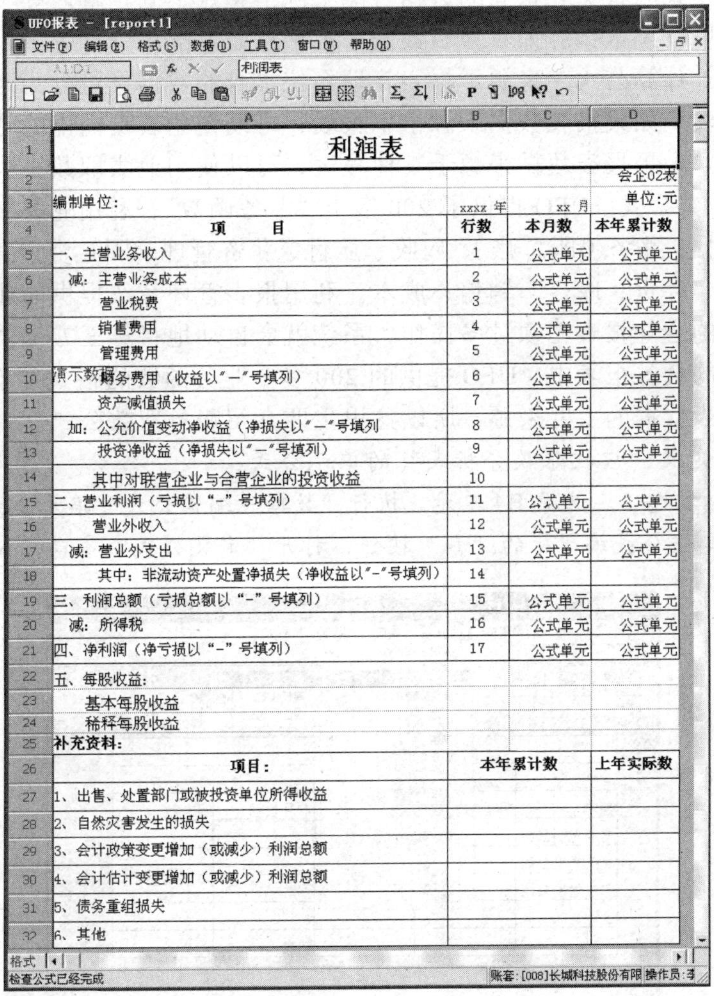

利润表			
			会企02表
编制单位：	xxxx 年	xx 月	单位:元
项 目	行数	本月数	本年累计数
一、主营业务收入	1	公式单元	公式单元
减：主营业务成本	2	公式单元	公式单元
营业税费	3	公式单元	公式单元
销售费用	4	公式单元	公式单元
管理费用	5	公式单元	公式单元
财务费用（收益以"－"号填列）	6	公式单元	公式单元
资产减值损失	7	公式单元	公式单元
加：公允价值变动净收益（净损失以"－"号填列）	8	公式单元	公式单元
投资净收益（净损失以"－"号填列）	9	公式单元	公式单元
其中对联营企业与合营企业的投资收益	10		
二、营业利润（亏损以"－"号填列）	11	公式单元	公式单元
营业外收入	12	公式单元	公式单元
减：营业外支出	13	公式单元	公式单元
其中：非流动资产处置净损失（净收益以"－"号填列）	14		
三、利润总额（亏损总额以"－"号填列）	15	公式单元	公式单元
减：所得税	16	公式单元	公式单元
四、净利润（净亏损以"－"号填列）	17	公式单元	公式单元
五、每股收益：			
基本每股收益			
稀释每股收益			
补充资料			
项目：		本年累计数	上年实际数
1、出售、处置部门或被投资单位所得收益			
2、自然灾害发生的损失			
3、会计政策变更增加（或减少）利润总额			
4、会计估计变更增加（或减少）利润总额			
5、债务重组损失			
6、其他			

图 4-24

三、报表公式的定义

UFO 有计算公式（单元公式）、审核公式和舍位平衡公式 3 类公式。公式的定义在"格式"状态下进行。所有公式中的符号（如冒号、引号、逗号、分号等）均应使用半角符号，不能使用全角符号。

1．计算公式

计算公式（单元公式）是为报表数据单元进行赋值的公式，所以也称为单元公式。UFO 提供了丰富的计算公式，可以完成几乎所有的计算要求。将会计账簿中的有关数据直接通过计算公式提取到相关的会计报表中，给报表的编制带来了极大的方便，既避免了数据的失真，又节约了时间，增加了效率。

（1）单元公式的组成。单元公式一般由目标单元、运算符和函数组成。目标单元指用行号和列号表示的用于放置运算结果的单元。

例如：C5=QC（"1001"，月）+ QC（"1002"，月）。

（2）单元公式的种类。报表的数据可能来源于总账、固定资产等子系统，也可能来源于报表管理系统本身。如果报表数据来源于总账、固定资产等子系统，就可以利用业务函数设计计算公式。来源于报表管理系统本身的数据又可分为来源于本报表或来源于其他报表。如果报表数据来源于本报表，可以使用表页内部的计算公式和本表他页取数公式。如果报表数据来源于其他报表，可以使用他表取数公式。

① 账务取数公式。UFO 提供了 200 多个"业务函数"，利用业务函数可以取到以下子系统的数据：账务（即总账）、应收、应付、薪资管理、固定资产、资金管理、财务分析、采购、存货、库存、销售、成本。利用报表管理系统提供的业务函数设计计算公式，每期的会计报表无须过多操作，系统就会自动地将第三方提供的数据传递到报表管理系统的会计报表中。UFO 提供的 200 多个业务函数的格式并不完全相同，因总账是会计报表数据的主要来源，所以这里主要介绍账务取数公式。

【例 4-4】定义"应收账款分析表"的单元公式。

在"格式"状态下，选择 B4 单元，执行"数据→编辑公式→单元公式"命令，如图 4-25 所示；或单击公式编辑栏的"f_x"按钮，打开"定义公式"窗口，如图 4-26 所示。

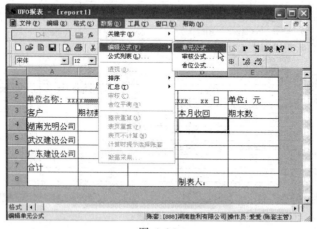

图 4-25

在编辑单元公式时，可以直接输入。如果不愿意记忆一连串的名字、参数、括号等复杂格式，可以使用"函数向导"按钮，在"函数向导"对话框的指导下一步一步地完成公式的设置，并随时可以用 F1 键调出相关帮助。

单击"函数向导"按钮，打开"函数向导"窗口，如图 4-27 所示。

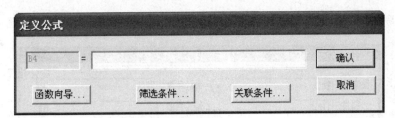

图 4-26

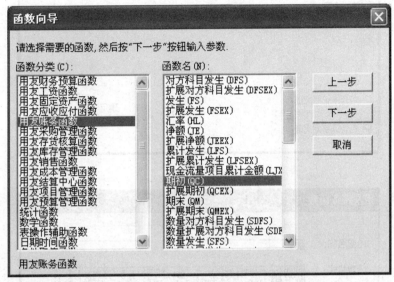

图 4-27

在"函数分类"栏选择"用友账务函数"，在"函数名"栏选择函数"期初（QC）"，单击"下一步"按钮，打开"用友账务函数"窗口，如图 4-28 所示。

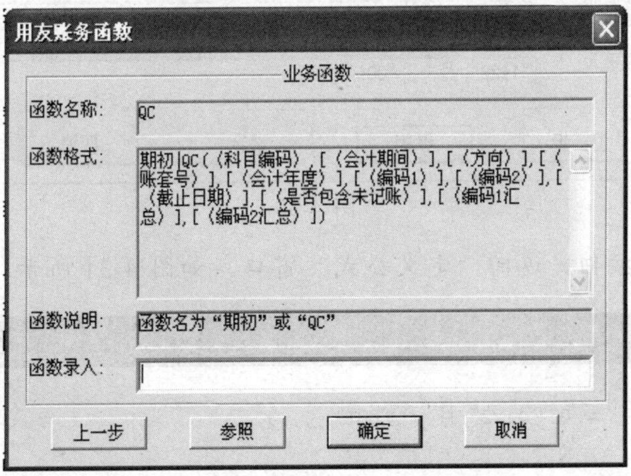

图 4-28

单击"参照"按钮，打开"账务函数"窗口，如图 4-29 所示。

单击"科目"项目的参照按钮，在"科目参照"窗口中选择"1122，应收账款"，在"辅助核算"区域，单击"客户编码"项目的参照按钮，在"客户档案参照"窗口中选择"福建昌平"，单击"确定"按钮，返回"用友账务函数"窗口，如图 4-30 所示。

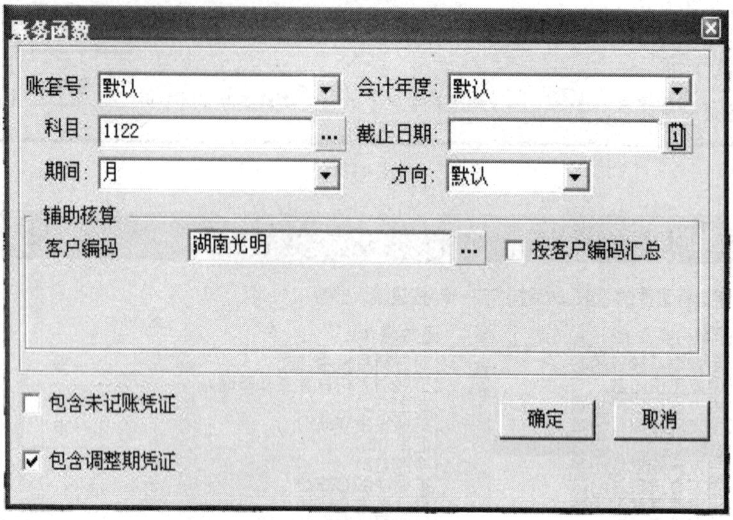

图 4-29

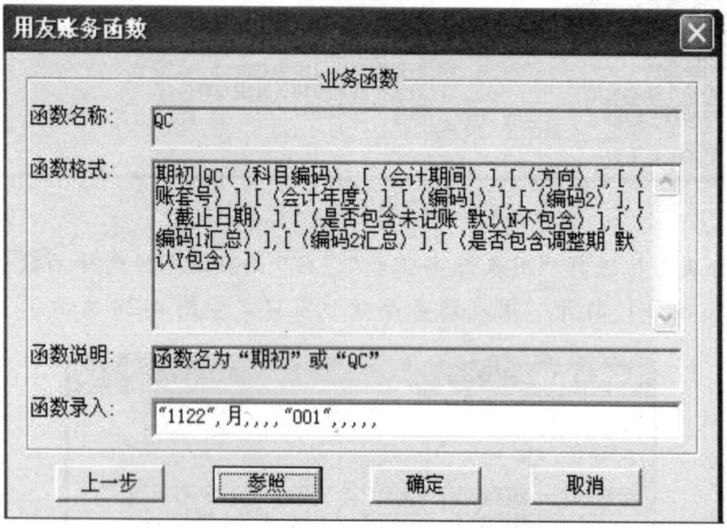

图 4-30

单击"确定"按钮，返回"定义公式"窗口，如图 4-31 所示。

图 4-31

单击"确认"按钮，返回"UFO 报表"界面，如图 4-32 所示。已设置单元公式

的单元在 "格式" 状态下显示 "公式单元" 字样。

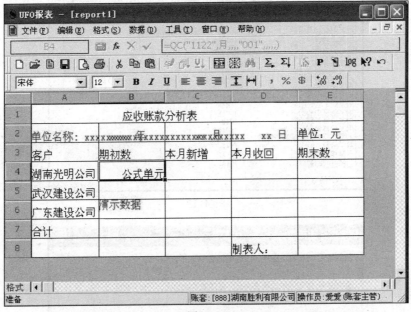

图 4-32

② 表页内部的计算公式（本表页取数）。表页内部的计算公式，是指数据存放位置和数据来源位置都没有超出本表本页范围的计算公式。表页内部的计算公式主要是对本表页的数据进行统计。UFO 提供的 21 个统计函数如表 4-2 所示。

表 4-2   21 个统计函数

函数名称	固定区	可变区	立体方向
合计函数	PTOTAL	GTOTAL	TOTAL
平均值函数	PAVG	GAVG	AVG
计数函数	PCOUNT	GCOUNT	COUNT
最小值函数	PMIN	GMIN	MIN
最大值函数	PMAX	GMAX	MAX
方差函数	PVAR	GVAR	VAR
偏立差函数	PSTD	GSTD	STD

在 "格式" 状态下，选择 B8 单元，执行 "数据→编辑公式→单元公式" 命令，如图 4-25 所示；或单击公式编辑栏的 fx 按钮，打开 "定义公式" 窗口，如图 4-26 所示。单击 "函数向导" 按钮，打开 "函数向导" 窗口，如图 4-33 所示。

在 "函数分类" 栏选择 "统计函数"，在 "函数名" 栏选择函数 "PTOTAL"，单击 "下一步" 按钮，打开 "固定区统计函数" 窗口，如图 4-34 所示。

在 "固定区区域" 栏输入 "B4:B7"，单击 "确认" 按钮，返回 "定义公式" 窗口，如图 4-35 所示。

单击 "确认" 按钮，返回 "UFO 报表" 界面，B8 单元的单元公式设置完成，在 "格式" 状态下显示 "公式单元" 字样。

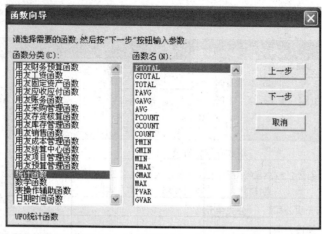

图 4-33

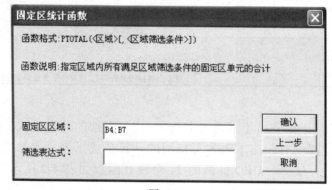

图 4-34

图 4-35

B8 的单元公式也可设置为"QC（"1122",月,,,,"",,,,,）"或"B4+B5+B6+B7"。

③ 表页与表页间的计算公式（本表他页取数公式）。有些报表数据是从以前的历史记录中取得的，如本表其他表页。当然，这类数据可以通过查询历史资料取得。然而，类似数据可能会繁多而复杂，查询起来既不方便，又会由于抄写错误而引起数据的失真。如果在计算公式中进行取数设定，则既减少了工作量，又节约了时间，同时数据的准确性也得到了保障。这就需要用到表页与表页间的计算公式。

格式：<目标区域>=<数据源区域>@<页号>。

例如，B2=C5@2 表示当前页 B2 单元取当前表第 2 页 C5 单元的数据。

④ 报表与报表间的计算公式（他表取数公式）。报表间的计算公式与同一报表内各表页间的计算公式很相近，主要区别就是要指明他表表名。

格式：<目标区域>="<报表名［.REP］>"→<数据源区域>［@<页号>］。

例如，D5="zcb"→D5@4 表示当前表页 D5 单元取报表 zcb.rep 第 4 页 D5 单元的数据。

2. 审核公式

审核公式用于检验报表内或报表之间的勾稽关系是否正确。报表中的数据一般存在某种勾稽关系，我们可以利用这种勾稽关系定义审核公式，以进一步检验报表编制的结果是否正确。审核公式由验证关系公式和提示信息组成。

格式：<算术或表元表达式><逻辑运算符><算术或表元表达式>［MESS "提示信息"]。

在"格式"状态下，执行"数据→编辑公式→审核公式"命令，如图 4-25 所示，打开"审核公式"窗口，如图 4-36 所示。

在"审核关系"编辑框中按照窗口右侧的格式范例输入审核公式。审核公式的编写应遵循以下规则。

① 每个审核公式一行，各公式之间用逗号隔开，最后一条公式不用写逗号。

② 若审核公式后面有提示信息，审核公式与提示信息各占一行，且审核公式与提示信息后面都不用写逗号。

审核公式编辑完毕，检查无误后单击"确定"按钮，系统将保存此次审核公式的设置。

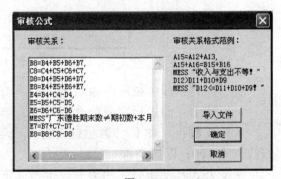

图 4-36

> ▌注意▐
>
> 审核公式在"格式"状态下定义，在"数据"状态下使用。

---

3. 舍位平衡公式

报表数据在进位时（如以"元"为单位的报表在上报时可能会转换为以"千元"或"万元"为单位的报表），原来数据的平衡关系可能被破坏，因此需要进行调整，使之符合指定的平衡公式。

例如，原始报表数据平衡关系为：

	负债 34 400 元
资产 70 514 元	所有者权益 36 114 元
合计 70 514 元	合计 70 514 元

若舍掉 4 位数（即除以 10 000）并保留 1 位小数位后，数据平衡关系成为：

	负债 3.4 万元
资产 7.1 万元	所有者权益 3.6 万元
合计 7.1 万元	合计 7.0 万元

原来的平衡关系被破坏了，应进行调整。

报表经舍位之后，重新调整平衡关系的公式称为舍位平衡公式。其中，进行进位的操作叫做舍位，舍位后调整平衡关系的操作叫做平衡调整。

在"格式"状态下，执行"数据→编辑公式→舍位公式"命令，如图 4-25 所示，打开"舍位平衡公式"窗口，如图 4-37 所示。

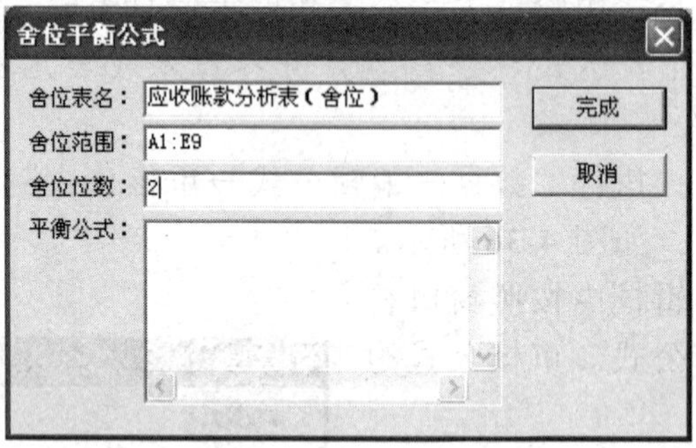

图 4-37

舍位表名：即舍位后的报表名，和当前报表文件名不能相同。

舍位范围：即进行舍位的数据范围，要把所有要舍位的数据包括在内。

舍位位数：1～8 位。舍位位数为 1，区域中的数据除 10；舍位位数为 2，区域中的数据除 100；以此类推。

平衡公式：平衡公式的编制应遵循以下原则。

① 倒顺序写，首先写最终运算结果，然后一步一步向前推。

② 每个公式一行，各公式之间用"，"隔开，最后一条公式不用写逗号。

③ 公式中只能使用"＋"、"－"符号，不能使用其他运算符（如<、>、≠等）及函数。

④ 等号左边只能为一个单元（不带页号和表名）。

⑤ 一个单元只允许在等号右边出现一次。

▌注意▐

舍位平衡公式在"格式"状态中定义，在"数据"状态中使用。

四、报表管理

1. 会计报表数据处理

在"数据"状态下操作。

（1）生成报表。报表格式和报表中的各类公式定义好之后，或调用某报表的报表模板后，生成报表的过程是在人工控制下由计算机自动完成的。报表文件利用设置好的报表结构文件，运用其中的计算公式从相应的数据源中采集数据并计算，从而得到报表数据，填入相应的单元中。

【例 4-5】编制湖南胜利有限公司 2014 年 1 月的应收账款分析表。

单击"格式/数据"按钮，进入"数据"状态。执行"数据→关键字→录入"命令，如图 4-16 所示，打开"录入关键字"窗口，如图 4-38 所示。

在"年"、"季"、"月"、"日"编辑框中默认显示系统时间。未定义的关键字编辑框为灰色，不能输入内容。在已定义的关键字编辑框中录入关键字的内容：在"单位名称"项目栏中录入"湖南胜利有限公司"，在"年"项目栏中录入"2014"，在"月"项目栏中录入"1"，在"日"项目栏中录入"31"。单击"确认"按钮，弹出对话框如图 4-39 所示。

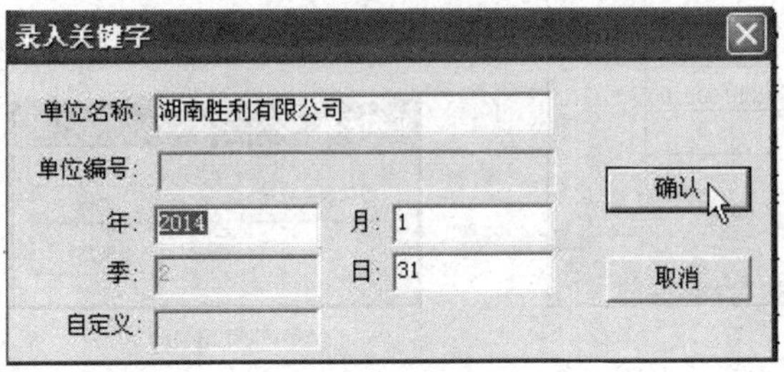

图 4-38

图 4-39

单击"是"按钮，关键字的值显示在相应的关键字所在单元中。随着关键字的录入，当前表页的单元公式将自动运算并显示结果，如图 4-40 所示。

在"数据"状态，在 E9 单元录入制表人名字"爱爱"。

以后各月要编制报表时，进入"数据"状态后，应先增加表页，再选中要录入关键字的值的表页的页标，使它成为当前表页，最后录入关键字。

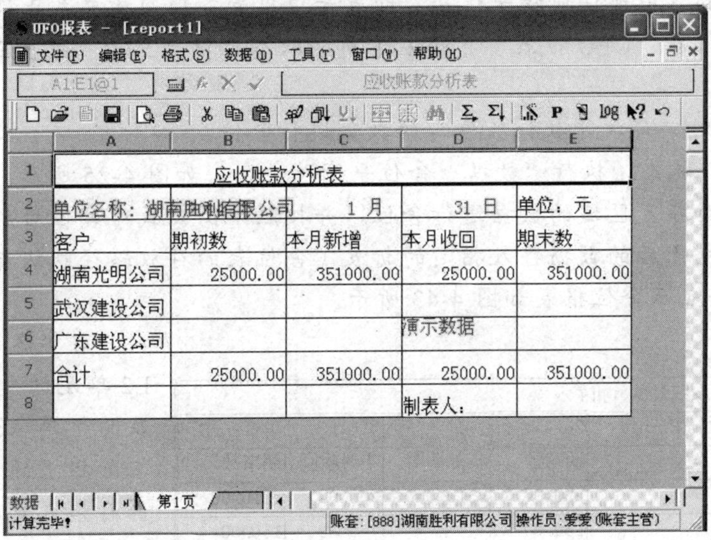

图 4-40

【例 4-6】为"应收账款分析表"增加一张表页。

如图 4-41 所示，执行"编辑→追加→表页"命令。

打开"追加表页"窗口，如图 4-42 所示。

录入想追加表页的数量"1"，单击"确认"按钮，就在最后一张表页后面增加 1 页空白表页。

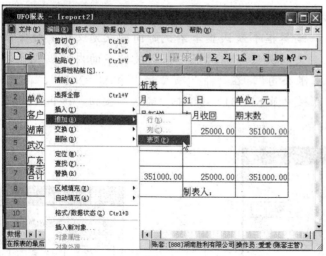

图 4-41 图 4-42

（2）审核报表。报表的审核就是根据报表中已经设置的审核公式，对已经生成的报表数据进行检验。

【例 4-7】对"应收账款分析表"的数据进行审核。

在"数据"状态，执行"数据→审核"命令，如图 4-25 所示。系统按照审核公式逐条审核表内的关系，当报表数据不符合勾稽关系时，屏幕上出现提示信息，记录该提示信息后按任意键继续审核其余的公式。按照记录的提示信息修改报表数据，重新进行审核，直到不出现任何提示信息，即表示该报表各项勾稽关系正确。若报表各项勾稽关系正确，在"UFO 报表"界面左下角的状态栏中会显示"完全正确！"字样。

（3）舍位。

【例 4-8】对"应收账款分析表"的数据进行舍位。

在"数据"状态，执行"数据→舍位平衡"命令，如图 4-25 所示。系统按照所定义的舍位位数对指定区域的数据进行舍位，并按照平衡公式对舍位后的数据进行平衡调整，将舍位平衡后的数据存入指定的新表（舍位表的存放路径默认与原报表的存放路径一致），并显示舍位报表如图 4-43 所示。

应收账款分析表				
单位名称：湖南胜利有限公司	2014 年	1 月	31 日	单位：元
客户	期初数	本月新增	本月收回	期末数
湖南光明公司	250.00	3510.00	250.00	3510.00
武汉建设公司	150.00			150.00
广东建设公司				
合计	400.00	3510.00	250.00	3660.00
			制表人：	爱爱

图 4-43

在"格式"状态下，将 E2 单元的内容"单位：元"改为"单位：百元"，单击工具栏上的"保存"按钮，保存格式更改后的舍位表。

2. 查找与定位

（1）查找。查找即根据给定的条件，在报表文件中找到符合条件的表页，并使它成为当前表页。

在"数据"状态，执行"编辑→查找"命令，如图 4-41 所示，打开"查找"窗口，如图 4-44 所示。

图 4-44

在"查找内容"中选择"表页",在"查找条件"框中定义查找条件,单击"查找"按钮后,第一个符合条件的表页将成为当前表页,单击"下一个"按钮后,下一个符合条件的表页将成为当前表页。如果没有符合条件的表页,或查找到最后一个符合条件的表页时,状态栏中将显示"满足条件的记录未找到!"字样。

(2)定位。利用"定位"命令,可以在大量表页中快速找到指定单元,使它成为当前单元,并使该单元位于报表窗口的左上角。

在"数据"状态,执行"编辑→定位"命令,如图 4-41 所示,打开"定位"窗口,如图 4-45 所示。

在窗口中显示当前单元所在的表页号、行号和列标。表页号用数字 1～99 999 表示,行号用数字 1～9 999 表示,列标用字符 A～IU 表示。

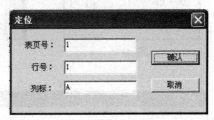

图 4-45

在窗口中输入定位表页号、行号、列标,单击"确认"按钮,指定单元成为当前单元,并位于报表窗口的左上角。当输入的内容不符合规范时,将出现相应提示框。当输入的表页号、行号或列标不存在时,将出现提示框显示"定位目标错误!"字样。

五、图表管理

为了直观地了解报表数据的大小或变化情况、对数据进行结构分析,可以利用 UFO 提供的"图表"功能将报表中选定的数据以图形方式显示。UFO 的图表采用"图文混排"的形式,可以很方便地进行图形数据组织,制作包括直方图、立体图、圆饼图、折线图等 10 种图式的分析图表;可以编辑图表的位置、大小、标题、字体、颜色等,并打印输出图表。

1. 图表的制作

【例 4-9】根据湖南胜利有限公司 2014 年 1 月的应收账款分析表编制有关图表。

(1)追加图表显示区。由于在报表格式设置时,没有为图表预留空间,所以需要增加若干行或列,作为图表的显示区,以免与报表数据重叠,影响阅读。

打开"应收账款分析表",在"格式"状态下,执行"编辑→追加→行"命令,如图 4-41 所示，打开"追加行"窗口，如图 4-46 所示。

输入需要追加的行数量"10"，单击"确认"按钮，报表文件格式追加相应行数。

（2）插入图表。图表是利用报表文件中的数据生成的，所以在插入图表对象之前必须先选择要制作图表对象的数据区域。

如图 4-47 所示，在"数据"状态下，选中 A3:B7 区域。

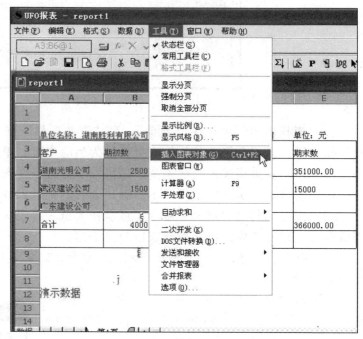

图 4-46

图 4-47

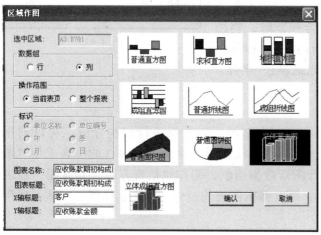

图 4-48

执行"工具→插入图表对象"命令，如图 4-47 所示，或单击工具栏的插入图表对象""按钮，打开"区域作图"窗口，如图 4-48所示。

在"数据组"中选择"列"，在"操作范围"中选择"当前表页"，在"图表名称"编辑框中输入"应收账款期初构成图"，在"图表标题"编辑框中输入"应收账款期初构成"，在"X 轴标题"编辑框中输入"客户"，在"Y 轴标题"编辑框中输入"应收账款金额"，在图表格式中选择"立体直方图"。单击"确认"按钮，在报表数据附近，插入相应的图表，如图 4-49 所示。

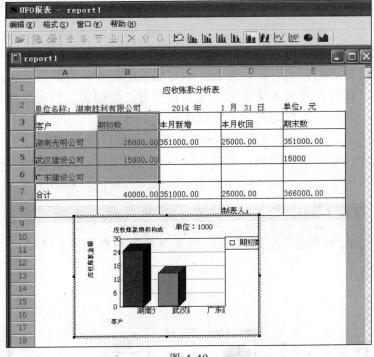

图 4-49

用鼠标拖动图表，可以把图表移动到任意位置。

（3）编辑图表，具体操作步骤如下。

① 调整图表大小。双击图表对象的任意部位，图表即被激活，将鼠标放在图表的边框，按住鼠标左键拖动边框，可调整图表的大小。

② 编辑标题。图表的主标题（即图表标题）、X轴标题和Y轴标题既可以在建立图表时的"区域作图"窗口（见图 4-48）中输入内容，也可以在图表建立以后进行编辑。若图表建立后想编辑标题，可在"编辑"菜单中单击"主标题"、"X轴标题"或"Y轴标题"菜单项。

若单击"主标题"菜单项，将打开"编辑标题"窗口，如图 4-50 所示。

在"请输入标题"编辑框中输入标题内容。如果此编辑框为空则不显示相应标题。

此外，在图表中双击"主标题"、"X轴标题"或"Y轴标题"也可打开相应的"编辑标题"窗口。

③ 编辑标题字体。单击选中图表中的"主标题"、"X轴标题"或"Y轴标题"，在"编辑"菜单中单击"标题字体"菜单项，打开"标题字体"窗口，如图 4-51 所示。

图 4-50

图 4-51

设置好字体、字型、字号和效果后，单击"确认"按钮，选中的标题将按设置的选项显示。

2．图表的存在方式

图表以图表窗口的形式存在。图表并不是独立的文件，它的存在依附于源数据所在的报表文件，只有打开报表文件后，才能打开有关的图表。报表文件被删除之后，由该报表文件中的数据生成的图表也同时被删除。

（1）打开图表。单击"工具"菜单中的"图表窗口"后，如果已有图表，则自动打开第一个图表；如果没有图表，则打开一个空的图表窗口。在"UFO 报表"界面，在"工具"菜单中单击"图表窗口"命令，出现图表窗口，如图 4-52 所示。

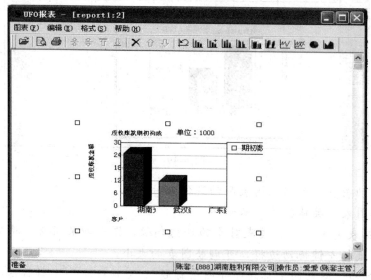

图 4-52

一个图表窗口只能显示一个图表。为了观看多个图表，可以使用"⬆"（显示上一个图表）、"⬇"（显示下一个图表）、"⬆"（显示第一个图表）和"⬇"（显示最后一个图表）按钮进行切换。

（2）删除图表。利用"图表"菜单中的"删除"命令，可以对图表进行删除操作。

（3）闭图表。在"图表"菜单中单击"退出图表窗口"命令，将关闭图表窗口。关闭图表的同时将自动保存图表。

📄 小　结

（1）格式状态与数据状态（见表 4-3）

表 4-3　　　　　　　　　　　　　格式状态与数据状态

格式状态	数据状态
① 设计报表的格式：表尺寸、行高、列宽、单元类型、单元风格、组合单元、关键字、可变区等； ② 设置报表的公式：单元公式、审核公式、舍位平衡公式	管理报表的数据：输入数据、增加或删除表页、审核、舍位平衡、做图形、汇总、合并报表等

续表

格式状态	数据状态
在格式状态下所做的操作对本报表所有的表页都发生作用	
看到的是报表的格式，报表的数据全部隐藏	看到的是报表的全部内容，包括格式和数据
不能进行数据的录入、计算等操作	不能修改报表的格式

（2）单元类型（见表4-4）

表 4-4　　　　　　　　　　　　　单元类型

数值单元	字符单元	表样单元
是报表的数据	是报表的数据	是报表的格式
在"数据"状态下输入	在"数据"状态下输入	在"格式"状态下输入
内容可以是任何数	内容可以是汉字、字母、数字及各种键盘可输入的符号组成的一串字符	定义一个没有数据的空表所需的所有文字、符号或数字
数字可以直接输入或由单元中存放的单元公式运算生成	内容可以直接输入，也可由单元公式生成	内容直接输入
15位有效数字	一个单元中最多可输入255个字符	一个单元中最多可输入255个字符
建立一个新表时，所有单元的类型默认为数值单元		一旦单元被定义为表样，那么在其中输入的内容对所有表页都有效

（3）单元公式种类（见图4-53）

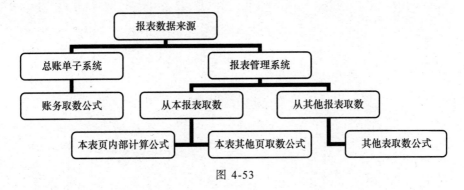

图 4-53

任务训练

1．训练目的

掌握报表的格式与公式设计，设计一张货币资金表；利用报表模板生成资产负债表和利润表。

2．训练内容

（1）报表格式设计。

（2）单元公式设计及取数函数的应用。

（3）关键字应用和表页管理。

（4）报表计算、审核和输出。

（5）自定义一张货币资金表；利用报表模板生成资产负债表和利润表。

3．训练资料

（1）恒达股份有限公司 2015 年 1 月 31 日结账时的所有账套资料。

（2）自定义一张货币资金表，如图 4-54 所示。

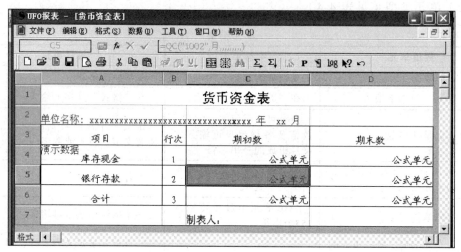

图 4-54

任务五

薪资管理系统

学习目标、重点及难点

- 目标：了解薪资管理系统的核算流程，掌握薪资管理系统的启用、工资账套的建立、薪资管理系统的初始化、日常业务处理及期末业务的处理。
- 重点：工资账套的建立、薪资管理系统的初始化、日常业务处理及期末业务的处理。
- 难点：设置人员档案、工资项目和计算公式的方法。

任务资料

1. 建立薪资账套

启用日期：2014 年 1 月 1 日。

工资类别：单个。币别：人民币（RMB）。从工资中找扣个人所得税。选扣零设置：扣零至元。

2. 基础设置

（1）部门设置（同总账系统资料）。

（2）人员附加信息设置：性别、年龄、技术职称、学历、职务。

（3）工资项目设置（见表 5-1）。

（4）银行名称设置：工商银行。账号长度：默认。

（5）人员档案设置（见表 5-2）。

表 5-1 工资项目设置

项目名称	类型	长度	小数位	工资增减项
基本工资	数值	10	2	增项
岗位工资	数值	10	2	增项
奖　　金	数值	10	2	增项
应发合计	数值	10	2	增项
请假天数	数值	8	2	其他
请假扣款	数值	8	2	减项
养老保险金	数值	8	2	减项
扣款合计	数值	10	2	减项
代 扣 税	数值	8	2	减项
本月扣零	数值	8	2	其他
上月扣零	数值	8	2	其他
实发合计	数值	10	2	增项
计税基数	数值	8	2	其他

表 5-2 人员档案设置

部门名称	编号	姓名	账号	性别	年龄	技术职称	职务
财务部	001	爱爱	258712345678101	女	30	高级会计师	会计主管
财务部	002	东东	258712345678102	男	25	会计师	
财务部	003	晃晃	258712345678103	女	28	助理会计师	
财务部	004	君君	258712345678104	女	28	会计师	
管理部	005	赵果果	258712345678105	男	38	高级经济师	总经理
销售一部	006	敏敏	258712345678106	女	35	经济师	部门经理
销售二部	007	霞霞	258712345678107	女	24		
销售二部	008	琰琰	258712345678108	男	32		部门经理
供应部	009	明明	258712345678109	男	30		部门经理
生产部	010	斌斌	258712345678110	男	30		部门经理

开户银行均为中国工商银行，所有人员扣税。

（6）在职人员工资项目设置。在职人员工资项目包括上述人员工资项目表中的所有项目。

（7）在职人员工资项目公式设置，具体如下。

① 应发合计=基本工资+岗位工资+奖金。

② 请假扣款=100×请假天数。

③ 扣款合计=请假扣款+养老保险+代扣税。

④ 实发工资=应发合计-扣款合计。

⑤ 计税基数=应发合计-养老保险金。

⑥ 奖金=iff（部门="管理部"，1000，500）

（8）个人所得税起征点为 3 500 元。

3．工资数据录入

工资数据录入如表 5-3 所示。

表 5-3 工资数据

编号	姓名	基本工资	岗位工资	奖金	病假天数
001	爱爱	3 900	600	500	2
002	东东	3 800	500	500	0
003	晃晃	3 700	400	500	0
004	君君	3 700	400	500	0
005	赵果果	4 000	900	1000	0
006	敏敏	3 800	650	500	0
007	霞霞	3 600	500	500	0
008	琰琰	3 800	650	500	0
009	明明	3 800	650	500	
010	斌斌	3 800	650	500	

4．个人所得税的计算与审报

查看个人所得税扣缴申报表。

5．银行代发

银行格式设置采用默认，文件方式设置为 TXT 格式，并进行磁盘传输。

6．工资分摊

工资分摊的借贷方科目见表 5-4。

表 5-4 工资分摊的借方科目

工资费用分摊 部门及人员	应付工资（100%）		应付福利费（14%）	
	借方	贷方	借方	贷方
财务部	管理费用	应付职工薪酬－工资	管理费用	应付职工薪酬－福利费
管理部	管理费用	应付职工薪酬－工资	管理费用	应付职工薪酬－福利费
销售部	销售费用	应付职工薪酬－工资	销售费用	应付职工薪酬－福利费
供应部	制造费用	应付职工薪酬－工资	制造费用	应付职工薪酬－福利费
生产部	制造费用	应付职工薪酬－工资	制造费用	应付职工薪酬－福利费

 任务实施

一、认识薪资管理系统

薪资的核算与管理是人力资源管理的重要内容，是所有单位会计核算中最基本的业务之一。

1．薪资管理系统的主要功能

薪资管理系统不仅提供了简单方便的工资核算和发放功能，还提供了强大的工资分析和管理功能，为不同工资类型的企业提供不同的解决方案。

薪资管理系统的主要功能包括以下几点。

（1）初始设置。初始设置即根据本单位的实际情况建立工资核算的应用环境，主要包括薪资管理系统的启用，工资核算账套的建立，人员附加信息、工资项目、人员档案、工资计算公式、计件工资标准等基础信息的设置。

（2）日常业务处理。

① 管理所有人员的工资数据，以职工个人的工资原始数据为基础，计算应发工资、扣款小计和实发工资等。

② 自动进行个人所得税计算。

③ 按部门和人员类别进行工资汇总。

④ 结合工资发放形式进行扣零处理或向代发工资的银行传输工资数据。

⑤ 进行工资费用的分配与计提，自动生成相应的记账凭证并传递到总账系统。

（3）月末处理。薪资管理系统的月末处理功能主要包括月末结账、选择清零项目并将本月工资数据处理后结转至下月。

（4）工资报表管理及统计分析。薪资管理系统提供了多层次、多角度的工资数据查询功能。有工资表和工资分析表两种报表类型。如果系统提供的报表不能满足企业的需要，用户还可以启用自定义报表功能，新增账表夹和设置自定义报表。

2．薪资管理系统的业务处理流程

薪资管理系统的业务处理流程如图 5-1 所示。

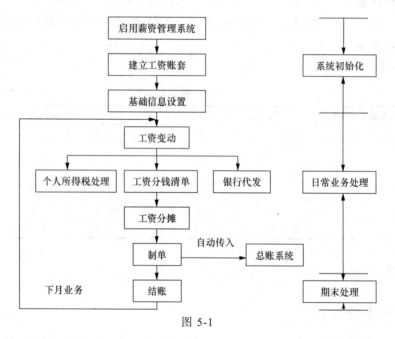

图 5-1

二、系统初始化设置

使用薪资管理系统之前，需要进行薪资管理系统的初始设置，以建立薪资管理系统的应用环境。

1．启用薪资管理系统

使用"薪资管理"系统的前提有两个：一是已在"系统管理"中建立了企业核算账

套；二是已启用了"薪资管理"系统（可在"系统管理"建立账套后启用，也可以在"企业应用平台"中启用）。缺少这两个前提中的任何一个，都不能使用"薪资管理"系统。

【例 5-1】薪资管理系统的启用日期为 2014 年 1 月 1 日。

以账套主管爱爱的身份注册进入"企业应用平台"，在"设置"页签，执行"基本信息→系统启用"命令，打开"系统启用"窗口。单击"薪资管理"前的小方框，弹出"日历"设置窗口，如图 5-2 所示。

将日期设置为 2014 年 1 月 1 日，单击"确定"按钮，系统弹出"提示信息"对话框，如图 5-3 所示。单击"是"按钮，即完成薪资管理系统的启用设置。

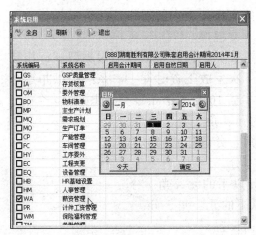

图 5-2

图 5-3

2．建立工资账套

如果首次启动薪资管理系统，系统将自动进入建账向导。建账向导由参数设置、扣税设置、扣零设置和人员编码 4 个步骤组成。

工资账套与系统管理中的账套是不同的概念。系统管理中建立的企业核算账套是针对整个核算系统而言的，工资账套只针对薪资管理系统，即工资账套是企业核算账套的一个组成部分。

（1）参数设置。工资类别是指一套工资账中，根据不同情况而设置的工资数据管理类别。系统提供"单个"和"多个"两种类别的个数供选择。

① 单个工资类别。如果企业所有员工的工资发放项目相同，工资计算方法也相同，则选择单个工资类别即可，可提高系统的运行效率。

② 多个工资类别。如果企业存在下列情况之一，则需要选择多个工资类别方案。

• 企业存在不同类别的人员，不同类别的人员工资发放项目不同，计算公式也不相同，但需要进行统一工资核算管理，如企业需要分别为在职人员、退休人员进行工资核算。

• 工资发放使用多种货币。

• 单位按周或一月发多次工资。

薪资管理系统是按工资类别进行管理的。在多个工资类别中，每个工资类别下分别有工资项目、人员档案、工资变动、扣税处理、银行代发、工资分摊、月末处理等内容。

┃注意┃

- 工资类别的启用日期确定后就不能再修改。
- 在选中"选定下级部门"前应先选择上级部门,同一个部门可以被多个工资类别选中,已被使用的部门不能取消选择。
- 工资类别建立后,系统直接打开新建的工资类别。
- 在打开某一工资类别的情况下,"工资类别"菜单下显示"打开工资类别"和"关闭工资类别"两个选项。单击"关闭工资类别"选项后,"工资类别"菜单下显示"新建工资类别"、"打开工资类别"和"删除工资类别"3 个选项。

(2)扣税设置。设置在工资核算中是否由单位代扣个人所得税。此选项打勾,工资核算时系统会根据输入的税率自动计算个人所得税额。

(3)扣零设置。扣零,即扣零处理,系统在计算工资时将依据扣零类型进行扣零计算,将每月工资零头扣下,积累取整,并于下次发放工资时补上。系统提供扣零至元、扣零至角、扣零至分、扣零至 100 元和扣零至 10 元 5 个扣零类型供选择。

扣零至元:即工资发放时不发 10 元以下的元、角、分。

扣零至角:即工资发放时不发 1 元以下的角、分。

扣零至分:即工资发放时不发 1 角以下的零分。

扣零至 100 元:即工资发放时不发 1 000 元以下的元、角、分。

扣零至 10 元:即工资发放时不发 100 元以下的元、角、分。

扣零的计算公式由系统自动定义,用户无需设置。

如果单位采用银行代发工资则很少进行此设置。

(4)人员编码。本系统要求对员工进行统一编号,并应与公共平台的人员编码一致,故在此无需设置。

【例 5-2】工资账套建立以下信息。

工资类别:单个。币别:人民币 RMB。从工资中找扣个人所得税。选扣零设置:扣零至元。

在"企业应用平台"中选择"业务"页签,执行"人力资源→薪资管理"命令,打开"建立工资套"窗口,如图 5-4 所示。工资类别个数选择"单个",币别选择"人民币 RMB",单击"下一步"按钮,进入"扣税设置"步骤,如图 5-5 所示。

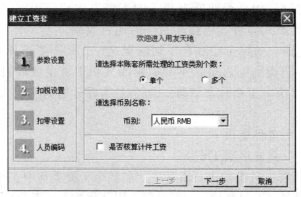

图 5-4

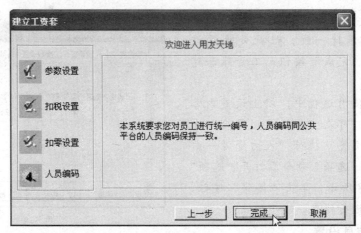

图 5-5

勾选"是否从工资中代扣个人所得税"选项，然后单击"下一步"按钮，将进入"扣零设置"步骤，如图 5-6 所示。勾选"扣零至元"选项，然后单击"下一步"按钮，将进入"人员编码"设置步骤，如图 5-7 所示。

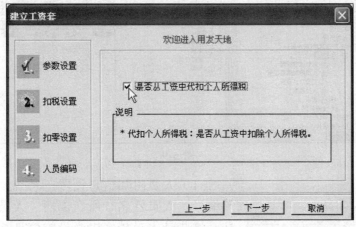

图 5-6

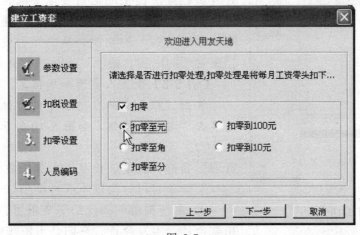

图 5-7

因本系统要求人员编码应与公共平台的人员编码保持一致，故此处无须设置，直接单击"完成"按钮，工资账套建立完毕。

在以后的使用过程中，以上设置内容如果需要修改，可在"企业应用平台"中选择"业务"页签，执行"人力资源→薪资管理→设置→选项"命令，打开"选项"窗口，如图 5-8 所示，单击"编辑"按钮，选择相关页签进行修改。

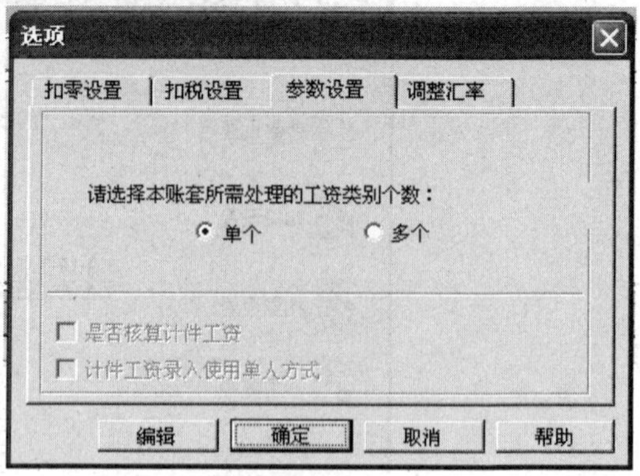

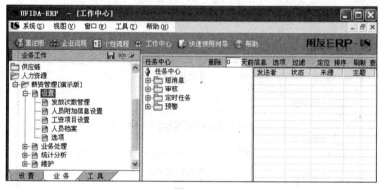

图 5-8

3. 基础信息设置

如图 5-9 所示，薪资管理系统基础信息设置包括人员附加信息设置、工资项目设置、人员档案等内容。

图 5-9

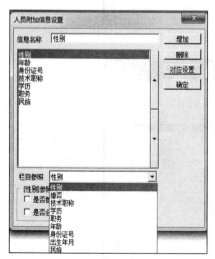

图 5-10

（1）人员附加信息设置。系统核算工资需要人员编号、人员姓名、所在部门、人员类别等基本信息，这些是人员档案中必设的信息。由于各个企业对人员档案所提供的信息要求不同，系统在兼顾人员档案管理的基本功能的前提下，还提供了"人员附加信息设置"的功能，从一定程度上丰富了人员档案管理的内容，便于对人员进行更加有效的管理。

【例 5-3】设置人员附加加信息。

单击"栏目参照"选项中的"性别"选项，然后单击"增加"按钮，如图 5-10 所示。

（2）工资项目设置。定义工资核算所涉及的工资项目名称、类型、长度、小数位数、增减项。

工资项目可分为以下 3 种类型。

① 系统提供的固定的工资项目，如应发合计、扣款合计、实发合计，它们是工资账中不可缺少的，

这些工资项目不能被删除和重命名。

② 系统根据建账时设置的参数自动提供的工资项目，有以下几种情况。

- 如果建账时勾选"是否核算计件工资"选项，则系统提供"计件工资"工资项目。
- 如果建账时勾选"代扣个人所得税"选项，则系统提供"代扣税"工资项目。
- 如果建账时勾选"扣零"处理选项，则系统提供"本月扣零"和"上月扣零"两个工资项目。

③ 用户根据实际需要自己增加的工资项目，如基本工资、奖金等。

【例 5-4】设置湖南胜利有限公司的工资项目。

单击"工资项目设置"菜单，打开"工资项目设置"窗口，如图 5-11 所示。单击"增加"按钮，在"名称参照"下拉菜单中选择"基本工资"，并设置新建工资项目的类型、长度、小数位数和增减项，完成一个工资项目的设置。

同理，单击"增加"按钮，继续增加其他工资项目。所有工资项目增加完成后，单击界面上的"上移"、"下移"按钮可调整工资项目的排列顺序。最后，单击"确定"按钮，保存设置。

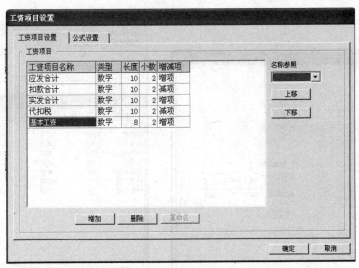

图 5-11

单击"重命名"按钮，可修改工资项目名称。选择要删除的工资项目，单击"删除"按钮，确认后即可删除。

┃ 注意 ┃

- 工资项目名称必须唯一。
- 若工资项目类型为字符型，则小数位数不可用，增减项为"其他"。
- 工资项目一经使用，数据类型不允许修改。
- 增减项：增项直接计入"应发合计"，减项直接计入"扣款合计"。

"多工资类别"下工资项目的设置方法有以下两种。

① 关闭所有工资类别，新增工资项目。

> **注意**
> - 多类别工资管理时，关闭所有工资类别后，才能新增工资项目。
> - 将所有工资类别需要的工资项目统一在此设置。

② 分别打开各个工资类别，在"名称参照"中选择本工资类别需要的工资项目。

（3）人员档案。人员档案用于登记工资发放人员的姓名、职工编号、所在部门、人员类别等信息。

①增加人员档案。单击"人员档案"菜单，进入"人员档案"设置界面。单击 按钮，打开"人员档案明细"窗口，如图5-12所示。

在"基本信息"页签中，单击"人员姓名"栏目的"参照"按钮，打开"人员选入"窗口，如图5-13所示。双击要新增的人员记录，可带入人员编号、人员姓名、所在部门及人员类别信息，并返回"人员档案明细"界面，如图5-12所示。再进行其他信息（如选择是否"计税"、计税人员是否"中方人员"、代发工资的银行名称和银行账号等）的编辑。根据需要完成人员相关内容编辑后，单击"确定"按钮保存设置内容并继续增加其他人员档案。

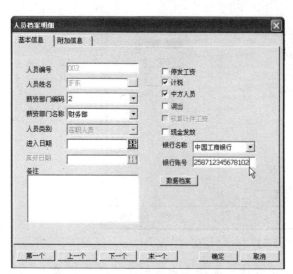

图 5-12

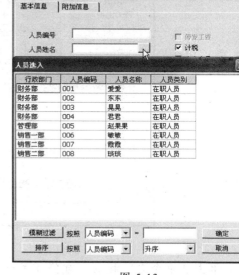

图 5-13

> **注意**
> 人员编号、人员姓名、人员类别来源于公共平台的人员档案信息，薪资管理系统不能修改，要在公共平台中修改（"设置"页签—基础档案—机构人员—人员档案），系统会自动将修改信息同步到薪资管理系统。

② 批量增加人员。系统提供按照人员类别批量增加人员的功能。在"人员档案"设置界面，单击"批增"按钮，打开"人员批量增加"窗口，如图5-14所示。左边窗口显示所有人员类别，单击对应人员类别的"选择"栏，显示"是"表示选中，右边

窗口会显示该人员类别下不存在于当前工资类别中的人员，右边窗口人员的"选择"栏全部默认为选中状态，在不需要增加的人员的对应"选择"栏双击可取消选中状态，单击"确定"按钮即将本次选中人员批量增加为当前工资类别的人员。

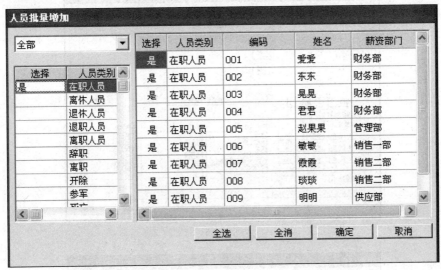

图 5-14

③ 修改人员档案。在"人员档案"设置界面，选择要修改的人员记录，单击 按钮，可对该人员档案进行修改。有工资停发标志的人员不再进行工资发放，但保留人员档案，以后可恢复发放。如选择"调出"属性，可输入离开日期。

④ 删除人员档案。在"人员档案"设置界面，选择要删除的人员记录，单击 按钮即可将该人员档案进行删除。但这样将删除薪资管理系统中该人员的所有档案信息，不可再恢复。

（4）公式设置。公式设置是指对工资项目的数据设置计算公式。

公式设置的步骤如下。

① 选择工资项目。

② 设置计算公式，即在公式定义区，直接编辑输入或使用函数公式向导和公式输入参照（包括运算符参照、函数参照、工资项目参照、部门参照和人员类别参照）编辑输入该工资项目的计算公式。

公式设置的方法有以下 3 种。

① 直接输入公式。

② 参照输入公式。

③ 应用函数向导输入公式。

【例 5-5】设置湖南胜利有限公司工资项目的计算公式。

单击"工资项目设置"菜单，打开"工资项目设置"窗口，选择"公式设置"页签，如图 5-15 所示。单击"增加"按钮，在"工资项目"下拉菜单中选择"请假扣款"，公式定义区出现"请假扣款公式定义"字样，在"工资项目参照"中单击"请假天数"，"请假天数"出现在公式定义区，在"请假天数"后输入"×100"，单击"公式确认"按钮，"请假扣款"计算公式设置完成。奖金的公式设置如图 5-16～图 5-19 所示。同理设置其他工资项目的计算公式。

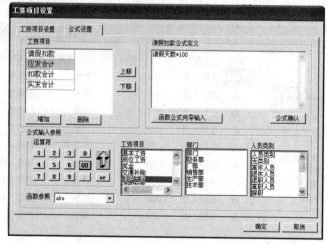

图 5-15

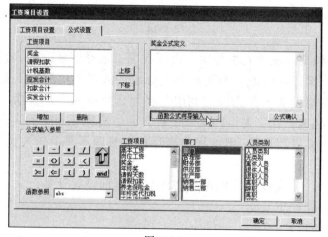

图 5-16

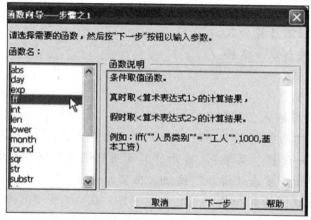

图 5-17

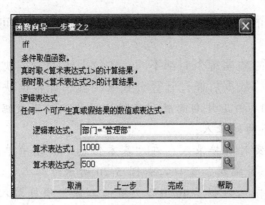

图 5-18

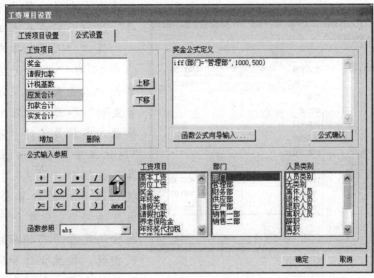

图 5-19

注意

- 至少录入一条人员档案记录后才可以进行工资项目计算公式的设置。
- 定义工资项目计算公式要符合逻辑，系统将对公式进行合法性检查。
- 应发合计、扣款合计和实发合计的计算公式不用设置。
- 函数公式向导只支持系统提供的函数。
- 定义公式时要注意先后顺序，先得到的数应先设置公式。应发合计、扣款合计和实发合计公式应是公式定义框的最后 3 个公式，且实发合计的公式要在应发合计和扣款合计公式之后。

三、日常业务处理

1. 工资变动

（1）工资数据的录入。第一次使用薪资管理系统必须将所有人员的基本工资数据录入系统。

工资数据可分为以下 3 种类型。

① 有的工资项目的数据在一段较长的时间里基本不变，可看成是一次录入，如基本工资、岗位工资。

② 有的工资项目的数据每个月都不同，需每月录入，如缺勤天数。

③ 有的工资项目的数据可通过计算公式来实现，如根据缺勤天数计算缺勤扣款。

【例 5-6】录入 2014 年 1 月湖南胜利有限公司员工工资数据。

工资数据可从以下两处录入。

① 在录入人员档案时直接录入。在"基本信息"页签中单击"数据档案"按钮，打开"工资数据录入—页编辑"窗口，如图 5-20 所示。

"基本工资"项目录入数据"4000"，"岗位工资"项目录入数据"900"，请假扣款、计税基数系统根据已设置好的计算公式自动计算出来。单击"保存"按钮，完成基本工资数据的录入，返回"人员档案明细"窗口。

② 在"工资变动"中录入。单击"工资变动"菜单，进入"工资变动"界面，如图 5-21 所示，直接录入各位员工的"基本工资"和"岗位工资"数据，最后单击"计算"按钮和"汇总"按钮，系统根据已设置好的计算公式自动计算出交通补贴、应发合计、养老保险、扣除法定费用前的应纳税所得额、代扣税、扣款合计和实发合计工资项目的金额，并进行数据汇总。

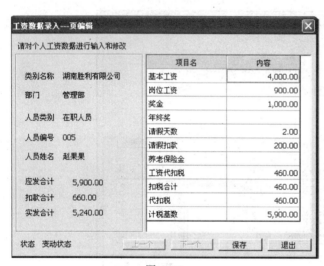

图 5-20

工资变动

选择	人员编号	姓名	部门	人员类别	扣税合计	代扣税	扣款合计	实发合计	计税基数
	005	赵果果	管理部	在职人员	460.00	460.00	660.00	5,240.00	5,900.00
	001	爱爱	财务部	在职人员	325.00	325.00	325.00	4,675.00	5,000.00
	002	东东	财务部	在职人员	295.00	295.00	295.00	4,505.00	4,800.00
	003	晃晃	财务部	在职人员	265.00	265.00	265.00	4,335.00	4,600.00
	004	君君	财务部	在职人员	265.00	265.00	265.00	4,335.00	4,600.00
	006	敏敏	销售一部	在职人员	317.50	317.50	317.50	4,632.50	4,950.00
	007	霞霞	销售一部	在职人员	265.00	265.00	265.00	4,335.00	4,600.00
	008	珑珑	销售二部	在职人员	317.50	317.50	317.50	4,632.50	4,950.00
	009	明明	供应部	在职人员	317.50	317.50	317.50	4,632.50	4,950.00
	010	斌斌	生产部	在职人员	317.50	317.50	317.50	4,632.50	4,950.00
合计					3,145.00	3,145.00	3,345.00	45,955.00	49,300.00

图 5-21

（2）工资数据的修改。

① 个别修改。当个别人员的工资项目数据需要修改时，可直接在"工资变动"界面进行修改。

【例 5-7】2014 年 1 月考勤情况：赵果果请假 2 天。

在如图 5-22 所示的"工资变动"界面中，赵果果的"请假天数"录入数字"2"，然后单击"计算"按钮，系统根据已设置好的计算公式自动计算出"请假扣款"金额。

工资变动

选择	人员编号	姓名	部门	人员类别	请假天数	请假扣款	养老保险金	工资代扣税	扣税合计
	005	赵果果	管理部	在职人员	2.00	200.00		460.00	460.00
	001	爱爱	财务部	在职人员				325.00	325.00
	002	东东	财务部	在职人员				295.00	295.00
	003	晃晃	财务部	在职人员				265.00	265.00
	004	君君	财务部	在职人员				265.00	265.00
	006	敏敏	销售一部	在职人员				317.50	317.50
	007	霞霞	销售二部	在职人员				265.00	265.00
	008	琰琰	销售二部	在职人员				317.50	317.50
	009	明明	供应部	在职人员				317.50	317.50
	010	斌斌	生产部	在职人员				317.50	317.50
合计					2.00	200.00	0.00	3,145.00	3,145.00

图 5-22

② 成批修改。当一批人员的某个工资项目同时需要修改时，可以利用"数据替换"功能，将符合条件的人员的某个工资项目的内容，统一替换为某个数据，以提高人员信息的修改速度。

【例 5-8】因去年销售二部销售业绩较好，销售部每人发放奖金 1 000 元。

在"工资变动"界面，单击"替换"按钮，打开"工资项数据替换"窗口，如图 5-23 所示。单击"将工资项目"下拉菜单，选择"奖金"工资项目，"替换成"栏内容录入金额"1000"，"替换条件"界面左边选项窗下拉菜单选择"部门"，逻辑运算符选择使用"＝"，界面右边选项窗下拉菜单选择"销售二部"，单击"确定"按钮，弹出对话框，提醒"数据替换后将不可恢复，是否继续？"。

图 5-23

图 5-24

单击"是"按钮，弹出如图 5-24 所示的对话框，单击"是"按钮，完成数据的成批替换。

> **注意**
>
> 在修改了某些数据、重新设置了计算公式、进行了数据替换或在扣缴所得税中重新设置了税率等操作后，必须在"工资变动"中调用"计算"和"汇总"功能对个人工资数据重新计算，以保证数据正确。

2. 扣缴所得税

薪资管理系统提供个人所得税自动计算功能。系统根据定义好的税率和起征点，自动计算个人所得税，既减轻了财务人员的工作负担，又提高了工作效率。

【例 5-9】个人所得税的费用基数为 3 500 元。

单击"选项"菜单，打开"扣税设置"选项，如图 5-25 所示，在"对应工资项目"选项窗下拉菜单中选择"计税基数"作为个人所得税申报表中"收入额合计"项所对应的工资项目，单击"确定"按钮。

单击"税率"按钮，进入"个人所得税申报表—税率表"设置窗口，如图 5-26 所示。用户可根据实际情况调整费用基数、附加费用和税率。根据现行《个人所得税法》的规定，将"基数"设置为 3 500 元，"附加费用"设置为 2 800 元，单击"确定"按钮，完成税率表的设置。

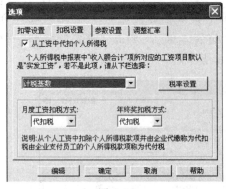

图 5-25

图 5-26

> **注意**
>
> 若修改了"税率表"或重新选择了"收入额合计"项的对应工资项目，在退出"扣缴所得税"功能后，需要到"工资变动"功能中重新执行"计算"功能，否则系统将保留修改前的数据状态。

3. 工资分钱清单

工资分钱清单是按单位计算的工资发放分钱票面额清单，会计人员根据此表从银行取款并发给各部门或个人。如图 5-27 所示，财务部门从银行取款时，根据工资分钱清单列示的各票面额数量取款，在现金工资发放时可避免找零，提高工资发放的工作效率。本功能有部门分钱清单、人员分钱清单和工资发放取款单 3 个部分。

分钱清单

| 部门分钱清单 | 人员分钱清单 | 工资发放取款单 | |

请选择部门级别：　2级　▼

部门	壹佰元	伍拾元	贰拾元	拾元	伍元	贰元	壹元
销售一部	49	1					
销售二部	95	1					
票面合计数	144	2	0	0	0	0	0
金额合计数	14400.00	100.00	0.00	0.00	0.00	0.00	0.00

图 5-27

> **注意**
>
> 执行此功能必须在个人数据输入调整完之后，如果个人数据在"计算"后又做了修改，须重新执行本功能，以保证数据正确。

4. 银行代发

银行代发，即由银行发放企业职工个人工资。目前许多单位发放工资时都采用工资信用卡方式。这种做法既减轻了财务部门发放现金工资的工作量，有效地避免了财务部门到银行提取大笔款项所承担的风险，又提高了对员工个人工资的保密程度。

单击"银行代发"菜单，进入"银行代发一览表"界面，如图 5-28 所示。

（1）银行文件格式设置。银行文件格式设置是根据银行的要求，设置提供给银行的数据中所包含的项目，以及项目的数据类型、长度和取值范围等。单击"格式"按钮，可设置不同银行文件格式，查看银行代发一览表。

（2）银行代发文件输出格式设置。单击"方式"按钮，可对同一银行进行不同文件格式的设置。系统提供 TXT、DAT 和 DBF 3 种文件格式。

（3）磁盘输出。磁盘输出是指按用户已设置好的格式和设定的文件名，将数据输出到指定的地方。银行代发输出格式设置完成后，单击"传输"按钮可进行银行文件输出。

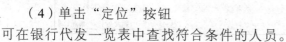

消息中心	**银行代发**			

银行代发一览表

名称：中国工商银行

单位编号	人员编号	账号	金额	录入日期
1234934325	001	12345678101	4675.00	20140507
1234934325	002	12345678102	4505.00	20140507
1234934325	003	12345678103	4335.00	20140507
1234934325	004	12345678104	4335.00	20140507
1234934325	005	23456781105	5240.00	20140507
1234934325	006	12345678106	4632.50	20140507
1234934325	007	12345678107	4335.00	20140507
1234934325	008	12345678108	4632.50	20140507
1234934325	009	12345678109	4632.50	20140507
1234934325	010	23456781110	4632.50	20140507
合计			45,955.00	

图 5-28

（4）单击"定位"按钮可在银行代发一览表中查找符合条件的人员。

5. 工资分摊

工资分摊是指对当月发生的工资费用进行工资总额的计算、分配及各种经费的计提，并自动生成相应的记账凭证（机制凭证），传递到总账系统。

（1）工资分摊设置。在会计核算中，各部门人员工资费用的分配应计入的会计科目较固定，我们可以将各部门人员工资应借应贷的科目事先设置好，以便以后每个月系统可根据当月的数据自动生成相应的记账凭证。

【例 5-10】设置湖南胜利有限公司的工资分摊公式。

单击"工资分摊"菜单，打开"工资分摊"窗口，如图 5-29 所示。单击"工资分摊设置"按钮，打开"分摊类型设置"窗口，单击"增加"按钮，打开"分摊计提比例设置"窗口，如图 5-30 所示。在"计提类型名称"栏录入"应付工资"，单击"下一步"按钮，打开"分摊构成设置"窗口，如图 5-31 所示。

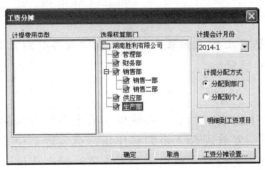

图 5-29

图 5-30

单击"部门名称"栏的"参照"按钮，在"部门名称参照"窗口单击选中"财务部"，单击"确定"按钮；在"人员类别"栏的下拉菜单中选择"在职人员"；在"工资项目"栏的下拉菜单中选择"应发合计"；单击"借方科目"栏目的"参照"按钮，在"科目参照"窗口中选择"6602，管理费用"会计科目；单击"贷方科目"栏目的"参照"按钮，在"科目参照"窗口中选择"222101，应付职工薪酬—工资"会计科目。同理设置完其他部门各类人员工资分摊应借应贷的会计科目后，单击"完成"按钮完成"应付工资"的分摊设置。

同理可进行"应付福利费"的分摊设置。

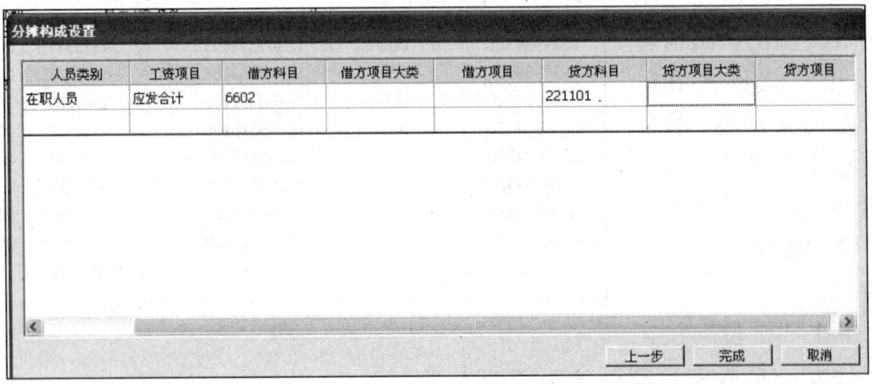

人员类别	工资项目	借方科目	借方项目大类	借方项目	贷方科目	贷方项目大类	贷方项目
在职人员	应发合计	6602			221101		

图 5-31

（2）分摊工资并生成记账凭证。

【例5-11】生成2014年1月关于工资分配的记账凭证。

单击"工资分摊"菜单，打开"工资分摊"窗口，如图5-32所示。

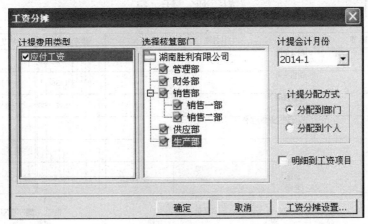

图 5-32

在"计提费用类型"选项窗口中，将"应付工资"分摊类型打勾，在"选择核算部门"选项窗口中，单击选中所有部门，勾选"明细到工资项目"选项，单击"确定"按钮，进入"应付工资一览表"界面，如图5-33所示。

应付工资一览表

☑ 合并科目相同、辅助项相同的分录

类型 应付工资 ▼ 计提会计月份　1月

部门名称	人员类别	工资分摊		
		分配金额	借方科目	贷方科目
管理部		5900.00	6602	221101
财务部		19000.00	6602	221101
销售一部	在职人员	4950.00	6601	221101
销售二部		9550.00	6601	221101
供应部		4950.00	5101	221101
生产部		4950.00	5101	221101 …

图 5-33

勾选"合并科目相同、辅助项相同的分录"选项。单击"制单"按钮，系统自动生成如图5-34所示的记账凭证。单击"凭证类别"的"参照"按钮，选择"转账凭证"，然后单击"保存"按钮，系统自动在记账凭证的左上角打上"已生成"的章。生成的记账凭证自动传递到总账系统，需要在总账系统对其进行审核、记账。

在"应付工资一览表"界面中，单击"制单"按钮，生成当前所选择的一种分摊类型所对应的一张凭证。单击"批制"按钮，即批量制单，可一次将所有本次参与分摊的"分摊类型"所对应的凭证全部生成。

若所选择的"分摊类型"已生成记账凭证，在"应付工资一览表"界面中，应发合计栏下分配金额、借方科目和贷方科目3栏的背景色为绿色。

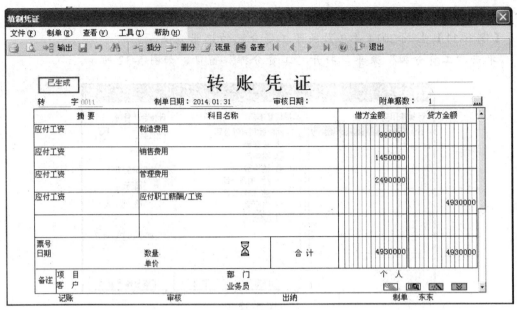

图 5-34

6. 凭证查询

在总账系统中，可以对薪资管理系统生成的记账凭证进行查询、审核、记账等操作，但不能修改和删除。薪资管理系统中的"凭证查询"功能可以用来对薪资管理系统中所生成的记账凭证进行删除和冲销等操作。

执行"统计分析→凭证查询"命令，打开"凭证查询"窗口，如图 5-35 所示。

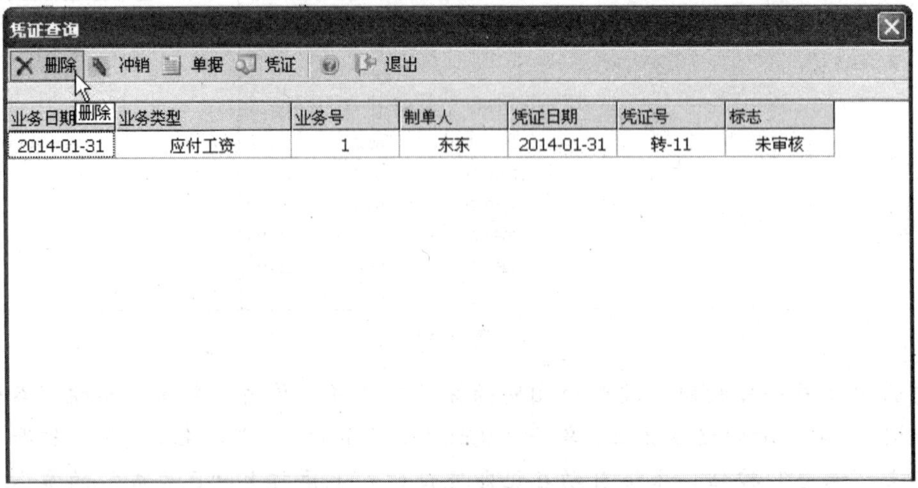

业务日期	业务类型	业务号	制单人	凭证日期	凭证号	标志
2014-01-31	应付工资	1	东东	2014-01-31	转-11	未审核

图 5-35

选中一张凭证，单击"❌"按钮可删除标志为"未审核"的凭证。但在薪资管理系统的"凭证查询"功能中删除的记账凭证，只是打上"作废"章，还要在总账中执行"整理凭证"才能真正删除。

单击"冲销"按钮，可对当前标志为"记账"的凭证进行红字冲销操作，自动生成与原凭证相同的红字凭证。

单击"单据"按钮，显示生成凭证的原始凭证——××费用一览表。

单击"凭证"按钮，可联查凭证。

7. 总账系统处理

薪资管理系统生成的记账凭证自动传递到总账系统，应进入总账系统对传递过来的记账凭证进行审核和记账。

【例 5-12】以晃晃的身份登录"总账"系统，对记账凭证进行审核；以爱爱的身份登录"总账"系统，对记账凭证进行记账。

四、期末处理

1. 月末处理

工资月末处理，也叫月末结转，是将当月数据经过处理后结转至下月。每月工资数据处理完毕后均要进行月末结转。

【例 5-13】薪资管理系统 2014 年 1 月月末处理。

单击"月末处理"菜单，打开"月末处理"窗口，如图 5-36 所示。单击"确定"按钮，弹出询问是否继续月末处理的对话框。

单击"是"按钮，弹出询问"是否选择清零项？"的对话框，如图 5-37 所示。

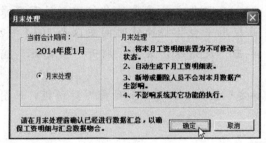

图 5-36

图 5-37

在工资项目中，有的项目每月的数据均不相同（如请假天数、请假扣款等），在每月工资处理完成后，均需将其数据清为 0，以便下月输入当月的数据，此类项目即为清零项目。

单击"是"按钮，弹出"选择清零项目"窗口，如图 5-38 所示。在左边待选窗口中选中"请假天数"，单击"▷"按钮，"请假天数"工资项目就出现在右边的选中窗口。同理将"请假扣款"工资项目选到右边窗口。

单击"确定"按钮，弹出如图 5-39 所示的对话框，月末处理完毕。

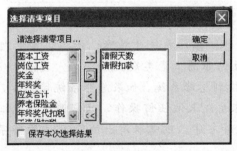

图 5-38

图 5-39

| 注意 |

- 月末处理只有在会计年度的 1～11 月进行。薪资管理系统不用进行 12 月的结账，先做薪资管理系统的年度结转，系统自动把上一年度的 12 月工资结账，然后再把总账结账，再结转总账。
- 若为多个工资类别，则应打开各个工资类别，分别进行月末结账。
- 若本月工资数据未"汇总"，系统将不允许进行月末结账。
- 进行月末处理后，当月数据将不再允许变动。
- 月末处理功能只有主管人员才能执行。

2. 反结账

用薪资管理系统进行月末处理后，如果发现还有一些业务或其他事项需要在已进行月末处理的月份进行账务处理，则需要使用"反结账"功能，取消已结账标志。

【例 5-14】对薪资管理系统 2014 年 1 月进行反结账。

以账套主管爱爱的身份重新注册登录"企业应用平台"(将操作时间更改为 2014 年 2 月)。单击"反结账"菜单，打开"反结账"窗口，如图 5-40 所示。

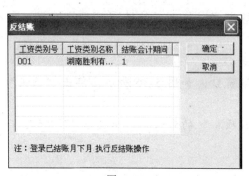

图 5-40

选择要反结账的工资类别，单击"确定"按钮，打开"反结账"对话框，如图 5-41 和图 5-42 所示。

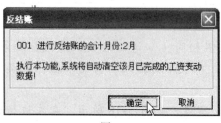

图 5-41

图 5-42

单击"确定"按钮，弹出对话框显示"反结账已成功完成"。

| 注意 |

- 由账套主管使用"反结账"功能，取消已结账标志。
- 有下列情况之一不允许反结账：总账系统已结账；汇总工资类别的会计月份 = 反结账的会计月，并且包括需反结账的工资类别。
- 本月工资分摊、计提凭证传输到总账系统，如果总账系统已记账，需做红字冲销凭证后，才能反结账；如果总账系统未做任何操作，只需删除此凭证即可。
- 如果凭证已经由出纳签字/主管签字，则需取消出纳签字/主管签字，并删除该张凭证后，才能反结账。

小 结

使用薪资管理系统的前提：启用薪资管理系统。

工资项目的 3 种类型：①系统提供的固定的工资项目；②系统根据建账时设置的参数自动提供的工资项目；③用户根据实际需要自己增加的工资项目。

"多工资类别"下工资项目的设置方法：①关闭所有工资类别，新增工资项目；②分别打开各个工资类别，在"名称参照"中选择本工资类别需要的工资项目。

公式设置步骤：①选择工资项目；②设置计算公式。

公式设置方法：①直接输入公式；②参照输入公式；③应用函数向导输入公式。

工资数据的 3 种类型：①一次录入；②每月录入；③通过计算公式计算得来。

工资数据可从两处录入：①在录入人员档案时直接录入；②在"工资变动"中录入。

工资分摊操作步骤：①设置工资分摊类型（设置好后每月不需重复设置）；②分摊工资并生成记账凭证。

薪资管理系统生成的记账凭证自动传递到总账系统，需要在总账系统对其进行审核、记账。

 任务训练

1. 训练目的

了解薪资管理系统的核算流程，掌握薪资管理系统的启用、工资账套的建立、薪资管理系统的初始化、日常业务处理及期末业务的处理。

2. 训练内容

薪资管理系统的启用、工资账套的建立；薪资管理系统初始化设置；薪资管理系统日常业务处理；薪资分摊和月末处理。

3. 训练资料

资料 1 薪资账套信息

（1）建立工资账套。

工资类别：多个。从工资中找扣个人所得税。选扣零设置：扣零至元。个人编码长度：5 位。

（2）基础设置。

① 部门设置（同总账系统资料）。

② 人员附加加信息设置：性别、年龄、技术职务、学历、职务。

③ 工资项目设置（见表 5-5）。

表 5-5 工资项目设置

项目名称	类型	长度	小数位	工资增减项
基本工资	数值	10	2	增项
岗位工资	数值	10	2	增项

续表

项目名称	类型	长度	小数位	工资增减项
工龄工资	数值	10	2	增项
岗位津贴	数值	10	2	增项
奖　金	数值	10	2	增项
应发合计	数值	10	2	增项
病假天数	数值	8	2	其他
病假扣款	数值	8	2	减项
事假天数	数值	8	2	其他
事假扣款	数值	8	2	减项
水电费	数值	8	2	减项
扣款合计	数值	10	2	减项
代扣税	数值	8	2	减项
本月扣零	数值	8	2	其他
上月扣零	数值	8	2	其他
实发合计	数值	10	2	增项

④ 银行名称设置：工商银行 账号长度为 7。

资料 2　薪资账套基本信息设置

（1）建立工资类别。

001 在职人员　　　002 离退休人员

（2）在职人员档案设置（见表 5-6）。

表 5-6　　　　　　　　　　在职人员档案设置

部门名称	编号	姓名	账号	扣税否	性别	年龄	技术职称	职务
财务部	101	张青	2587101	是	男	30	会计师	会计主管
财务部	102	王玲	2587102	是	男	25	会计师	
财务部	103	苏成	2587103	是	男	28	助理会计师	
财务部	104	罗婷	2587104	是	女	28	会计师	
经理室	201	李力	2587201	是	男	38	高级经济师	总经理
销售一部	301	李静	2587301	是	女	35	经济师	部门经理
销售二部	302	刘超	2587302	是	女	24		
销售二部	303	李艳	2587303	是	女	32		部门经理
销售二部	304	张楠	2587304	是	女	26		
供应部	401	凌莉	2587401	是	女	28		部门经理
制造部	501	蒋健	2587501	是	男	42	工程师	部门经理

（3）在职人员工资项目设置。在职人员工资项目包括上述人员工资项目中表所有项目。

（4）在职人员工资项目公式设置。

① 应发合计=基本工资+岗位工资+工龄工资+岗位津贴+奖金。

② 病假扣款=（基本工资+岗位工资）÷22×病假天数。

③ 事假扣款=（基本工资+岗位工资）÷22×事假天数。

④ 扣款合计=病假扣款+事假扣款+水电费+代扣税。

⑤ 实发工资=应发合计－扣款合计。

（5）个人所得税起征点为 3 500 元。

资料 3 薪资管理日常工作

（1）工资数据录入（见表 5-7）。

表 5-7   工资数据录入

编号	姓名	基本工资	岗位工资	工龄工资	岗位津贴	奖金	病假天数	事假天数
101	张青	3 900	600	100	200	200	2	0
102	王玲	3 800	500	60	100	100	0	0
103	苏成	3 700	400	20	50	80	0	0
104	罗婷	3 700	400	20	50	80	0	0
201	李力	5 000	900	200	200	200	0	0
301	李静	3 800	650	60	150	200	0	0
302	刘超	3 600	500	20	100	90	0	1
303	李艳	3 800	650	40	150	100	0	0
304	张楠	3 600	400	50	100	40	1	0
401	凌莉	3 650	600	80	150	50	0	2
501	蒋健	3 700	800	120	200	200	0	0

（2）个人所得税计算与审报。查看个人所得税扣缴申报表。

（3）银行代发。银行格式设置采用默认，文件方式设置为 TXT 格式，并进行磁盘传输。

（4）工资分摊。分别设置工资分摊的借贷方科目。

任务六

固定资产管理系统

学习目标、重点及难点

• 目标：了解固定资产管理系统的主要功能及业务处理流程；理解固定资产核算的基本操作过程；了解对账、月末结账的作用；掌握建立固定资产账套的方法；掌握基础设置及录入原始卡片的内容和方法；掌握固定资产日常业务处理的内容和方法；会进行固定资产对账、月末结账的操作。

• 重点：建立固定资产账套；基础设置及录入原始卡片的内容和方法；固定资产日常业务处理的内容和方法；固定资产对账、月末结账的操作。

• 难点：固定资产日常业务处理的内容和方法。

任务资料

1. 账套初始化

（1）启用日期为 2014 年 1 月 1 日。

（2）按"平均年限法（一）"计提折旧，折旧周期为 1 个月；当（月初已计提月份=可使用月份－1）时，要求剩余折旧全部提足。

（3）固定资产编码方式为"类别编码+部门编码+序号"自动编码；类别编码规则为 2-1-1-2。

（4）要求与账务系统进行对账；固定资产对账科目为 1601 固定资产；累计折旧对应科目为 1602 累计折旧；对账不平情况下允许进行月末结账。

2. 选项设置

（1）业务发生后立即制单。

（2）固定资产默认入账科目为1601固定资产，累计折旧默认入账科目为1602累计折旧。

（3）月末结账前一定要完成制单登账业务。

3. 设置部门对应折旧科目（见表6-1）

表 6-1　　　　　　　　　　设置固定对应折旧科目

部门编码	部门名称	折旧科目
1	管理部	6602
2	财务部	6602
3	销售部	
301	销售一部	6601
302	销售二部	
4	供应部	6601
5	生产部	5101

4. 设置固定资产类别（见表6-2）

表 6-2　　　　　　　　　　设置固定资产类别

类别编码	类别名称	计提属性	折旧方法	净残值率
01	房屋及建筑物	正常计提	平均年限法	4%
011	厂房	正常计提	平均年限法	4%
02	专用设备	正常计提	平均年限法	4%
021	机床	正常计提	平均年限法	4%
03	通用设备	正常计提	平均年限法	4%
04	交通运输设备	正常计提	平均年限法	4%
041	小车	正常计提	平均年限法	4%
05	其他	正常计提	平均年限法	4%

5. 设置增减方式及对应科目（见表6-3）

表 6-3　　　　　　　　　　设置增减方式及对应科目

增加方式			减少方式		
	方式	对应科目		方式	对应科目
101	直接购入	1002	201	出售	1606
102	投资者投入	4001	202	盘亏	1901
103	捐赠	6301	203	投资转出	1606
104	盘盈	6901	204	捐赠转出	6711
105	在建工程转入	1604	205	报废	1606
106	融资租入		206	毁损	1606

6. 录入原始卡片（见表6-4）

表 6-4   录入原始卡片

名称	原值（元）	增加方式	部门	累计折旧（元）	月累计率	年限	开始日期
厂房	500 000	直接购入	生产部	80 000	0.8%	10	2012.4.18
机床	200 000	直接购入	生产部	48 000	0.8%	10	2011.6.25
小车	200 000	直接购入	管理部	16 000	0.8%	10	2013.2.5
合计	900 000			144 000			

注：使用状况均为在用。

7. 2014年1月发生的固定资产业务

（1）1 月 31 日，财务部购入计算机一台，价值 20 000.00 元，预计使用 8 年，净残值率为 4%。

（2）1 月 31 日，计提本月折旧费用。

（3）1 月 31 日，管理部小车报废，清理收入 50 000 元，清理费用 5 000 元。

 任务实施

一、认识固定资产管理系统

固定资产在企事业单位的资产总额中所占的比重很大，正确核算和严格管理固定资产对企事业单位的生产经营管理具有重大的意义。

1. 固定资产管理系统的主要功能

固定资产管理系统具有强大的数据处理能力，能提供比手工会计更精确、更细化的核算功能，协助企业进行成本核算，及时提供详细、准确的固定资产资料，有利于加强固定资产管理，帮助企业提高固定资产的使用效率，保护企业固定资产的安全。

固定资产管理系统的主要功能包括以下 3 点。

（1）反映和监督固定资产的增加、减少、保管、使用以及清理报废等情况，并自动填制相关记账凭证，然后传到总账系统。

（2）对固定资产的总值、累计折旧数据进行动态管理，计算固定资产折旧，并自动填制相关记账凭证，然后传到总账系统。

（3）分析固定资产的利用效率。

2. 固定资产管理系统的业务处理流程

固定资产管理系统的业务处理流程如图 6-1 所示。

二、系统初始化设置

固定资产管理系统初始化是指根据企业具体情况，建立一个适合本单位需要的固定资产账套的过程，是使用固定资产管理系统的重要基础性工作。固定资产管理系统初始化的内容主要包括启用固定资产管理系统、建立固定资产账套、基础信息设置和录入原始卡片。

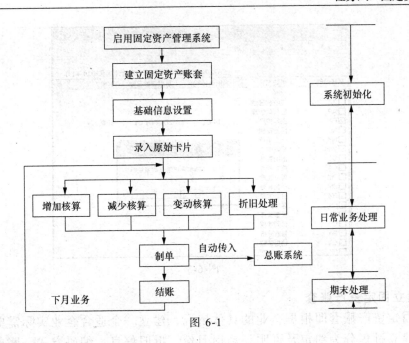

图 6-1

1. 启用固定资产管理系统

使用固定资产管理系统的前提是已对固定资产管理系统进行了启用设置（可在"系统管理"建立账套后启用，也可以在"企业应用平台"中启用），否则不能使用固定资产管理系统。

【例 6-1】启用固定资产管理系统。

以账套主管爱爱的身份注册进入"企业应用平台"（注册登录时，操作日期更改为"2014 年 1 月 1 日"）。在"设置"页签中，执行"基本信息→系统启用"命令，打开"系统启用"窗口，单击"固定资产"前的小方框，弹出"日历"设置窗口，如图 6-2 所示。

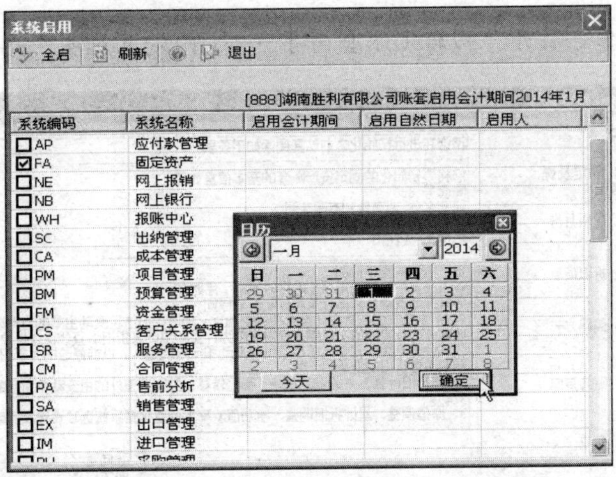

图 6-2

将日期设置为 2014 年 1 月 1 日，单击"确定"按钮，系统弹出"提示信息"对话框，如图 6-3 所示。单击"是"按钮，完成固定资产管理系统的启用设置。

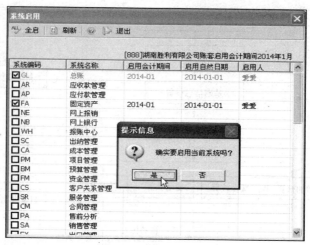

图 6-3

2. 建立固定资产账套

建立固定资产账套即根据企业的具体情况，建立一个适合企业实际需要的固定资产账套。建立过程分为约定及说明、启用月份、折旧信息、编码方式、账务接口和完成 6 个步骤。

【例 6-2】设置湖南胜利有限公司固定资产账套建账参数。

在"企业应用平台"选择"业务"页签，单击"固定资产"菜单，打开如图 6-4 所示的对话框。

图 6-4

单击"是"按钮，打开"初始化账套向导——1.约定及说明"界面，如图 6-5 所示。

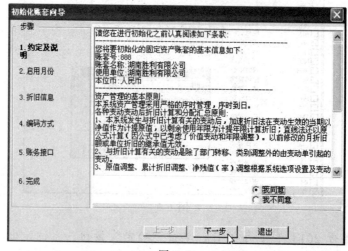

图 6-5

约定及说明中列出本系统对固定资产管理的基本原则。

选择"我同意"选项，单击"下一步"按钮，进入"初始化账套向导——2.启用月份"界面，如图6-6所示。

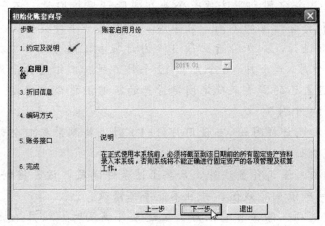

图6-6

此处无须进行任何设置，系统自动将在图6-3中设置的启用日期"2014年1月"设置为"账套启用月份"。

> **注意**
> 在正式使用固定资产管理系统之前，必须将截止到该日期前的所有固定资产资料录入系统，否则系统将不能正确地进行固定资产的各项管理及核算工作。

单击"下一步"按钮，进入"初始化账套向导——3.折旧信息"界面，如图6-7所示。

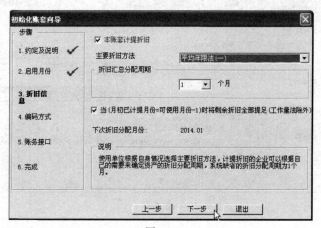

图6-7

（1）"本账套计提折旧"选项：按照制度规定，行政事业单位的固定资产不计提折旧，企业的固定资产应计提折旧。

> **注意**
> 该选项在初始化设置完成后不能修改。

（2）"主要折旧方法"选项：系统预置了 7 种常用的折旧方法，使用单位可根据自身情况选择主要折旧方法，以便在设置资产类别时由系统自动带出，提高录入速度，对具体的固定资产可以重新定义折旧方法。

（3）"折旧汇总分配周期"选项：企业在实际计提折旧时，不一定每个月计提一次，可能因行业和自身情况的不同，每季度、半年或一年计提一次，折旧费用的归集也按照这样的周期进行，如保险行业每 3 个月计提和汇总分配一次折旧。系统提供 1 个月、2 个月、3 个月、4 个月、6 个月和 12 个月 6 种折旧汇总分配周期供选择。计提折旧的企业可根据自己的需要来确定固定资产的折旧汇总分配周期。系统默认的折旧汇总分配周期为 "1 个月"。

（4）"当（月初已计提月份=可使用月份-1）时，将剩余折旧全部提足（工作量法除外）"选项，说明如下。

① 勾选该选项：除工作量法外，只要上述条件满足，该月将剩余折旧全部提足，即该月月折旧额 = 净值 - 净残值，并且不能手工修改。

② 不勾选该选项：除工作量法外，上述条件满足时，该月不提足折旧，并且可以手工修改。但是，如果以后各月按照公式计算的月折旧额是负数时，认为公式无效，令折旧率 = 0，月折旧额 = 净值 - 净残值。

根据表 6-1 所给的建账参数进行设置：勾选 "本账套计提折旧" 选项，在 "主要折旧方法" 下拉菜单中选择 "平均年限法（一）"，在 "折旧汇总分配周期" 下拉菜单中选择 "1 个月"。单击 "下一步" 按钮，进入 "初始化账套向导——4.编码方式" 界面，如图 6-8 所示。

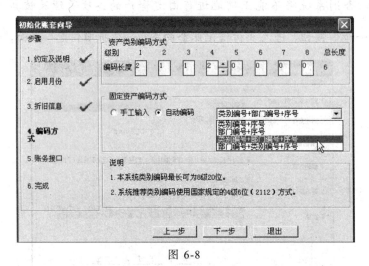

图 6-8

● 资产类别编码方式：本系统固定资产类别编码最长可为 4 级 10 位，系统推荐类别编码使用国家规定的 4 级 6 位（2112）方式。

● 固定资产编码方式：系统提供手工输入和自动编码两种方式。其中，自动编码方式中有 "类别编号 + 序号"、"部门编号 + 序号"、"类别编号 + 部门编号 + 序号" 和 "部门编号 + 类别编号 + 序号" 4 种编码规则供选择。

"资产类别编码方式" 采用系统推荐的 "2112" 编码方式；"固定资产编码方式"

选择"自动编码"，并单击下拉菜单，选择"类别编号＋部门编号＋序号"的编码规则。单击"下一步"按钮，进入"初始化账套向导——5.账务接口"界面，如图 6-9 所示。

● "与账务系统进行对账"选项。对账的含义是将"固定资产"系统中所有固定资产的原值、累计折旧和"总账"系统中的"固定资产"科目和"累计折旧"科目的余额进行核对，看数值是否相等。可以在系统运行中的任何时候执行"对账"功能。如果对账结果不平，肯定会在两个系统中出现偏差，应引起注意，并予以调整。

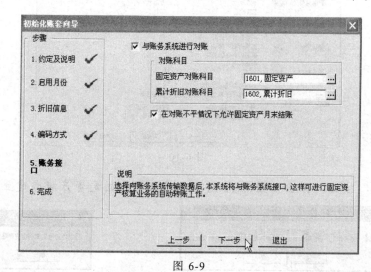

图 6-9

勾选该选项：表示本系统（即"固定资产"系统）要与账务系统（即"总账"系统）对账。

不勾选该选项：表示不对账。如果不想与"总账"系统对账，可不勾选该选项。

注意

只有存在对应的总账系统的情况下才可进行对账操作。

● "在对账不平情况下允许固定资产月末结账"选项。固定资产管理系统在月末结账前自动执行"对账"功能一次（存在相对应的总账账套的情况下），并给出对账结果。如果不平，说明两系统出现偏差，应予以调整。但是偏差（即对账不平）并不一定是由错误引起的，有可能是操作的时间差异造成的（例如：有关固定资产的记账凭证已填制但还没有记账）。如果希望严格控制系统间的平衡，则不要勾选该选项。

根据建账参数进行设置：勾选"与账务系统进行对账"选项，在"固定资产对账科目"项目单击"参照"按钮，选择"1601，固定资产"，在"累计折旧对账科目"项目单击"参照"按钮，选择"1602，累计折旧"，不选中"在对账不平情况下允许固定资产月末结账"选项，单击"下一步"按钮，进入"初始化账套向导——6.完成"界面，如图 6-10 所示。

固定资产账套信息的基本设置工作已经完成，图 6-10 所示界面显示已定义的内容。系统初始化中有些参数一旦设置完成，退出初始化向导后是不能修改的。如果要改，只能通过"重新初始化"功能实现。重新初始化将清空您对该固定资产账套所做的一切工作。所以，如果觉得有些参数设置不能确定，单击"上一步"按钮重新设置；如果确认无误，可单击"完成"按钮保存。若单击"完成"按钮，系统弹出如图 6-11 所示的对话框。

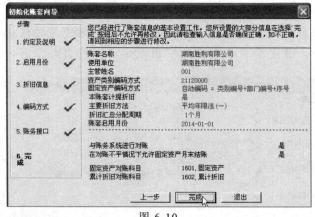

图 6-10

单击"是"按钮，弹出如图 6-12 所示的对话框，固定资产账套建立完毕。

图 6-11

图 6-12

3．设置

（1）选项。在以后的使用过程中，建立固定资产账套时设置的内容如果需要修改，可在"企业应用平台"选择"业务"页签，执行"财务会计→固定资产→设置→选项"命令，打开"选项"窗口，如图 6-13 所示，单击"编辑"按钮，选择相关页签进行修改。

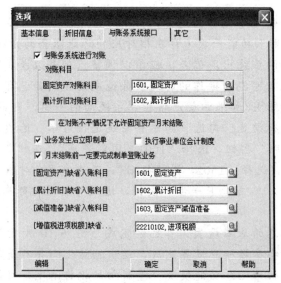

图 6-13

由于在建立固定资产账套时已经进行了有关选项参数的设置，因此在"选项"中只能对允许修改的参数进行修改，对其他参数只能查看。

- "业务发生后立即制单"选项：此选项用于让使用者确定制单的时间。

勾选该选项：当需要制单的业务发生时，系统自动调出不完整的记账凭证供修改后保存。

不勾选该选项：当需要制单的业务发生时，系统不立即生成记账凭证，而是把没有制单的原始单据的资料收集到"批量制单"，以后再到"批量制单"功能中统一完成制单工作。

- "月末结账前一定要完成制单登账业务"选项：在存在对应的总账账套的情况下，固定资产管理系统中的有些业务应填制记账凭证，并把记账凭证传递到总账系统，在总账系统中审核、记账。

勾选该选项：如果想保证系统的严谨性，则在此判断框内打勾。表示一定要完成应制作的记账凭证，如果没有制作记账凭证，本期间不允许结账。

不勾选该选项：有可能一些经济业务在其他系统已制作凭证，为避免重复制单，此判断框内可不打勾。

- ［固定资产］、［累计折旧］、［减值准备］和［增值税进项税额］默认入账科目。固定资产管理系统制作记账凭证时，记账凭证中上述科目的默认入账科目将按使用者的设置确定。当这些设置为空时，凭证中默认科目为空。

根据表 6-1 所给的建账参数进行设置：单击"编辑"按钮，选择"与账务系统接口"页签，勾选"业务发生后立即制单"选项和"月末结账前一定要完成制单登账业务"选项。单击"［固定资产］默认入账科目"项目的"参照"按钮，选择"1601，固定资产"；单击"［累计折旧］默认入账科目"项目的"参照"按钮，选择"1602，累计折旧"；单击"［减值准备］默认入账科目"项目的"参照"按钮，选择"1603，固定资产减值准备"；单击"［增值税进项税额］默认入账科目"项目的"参照"按钮，选择"22210102，进项税额"。单击"确定"按钮，完成补充参数的设置。

（2）部门对应折旧科目。固定资产计提折旧后必须把折旧费归入成本或费用。当按部门归集折旧费时，某一部门所属的固定资产的折旧费一般归集到一个比较固定的科目。

设置部门对应折旧科目的作用如下。

- 录入固定资产卡片时，系统根据设置的使用部门，将该折旧科目自动显示在卡片中，不必一个一个输入，可提高工作效率。

- 在生成部门折旧分配表时，每一部门的折旧费按折旧科目汇总，生成记账凭证。

【例 6-3】设置各部门对应折旧科目。

单击"部门对应折旧科目"菜单，进入"部门对应折旧科目"界面，如图 6-14 所示。

选择"财务部"，单击"修改"按钮，单击"折旧科目"栏的"参照"按钮，打开"科目参照"窗口，选择"6602，管理费用"，单击"确定"按钮，返回"部门对应折旧科目"界面。同理完成其他部门对应折旧科目的设置。如图 6-15 所示。

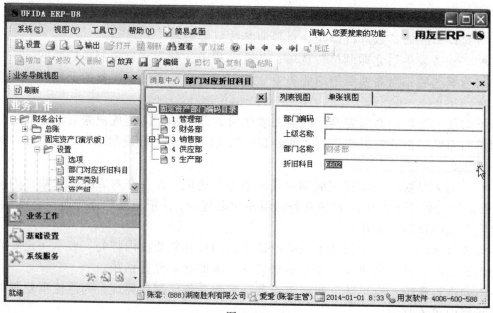

图 6-14

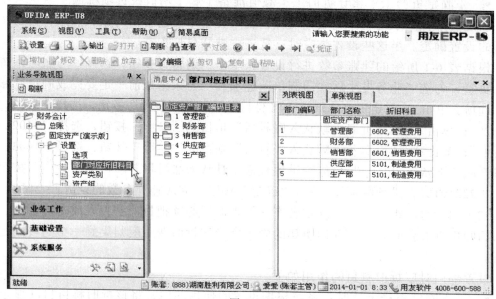

图 6-15

┃ 注意 ┃

- 在使用本功能前，必须已建立好部门档案。
- 设置上级部门的折旧科目，单击"刷新"按钮，下级部门可以自动继承，也可以选择与上级部门不同的折旧科目。

（3）资产类别。固定资产的种类繁多，规格不一，要强化固定资产管理，及时、准确地做好固定资产核算，必须建立科学的固定资产分类体系。企业可根据自身的特点和管理要求，确定一个较为合理的固定资产分类方法。

固定资产类别设置是指定义固定资产的类别编码、类别名称、计提属性、折旧方法和卡片样式等。

【例 6-4】设置湖南胜利有限公司固定资产类别。

单击"资产类别"菜单，进入"资产类别"界面，如图 6-16 所示。

单击"增加"按钮，在"类别名称"栏输入"房屋"，在"计提属性"栏的下拉菜单中选择"正常计提"，"折旧方法"栏的内容根据建账时设置的"主要折旧方法"自动带出（根据实际情况可单击"参照"按钮进行修改，此处无须修改），单击"卡片样式"栏的"参照"按钮，在"卡片样式参照"窗口中选择"通用样式（二）"，单击"保存"按钮，完成"房屋"这一固定资产类别的设置。

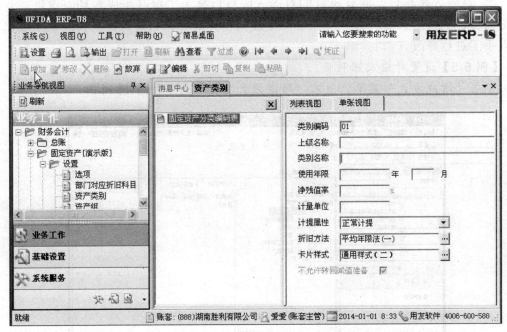

图 6-16

同理可进行其他固定资产类别的设置。

注意

- 只有在最新会计期间可以增加资产类别，月末结账后则不能增加。
- 资产类别编码不能重复，同级的类别名称不能相同。
- 类别编码、类别名称、计提属性、卡片样式不能为空，其他各项内容的输入是为了在输入固定资产卡片时自动带出，以提高录入速度，可以为空。
- 非明细类别编码不能修改和删除，明细类别编码修改时只能修改本级的编码。
- 使用过的类别不允许删除或增加下级类别。

（4）增减方式。

① 增减方式名称。增减方式包括增加方式和减少方式两类。设置固定资产的增加和减少方式主要是用以确定固定资产的计价和处理原则，以及对固定资产的汇总管理。系统预置的增加方式有直接购入、投资者投入、捐赠、盘盈、在建工程转入、融

资租入。系统预置的减少方式有出售、盘亏、投资转出、捐赠转出、报废、毁损、融资租出。如果系统预置的增减方式不能满足本企业的需要，可单击"增加"按钮自定义增减方式，还可以根据需要单击"修改"按钮或"删除"按钮对已有的增减方式进行修改或删除。

> **注意**
> - 已使用（卡片已选用过）的增减方式不能删除。
> - 非明细级方式不能删除。
> - 系统预置的增减方式中的"盘盈""盘亏""毁损"不能删除。

② 对应入账科目。此处设置的对应入账科目是为了提高生成各种固定资产业务的记账凭证的速度，减轻核算工作量。生成记账凭证时，如果入账科目发生了变化，可以手工进行修改。

【**例 6-5**】设置对应入账科目。

单击"增减方式"菜单，进入"增减方式"界面，如图 6-17 所示。

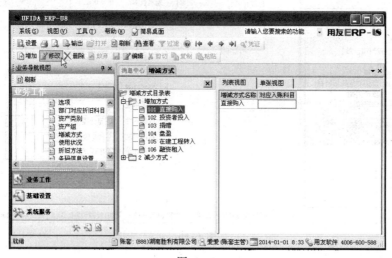

图 6-17

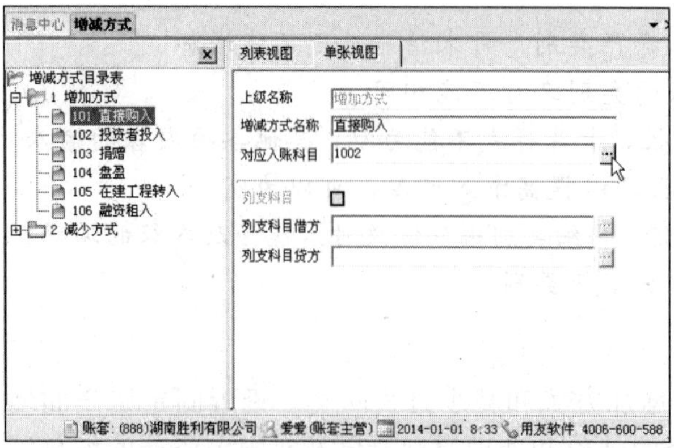

图 6-18

单击"直接购入"方式所在行，单击"修改"按钮，进入如图 6-18 所示界面。单击"对应入账科目"栏的"参照"按钮，在"科目参照"窗口选择"1002，银行存款"，单击"保存"按钮，设置完成。

同理可设置其他增减方式的对应入账科目。

（5）使用状况。明确固定资产的使用状况，一方面可以正确地计算和计提折旧，另一方面便于统计固定资产的使用情况，提高固定资产的利用效率。

如图 6-19 所示，系统预置的使用状况包括使用中（在用、季节性停用、经营性出租、大修理停用）、未使用和不需用。

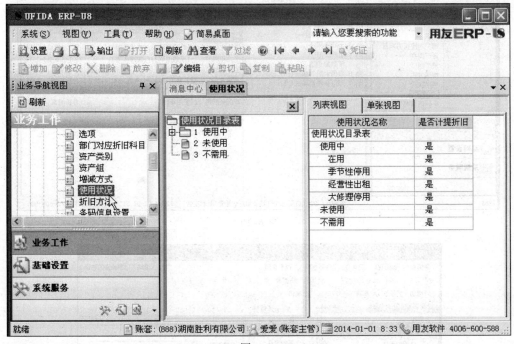

图 6-19

用户可根据实际需要，通过单击"增加"按钮增加新的使用状况，单击"修改"或"删除"按钮对已有的使用状况进行修改或删除。

> **注意**
> - 只能在一级使用状况下增加二级使用状况。
> - 系统预置的使用状况不能删除。
> - "使用中"不能修改，"未使用"和"不需用"这两种使用状况可修改。

（6）折旧方法。设置折旧方法是系统自动计算折旧的基础。如图 6-20 所示，系统提供 7 种常用的折旧方法：不提折旧、平均年限法（一）、平均年限法（二）、工作量法、年数总和法、双倍余额递减法（一）、双倍余额递减法（二）。如果以上 7 种方法不能满足企业的使用需要，可利用"增加"功能，定义适合自己的折旧方法的名称和计算公式。

4．卡片

（1）卡片项目。卡片项目是固定资产卡片上显示的用来记录固定资产资料的栏目，如原值、资产名称、使用年限、折旧方法等。如图 6-21 所示，卡片项目由"自定义项目"和"系统项目"两部分构成。系统提供的一些常用的卡片必需的项目，称为系统项目。如果这些项目不能满足本单位对固定资产特殊管理的需要，则可以通过卡片项目定义来定义需要的项目，称为自定义项目。

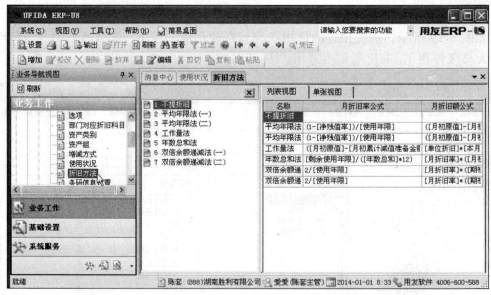

图 6-20

图 6-21

（2）卡片样式。卡片样式是指卡片的显示格式，包括格式（表格线、对齐形式、字体大小、字型等）、所包含的项目和项目的位置等，如图 6-22 所示。

由于不同的企业使用的卡片样式可能不同，即使是同一企业内部对不同的资产也会由于管理的内容和侧重点不同而使用不同样式的卡片，所以本系统提供卡片样式自定义功能，使用者可根据本单位管理需要自行设计。

（3）卡片管理。卡片管理是对固定资产管理系统中的所有固定资产卡片进行综合管理。通过"卡片管理"可完成以下功能：①卡片修改；②卡片删除；③卡片打印；④显示快捷信息；⑤联查卡片图片；⑥查看单张卡片信息；⑦查看卡片汇总信息。

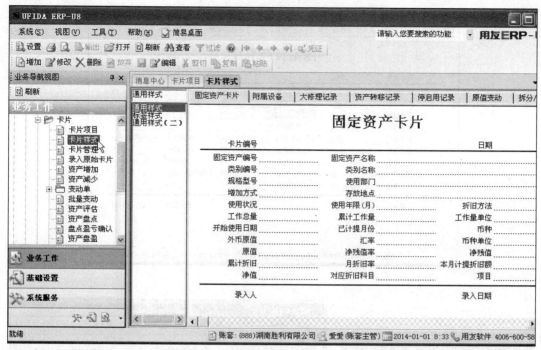

图 6-22

（4）录入原始卡片。原始卡片是指开始使用日期在固定资产账套建立日期之前的固定资产卡片记录。使用固定资产管理系统进行核算前，必须将原始卡片资料录入系统，以保持历史资料的连续性。

【例 6-6】录入湖南胜利有限公司的原始卡片。

单击"录入原始卡片"菜单，打开"资产类别档案"窗口，如图 6-23 所示。

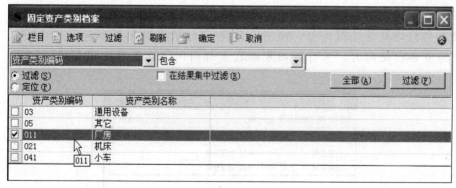

图 6-23

选择"011 厂房"，进入"固定资产卡片（录入原始卡片）"界面，如图 6-24 所示。

在"固定资产名称"项目录入"厂房"，双击"使用部门"项目，打开"本资产部门使用方式"窗口，如图 6-25 所示。

选择"单部门使用"，单击"确定"按钮，打开"部门参照"窗口，如图 6-26 所示。选择"5 生产部"，返回"固定资产卡片"界面。

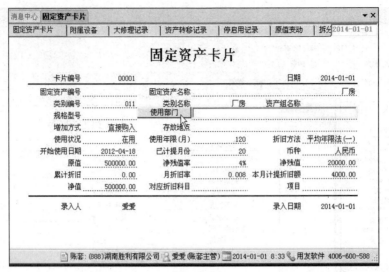

图 6-24

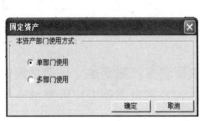

图 6-25

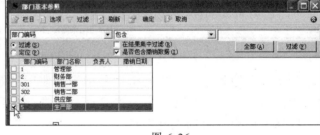

图 6-26

> **注意**
>
> 在图 6-25 中，如果选择"多部门使用"，打开"使用部门"窗口，如图 6-27 所示。使用部门的数量范围为 2～99 个，各部门的使用比例之和必须为 100%。当固定资产为多部门使用时，累计折旧可以在多部门间按设置的比例分摊。

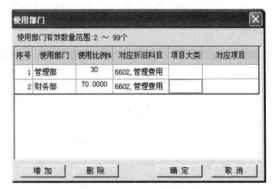

图 6-27

在"固定资产卡片（录入原始卡片）"界面，双击"增加方式"项目，打开"增减方式参照"窗口，如图 6-28 所示。选择"101 直接购入"，返回"固定资产卡片（录入原始卡片）"界面。

双击"使用状况"项目，打开"使用状况参照"窗口，如图 6-29 所示。选择"1001
在用"，返回"固定资产卡片（录入原始卡片）"界面。

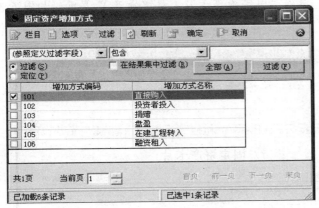

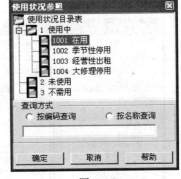

图 6-28　　　　　　　　　　　　　　　　图 6-29

在"使用年限（月）"项目录入"120"，在"开始使用日期"项目录入"2012-04-18"，
在"原值"项目录入"500000"，在"累计折旧"项目录入"80 000"，在"净残值率"
项目录入"4%"。

> **注意**
>
> "开始使用日期"必须采用 YYYY-MM-DD 形式录入。其中，"年"和"月"对
> 折旧计提有影响，日不会影响折旧的计提，但是也必须录入。

如图 6-24 所示，"固定资产卡片"中的其他项目内容由系统自动填入："固定资产
编号"项目由系统根据建账时设置的编码规则（类别编号 + 部门编号 + 序号）自动编
制；"折旧方法"项目根据所选择的资产类别自动带出，可根据实际情况进行修改；"对
应折旧科目"项目根据所选择的使用部门自动带出，可根据实际情况进行修改；"已计
提月份"（可手工修改）、"净残值""月折旧率""月折旧额"和"净值"项目的数值由
系统根据输入的"开始使用日期""原值""累计折旧""净残值率"的
数值自动计算。单击"保存"按钮，弹出对话框显示"数据成功保存！"，
如图 6-30 所示。

单击"确定"按钮，完成一张固定资产原始卡片的录入。

同理，将湖南胜利有限公司其他固定资产的资料通过"录入原始　　　图 6-30
卡片"功能录入系统。

三、日常业务处理

1. 固定资产增加核算

企事业单位在日常经营活动中可能会购进或通过其他方式（如投资者投入、捐赠、
盘盈、在建工程转入、融资租入等）增加固定资产，该部分固定资产通过"资产增加"
功能录入系统。"资产增加"即新增加固定资产卡片。

【例 6-7】1 月 31 日，财务部购入计算机一台，价值 20 000.00 元，预计使用 8 年，净残值率为 4%。

以东东的身份注册进入"企业应用平台"。单击"资产增加"菜单，打开"资产类别参照"窗口，选择"05 其他"，进入"固定资产卡片（新增资产）"界面，如图 6-31 所示。

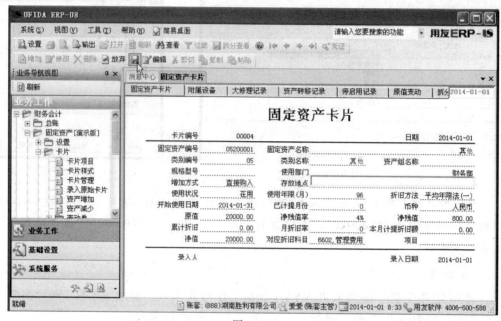

图 6-31

在"固定资产名称"项目录入"计算机"。双击"使用部门"项目，打开"本资产部门使用方式"窗口，选择"单部门使用"，单击"确定"按钮，打开"部门参照"窗口，选择"2 财务部"；双击"增加方式"项目，打开"增减方式参照"窗口，选择"直接购入"；双击"使用状况"项目，打开"使用状况参照"窗口，选择"在用"；双击"折旧方法"项目，打开"折旧方法参照"窗口，如图 6-32 所示。选择"平均年限法（一）"，返回"固定资产卡片（新增资产）"界面。

图 6-32

在"使用年限（月）"项目录入"96"，在"原值"项目录入"20 000"，在"净残值率"项目录入"4%"。

"固定资产卡片"中的其他项目内容由系统自动填入："固定资产编号"由系统根据建账时设置的编码规则自动编制；"开始使用日期"由系统根据注册登录"企业应用平台"时的操作日期"2014-01-31"自动填入；"对应折旧科目"项目根据所选择的使用部门自动带出；"净残值""净值"项目的数值由系统根据输入的"原值""累计折旧""净残值率"的数值自动计算。

单击"保存"按钮，系统自动生成记账凭证，如图 6-33 所示。

单击凭证类别"参照"按钮，选择"付款凭证"，单击"保存"按钮，系统自动在记账凭证的左上角打上"已生成"的章，并将记账凭证传递到总账系统。单击"退出"按钮，退出"填制凭证"窗口，并弹出对话框显示"数据成功保存！"，如图6-34所示。

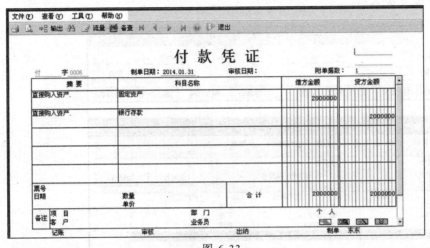

图 6-33　　　　　　　　　　　　　　　　　　　　　图 6-34

单击"确定"按钮，完成新增固定资产卡片的录入和相应记账凭证的填制工作。

> **注意**
>
> ● 当固定资产"开始使用日期的会计期间＝录入会计期间"时，才能通过"资产增加"录入。
>
> ● 新卡片第一个月不提折旧，"月折旧率"和"月折旧额"为0。
>
> ● "原值"录入的应是卡片录入月月初的价值，否则将会出现计算错误。
>
> ● 如果录入的累计折旧、累计工作量不是0，说明是旧资产，该累计折旧或累计工作量是在进入本企业前的数值。
>
> ● 对于旧资产，已计提月份必须严格按照该资产在其他单位已经计提或估计已计提的月份数，不包括使用期间停用等不计提折旧的月份，否则不能正确计算折旧。

2. 固定资产减少核算

（1）资产减少。固定资产在使用过程中，会由于各种原因（如出售、盘亏、投资转出、捐赠转出、报废、毁损、融资租出等）退出企业，该部分操作通过"资产减少"功能来完成。

如果要减少的资产较少或没有共同点，通过输入资产编号或卡片编号，单击"增加"按钮，将资产添加到"资产减少表"中。如果要减少的资产较多并且有共同点，可通过单击"条件"按钮，输入一些查询条件，由系统将符合该条件的资产挑选出来进行批量减少操作。

只要卡片未被删除，就可以通过"卡片管理"中的"已减少资产"来查看已减少的固定资产。

【例6-8】1月31日，管理部小车报废，清理收入50 000元，清理费用5 000元。

（注意：因为本月减少的固定资产本月仍需提折旧，所以本操作应在例 6-10 折旧计提完后做。）

单击"资产减少"菜单，打开"资产减少"窗口，如图 6-35 所示。单击"卡片编号"栏目的"参照"按钮，打开"卡片参照"窗口，选择"00004"，系统自动将小车的卡片编号和资产编号带入。

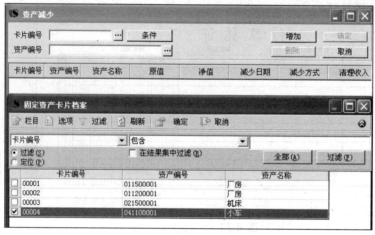

图 6-35

单击"增加"按钮，可将小车的信息增加到"资产减少名单"中，如图 6-36 所示。

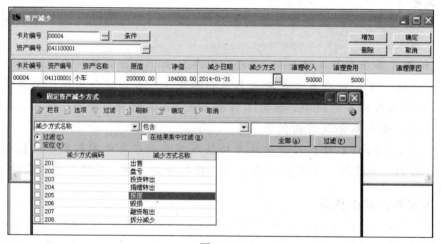

图 6-36

单击"减少方式"栏目的"参照"按钮，打开"增减方式参照"窗口，选择"报废"。清理收入输入 50 000，清理费用输入 5 000，单击"确定"按钮，系统自动生成记账凭证如图 6-37 所示，单击凭证类别"参照"按钮，选择"转账凭证"，单击"保存"按钮，系统自动在记账凭证的左上角打上"已生成"的章，并将记账凭证传递到总账系统。

单击"退出"按钮，弹出对话框显示"所选卡片已经减少成功！"，如图 6-38 所示。

单击"确定"按钮，完成固定资产减少和相应记账凭证的填制工作。

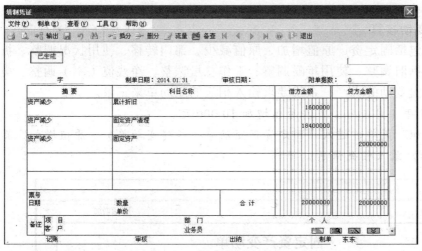

图 6-37

图 6-38

> **注意**
>
> 只有当账套计提折旧后，才可以使用"资产减少"功能，否则，减少资产只能通过删除卡片来完成。

（2）撤销减少。如果误减少资产，可以使用"撤销减少"功能来恢复。如图 6-39 所示，单击"卡片管理"菜单，进入"卡片管理"界面，单击下拉菜单，选择"已减少资产"，选中要恢复的资产，单击"撤销减少"菜单即可。

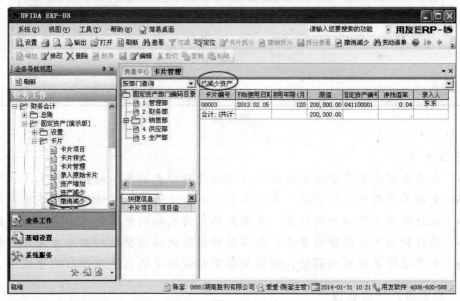

图 6-39

> **注意**
>
> ● 只有当月减少的资产才可以恢复。
>
> ● 如果资产减少操作已填制了记账凭证，则必须删除相关的记账凭证后才能恢复。

3. 固定资产变动核算

固定资产变动包括固定资产原值增加、原值减少、部门转移、使用状况调整、折旧方法调整、累计折旧调整、使用年限调整、工作总量调整、净残值（率）调整、类别调整等。对已做出变动的资产，系统要求输入相应的变动单来记录。

【例 6-9】2014 年 1 月 1 日，厂房原值增加 10 000 元。

单击"原值增加"菜单，进入"固定资产变动单（新建变动单）—原值增加"界面，如图 6-40 所示，录入相关信息。

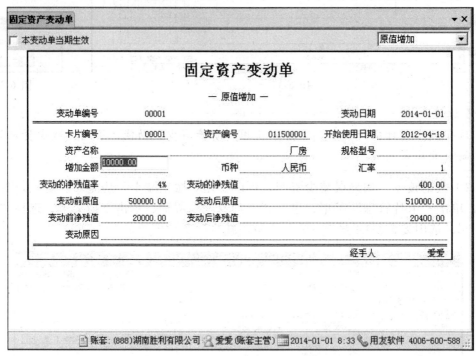

图 6-40

> ┃注意┃
> - 在启用固定资产管理系统的当月不能进行"变动单"的操作。
> - 变动单保存后不能修改，只能在当月删除重做，所以请仔细检查后再保存。
> - 进行使用年限调整的资产，在调整的当月就按调整后的使用年限计提折旧。
> - 进行折旧方法调整的资产，在调整的当月就按调整后的折旧方法计提折旧。
> - 如果进行累计折旧调整，必须保证变动后的净值大于变动后的净残值。

4. 固定资产折旧处理

系统每期计提折旧一次，根据使用者录入系统的资料自动计算每项固定资产的折旧额，并自动生成折旧分配表，然后编制记账凭证，并将当期的折旧额自动累加到"累计折旧"项目。

【例 6-10】2014 年 1 月 31 日，计提 1 月固定资产折旧。

单击"计提本月折旧"菜单，打开询问"是否要查看折旧清单？"的对话框，如

图 6-41 所示。

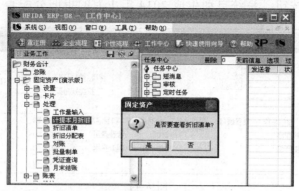

图 6-41

单击"是"按钮，打开如图 6-42 所示的对话框。

图 6-42

单击"是"按钮，系统自动计提折旧，并生成 2014 年 1 月的折旧清单，如图 6-43 所示。

图 6-43

折旧清单是显示所有应计提折旧的资产所计提折旧数额的列表。折旧清单可以在计提折旧时查看，也可单击"折旧清单"菜单项查看。在左边下拉列表框中，可以选择按部门查询或按类别查询。在右边的日期选择下拉列表框中，可以选择 1~12 月任意月份及全年的折旧清单。日期选择下拉列表中附有"登录"字样的期间是本次登录的期间，附有"最新"字样的期间是最近一次计提折旧的期间。单期的折旧清单中列示了资产名称、计提原值、月折旧率、单位折旧、月工作量、月折旧额等信息。全年的折旧清单中同时列出了各资产在 12 个计提期间中月折旧额、本年计提折旧等信息。

单击"退出"按钮，系统自动生成 2014 年 1 月的折旧分配表，如图 6-44 所示。

图 6-44

折旧分配表是编制记账凭证，把计提折旧额分配到成本和费用的依据。什么时候生成折旧分配凭证根据在初始化或选项中选择的折旧汇总分配周期确定。如果选择的是 1 个月，则每期计提折旧后自动生成折旧分配表；如果选择的是 3 个月，则只有到 3 的倍数的期间，即第 3、6、9、12 期间计提折旧后才自动生成折旧分配凭证。折旧分配可以按部门分配也可以按类别分配，但只能选择一个制作记账凭证。

单击"退出"按钮，系统自动生成记账凭证，如图 6-45 所示。单击凭证类别"参照"按钮，选择"转账凭证"，单击"保存"按钮，系统自动在记账凭证的左上角打上"已生成"的章，并将记账凭证传递到总账系统。

单击"退出"按钮，退出"填制凭证"窗口，系统弹出对话框显示"计提折旧完成！"，如图 6-46 所示。

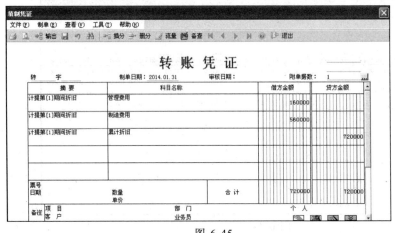

图 6-45

图 6-46

单击"确定"按钮，完成固定资产折旧的计提和相应记账凭证的填制工作。

注意

● 如果计提折旧还未制单，本系统在一个期间内可以多次计提折旧，每次计提折旧后，只是将计提的折旧累加到月初的累计折旧，不会重复累计。

● 如果上次计提折旧已制单，把数据传递到了总账系统，则必须删除该凭证才能重新计提折旧。

● 计提折旧后又对账套进行了影响折旧计算或分配的操作，必须重新计提折旧，否则系统不允许结账。

● 如果自定义的折旧方法月折旧率或月折旧额出现负数，自动中止计提折旧。

5. 制单处理

（1）业务发生后立即制单。在"选项"中，若勾选"业务发生后立即制单"选项，当需要制单的业务发生时，系统自动调出不完整的记账凭证供修改后保存。

（2）批量制单。若不勾选"业务发生后立即制单"选项，当需要制单的业务发生时，系统不立即生成记账凭证，而是把没有制单的原始单据的资料收集到"批量制单"，等到某一时间（如月底），再由用户利用本系统提供的"批量制单"功能完成制单工作。"批量制单"功能可同时将一批需制单业务连续制作凭证并传输到总账系统，避免了多次制单的烦琐。

6. 凭证查询

在固定资产管理系统中生成的记账凭证，可以在本系统的"凭证查询"功能中进行查询、修改和删除等操作。

单击"凭证查询"菜单，打开"凭证查询"窗口，如图 6-47 所示。

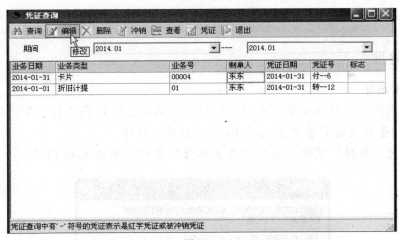

图 6-47

单击"编辑"或"删除"按钮，可对选中的记账凭证进行修改或删除操作；单击"冲销"按钮，可对选中的记账凭证填制红字冲销凭证；单击"查看"按钮，可联查所选记账凭证的单据；单击"凭证"按钮，可查看该记账凭证。

● 由固定资产管理系统传递到总账系统中的记账凭证，在总账系统中不能修改。

● 在固定资产管理系统的"凭证查询"功能中"删除"的凭证，在总账系统只是打上"作废"章，还要在总账中执行"整理凭证"才能真正删除。

7. 总账系统处理

固定资产管理系统生成的记账凭证自动传递到总账系统，应进入总账系统对传递过来的记账凭证进行审核和记账。

操作步骤：以君君的身份登录总账系统，对记账凭证进行出纳签字；以晃晃的身份登录总账系统，对记账凭证进行审核；以爱爱的身份登录"总账"系统，对记账凭证进行记账。

8. 对账

系统在运行过程中应保证"固定资产"系统管理的固定资产价值和"总账"系统中固定资产科目的数值相等。两个系统的资产价值是否相等，通过执行固定资产管理系统提供的"对账"功能实现。

图 6-48

单击"对账"菜单，系统弹出"与账务对账结果"对话框，给出对账结果，如图 6-48 所示。

对账操作不限制执行的时间，任何时候均可对账。系统在执行"月末结账"功能时会自动对账一次，给出对账结果，并根据初始化或选项中的设置确定对账不平情况下是否允许结账。

> 注意
>
> 只有在系统初始化或选项中选择了"与账务系统进行对账"，本功能才可操作。

四、期末处理

1. 月末结账

当固定资产管理系统完成了本月全部制单业务后，才可以进行月末结账。

【例 6-11】固定资产管理系统 2014 年 1 月月末结账。

单击"月末结账"菜单，打开"月末结账"窗口，如图 6-49 所示。

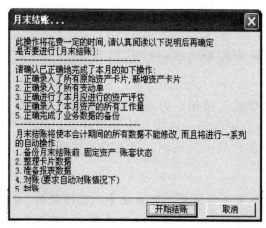

图 6-49

单击"开始结账"按钮，系统在执行月末结账前自动对账一次，并给出对账结果，如图6-50所示。

图 6-50

单击"确定"按钮，弹出对话框显示"月末结账成功完成!"，如图6-51所示。

单击"确定"按钮，弹出图6-52所示的对话框。

图 6-51

图 6-52

单击"确定"按钮，固定资产月末结账操作完毕。

┃注意┃
- 本会计期间做完月末结账工作后，所有数据资料将不能再进行修改。
- 本会计期间不做完月末结账工作，系统将不允许处理下一个会计期间的数据。
- 月末结账前一定要进行数据备份，否则数据一旦丢失，将造成无法挽回的后果。

2. 取消结账

如果在结账后发现结账前操作有误，必须修改结账前的数据的话，则可以使用"恢复月末结账前状态"功能，又称"反结账"，即将数据恢复到月末结账前状态，结账时所做的所有工作都被无痕迹删除。

操作步骤如下。

（1）以要恢复的月份登录，如要恢复到6月底，则以6月份登录。

（2）在"处理"菜单中单击"恢复月末结账前状态"菜单，屏幕显示提示信息，提醒要恢复到的日期，单击"是"按钮，系统即执行本操作，完成后自动以远登录日期打开，并提示该日期是否是可操作日期。

【例6-12】取消固定资产管理系统2014年1月结账。

单击"恢复月末结账前状态"菜单，打开如图6-53所示的对话框。

图 6-53

单击"是"按钮，系统自动将数据恢复到月末结账前的状态，并弹出对话框显示"成功恢复账套月末结账前状态！"，如图 6-54 所示。

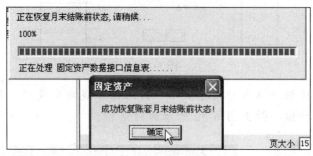

图 6-54

单击"确定"按钮，取消结账操作完毕。

> **注意**
> - 在总账系统未进行月末结账时才可以使用"恢复月末结账前状态"功能。
> - 因为"成本管理"系统每月从本系统提取折旧费用数据，因此一旦"成本管理"系统提取了某期的数据，该期就不能反结账。
> - 不能跨年度恢复数据，即本系统年末结转后，不能利用本功能恢复到年末结转前状态。
> - 恢复到某个月的月末结账前状态后，本账套内对该结账时所做的所有工作都无痕迹删除。

小 结

使用固定资产管理系统的前提：启用固定资产管理系统。

固定资产管理系统初始化过程中有些参数一旦设置完成，退出初始化向导后就不能修改。

只有当账套计提折旧后，才可以使用"资产减少"功能。

制单方式：①业务发生后立即制单；②批量制单。

固定资产管理系统生成的记账凭证自动传递到总账系统，需在总账系统对其进行审核和记账。

在启用固定资产管理系统的当月不能进行"变动单"的操作。

任务训练

1. 训练目的

掌握固定资产初始化的基本操作；掌握固定资产日常业务处理的基本操作；掌握固定资产期末业务处理的基本操作。

2. 训练内容

（1）建立固定资产账套，设置业务控制参数。

（2）固定资产系统基础设置。

（3）固定资产卡片项目定义、卡片样式定义和原始卡片的录入。

（4）固定资产增加、固定资产减少和固定资产变动处理。

（5）固定资产凭证处理和账表输出。

（6）固定资产月末对账和月末结账。

3. 训练资料

资料1 账套初始化

（1）启用日期为2015年1月1日。

（2）按"平均年限法（一）"计提折旧，折旧周期为1个月；当（月初已计提月份=可使用月份-1）时，要求剩余折旧全部提足。

（3）固定资产编码方式为"类别编码+部门编码+序号"自动编码；类别编码规则为2-1-1-2；卡片序号长度为3。

（4）要求与账务系统进行对账；固定资产对账科目为1601固定资产；累计折旧对应科目为1602累计折旧；对账不平的情况下允许进行月末结账。

资料2 选项设置

（1）业务发生后立即制单。

（2）固定资产默认入账科目为1601固定资产，累计折旧默认入账科目为1602累计折旧。

（3）月末结账前一定要完成制单登账业务；已注销的卡片5年后删除。

资料3 部门对应折旧科目（见表6-5）

表6-5　　　　　　　　　　部门对应折旧科目

部门编码	部门名称	折旧科目
1	财务部	660202 折旧费
2	经理室	660202 折旧费
3	销售部	660103 其他
301	销售一部	660103其他
302	销售二部	660103 其他
4	供应部	660103其他
5	制造部	5101制造费用

资料 4　固定资产类别（见表 6-6）

表 6-6　　　　　　　　　　固定资产类别

类别编码	类别名称	计提属性	折旧方法	净残值率
01	房屋及建筑物	正常计提	平均年限法	4%
011	厂房	正常计提	平均年限法	4%
02	专用设备	正常计提	平均年限法	4%
021	数控车床	正常计提	平均年限法	4%
03	通用设备	正常计提	平均年限法	4%
031	铣床	正常计提	平均年限法	4%
04	交通运输设备	正常计提	平均年限法	4%
041	小车	正常计提	平均年限法	4%
05	电气设备	正常计提	平均年限法	4%
06	其他	正常计提	平均年限法	4%

资料 5　增减方式及对应科目（见表 6-7）

表 6-7　　　　　　　　　　增减方式及对应科目

	增加方式			减少方式	
	方式	对应科目		方式	对应科目
101	直接购入	100201	201	出售	1606
102	投资者投入	4001	202	盘亏	1901
103	捐赠	6301	203	投资转出	1606
104	盘盈	6901	204	捐赠转出	1606
105	在建工程转入	1604	205	报废	1606
106	融资租入		206	毁损	1606

资料 6　录入原始卡片（表 6-8）

表 6-8　　　　　　　　　　原始卡片

名称	原值（元）	部门	累计折旧（元）	月累计率	年限	开始日期
厂房	9 400 000	经理室　财务部	1 880 000	0.5%	16	2010.08.20
铣床	513 000	制造部	215 460	0.5%	16	2007.12.20
小车	200 000	销售二部	42 000	1%	8	2013.03.20
数控车床	200 000	制造部	20 000	1%	8	2014.02.25
计算机	52 480	财务部	11 020.8	1%	8	2013.03.21
合计	10 365 480		2 168 480.8			

注：增加方式均为购入，使用状况均为在用。

系统默认固定资产卡片项目、卡片样式，并根据上述资料设置固定资产类别，完成固定资产原始卡片的录入工作。

资料7　经济业务

2015年1月发生的固定资产业务如下。

（1）1月31日，财务部购入计算机一台，价值20 000.00元，预计使用8年，预计净残值率为4%。

（2）1月31日，对厂房进行资产评估，评估结果为原值9 300 000.00元，累计折旧为1 880 000.00元。

（3）1月31日，计提本月折旧费用。

（4）1月31日，财务部一台价值52 480.00元的计算机毁损。

任务七

会计电算化综合实训

学习目标、重点及难点

• 目标：通过一个综合性案例，在较短时间内将财务核算的各子系统有机结合起来进行一定强度的综合训练，使学生所学的知识、方法得以巩固和提高，对总账系统、报表系统、固定资产系统、薪资管理各子系统融会贯通地掌握，并能将其灵活运用于实际工作中。

• 重点：系统管理、总账系统、报表系统、固定资产系统、薪资管理系统的综合运用。

• 难点：系统管理、总账系统、报表系统、固定资产系统、薪资管理系统的综合运用。

 任务实施

一、系统建账

1. 企业的基本情况

企业的基本情况，如表 7-1 所示。

表 7-1   企业的基本情况

企业名称，所属行业	湖南达达科技有限公司（简称达达科技），工业企业（2007 年 1 月 1 日起实施新企业会计准则）
主要业务，产品类型	生产杀毒软件、教学课件和企业管理案例集 3 种产品
联系电话，单位地址	0731-82588888，湖南省长沙市望城区郭亮路 1008 号

邮政编码，电子邮件	410205ddkj@163.com
法人代表，办公电话	王美丽，0731-82588888
开户行，账号	开户行：中国建设银行湖南省分行望城支行 账户：622848001054332
注册资金，记账本位币	200万元，人民币（RMB）
纳税人识别号	225815588810105
适用税率（征收率）	增值税税率为17%，企业所得税税率为25%，城建税税率为7%，教育费附加征收率为3%
存货核算方法	采用计划成本法，发出存货采用先进先出法

2．初始化设置操作

（1）用户及权限。增加表7-2中的操作员，并赋予相应权限。

表7-2　　　　　　　　　　　　　　操作员及权限

编码	操作员	权限
201	胡文海	没有密码，账套主管，拥有所有的权限
202	何雅芝	没有密码，公共目录设置、总账、固定资产、薪资管理的所有权限
203	王艳艳	没有密码，总账—凭证—出纳签字、总账—出纳权限
204	马玲芳	没有密码，公共目录设置、总账—凭证—审核凭证

（2）账套信息。

① 账套信息。账套号：005。账套名称：湖南达达科技有限公司。账套路径：默认。启用会计年度：2015年。会计期间设置：1月1日至12月31日。

② 单位信息。单位名称：湖南达达科技有限公司。单位简称：达达科技。单位地址：湖南省长沙市望城区郭亮路1008号。法人代表：王美丽。联系电话及传真：0731-82588888。

③ 核算类型。记账本位币：人民币（RMB）。企业类型：工业。行业性质：2007年新会计制度科目。账套主管：胡文海。科目预置语言：中文（简体）。要求按行业性质预置会计科目。

④ 基础信息。存货分类、客户分类、供应商分类、有外币核算。

⑤ 分类编码方案。科目编码级次采用4222。客户分类编码级次采用122。部门编码级次采用122。结算方式编码级次采用12。其他编码级次设置采用默认值。

⑥ 数据精度。数据精度采用系统默认值

⑦ 系统启用。启用模块：总账、薪资、固定资产。启用时间：2015年1月1日。

二、公共基础档案设置

（1）部门档案，如表7-3所示。

表7-3　　　　　　　　　　　　　　部门档案

部门编码	部门名称	负责人
1	企管部	王美丽

续表

部门编码	部门名称	负责人
2	财务部	胡文海
3	采购部	魏志远
4	销售部	
401	销售一部	田宏亮
402	销售二部	丁嘉丽
5	生产部	潘晓梅

（2）职员信息。

人员类别：1001 管理人员、1002 经营人员、1003 车间管理人员、1004 生产工人（在职人员类别下设置）。

职员信息如表 7-4 所示。

表 7-4　　　　　　　　　　职员信息

职员编码	职员姓名	性别	是否业务员	所属部门	人员类别	职员属性
101	王美丽	女	是	企管部	管理人员	总经理
201	胡文海	男	是	财务部	管理人员	部门经理
202	何雅芝	女	是	财务部	管理人员	会计
203	王艳艳	女	是	财务部	管理人员	会计
204	马玲芳	女	是	财务部	管理人员	出纳
301	魏志远	男	是	采购部	管理人员	部门经理
401	田宏亮	男	是	销售一部	经营人员	部门经理
402	丁嘉丽	女	是	销售二部	经营人员	部门经理
501	潘晓梅	女	是	生产部	车间管理人员	仓库主管
502	蒋大伟	男	是	生产部	生产工人	工人
503	杨立威	男	是	生产部	生产工人	工人

（3）地区分类如表 7-5 所示。

表 7-5　　　　　　　　　　地区分类

地区分类编码	地区分类名称	地区分类编码	地区分类名称
01	北方区	03	中南区
02	华东区	04	西部区

（4）客户分类如表 7-6 所示。

表 7-6　　　　　　　　　　客户分类

客户分类编码	客户分类名称
1	批发商
2	代理商
3	零散客户

（5）客户档案如表7-7所示。

表7-7　客户档案

客户编号	客户名称及简称	所属分类码	所属地区码	税号	开户行	账号	分管部门	专管业务员
001	湖南计算机软件学院	1	01	11111	中国工商银行	2015100066666	销售一部	田宏亮
002	创远集团	3	02	22222	中国建设银行	2015100088888	销售二部	丁嘉丽
003	长沙岳麓图书城	2	01	33333	中国农业银行	2015100099999	销售二部	丁嘉丽

（6）供应商分类如表7-8所示。

表7-8　供应商分类

客户分类编码	客户分类名称
01	材料供应商
02	商品供应商

（7）供商档案如表7-9所示。

表7-9　供应商档案

供应商编号	供应商名称	所属分类码	所属地区码	税号	开户行	账号	分管部门	专管业务员
001	诚信印刷厂	01	01	44444	中国工商银行	2015100077777	采购部	魏志远
002	信达软件	01	01	55555	中国建设银行	201510005555	采购部	魏志远

（8）外币设置如表7-10所示。

表7-10　外币设置

币名	美元
币符	USD
汇率方式	固定汇率
1月汇率	6.69

（9）凭证类别。

凭证类别为收款凭证、付款凭证和转账凭证。

设置限制类型与限制科目如表7-11所示。

表7-11　设置限制类型与限制科目

类别字	凭证类别	限制类型	限制科目
收	收款凭证	借方必有	1001，1002
付	付款凭证	贷方必有	1001，1002
转	转账凭证	凭证必无	1001，1002

（10）结算方式如表 7-12 所示。

表 7-12 结算方式

结算方式编码	结算方式名称	票据管理标志
1	现金	
2	支票	
201	现金支票	√
202	转账支票	√
3	银行汇票	
4	商业汇票	
401	商业承兑汇票	
402	银行承兑汇票	
5	其他	

（11）会计科目及期初余额。

① 指定科目：现金总账科目为库存现金，银行总账科目为银行存款（见表 7-13）。

表 7-13 指定科目

科目编码与名称	辅助核算	方向	币别/单位	期初余额
1001 库存现金		借		6 487.7
1002 银行存款		借		1 291 057.16
100201 建行存款		借		1 291 057.16
10020101 人民币户		借		1 291 057.16
10020102 美元户		借	美元	
1122 应收账款	客户往来，不受控	借		157 600
1221 其他应收款		借		3 800
122101 备用金	部门核算	借		
122102 应收个人款	个人往来	借		3 800
1231 坏账准备		贷		10 000
1123 预付账款	供应商往来，不受控	借		
1401 材料采购		借		
140101 光盘				
140102 复印纸				
1403 原材料		借		11 300
140301 空白 CD 光盘	数量核算	借		4 400
			张	2 200
140302 复印纸	数量核算	借		6 900
			包	460
1405 库存商品		借		27 078

科目编码与名称	辅助核算	方向	币别/单位	期初余额
140501 杀毒软件	数量核算	借		106 500
			套	710
140502ERP 教学课件	数量核算	借		78 400
			套	980
140503 企业管理案例集	数量核算	借		85 880
			册	2 260
1601 固定资产		借		260 860
1602 累计折旧		贷		47 120.91
2001 短期借款		贷		100 000
2202 应付账款	供应商往来，不受控	贷		276 850
2203 预收账款	客户往来，不受控	贷		
2211 应付职工薪酬		贷		8 200
221101 工资		贷		
221102 福利费		贷		8 200
2221 应交税费		贷		−16 800
222101 应交增值税		贷		−16 800
22210101 进项税额		贷		−33 800
22210102 销项税额		贷		17 000
222102 应交所得税				
4001 实收资本		贷		1 703 702
4103 本年利润		贷		
4104 利润分配		贷		−110 022.31
410401 未分配利润		贷		−110 022.31
5001 生产成本	项目核算	借		17 165.74
500101 直接材料	项目核算	借		100 000
500102 直接人工	项目核算	借		4 000.74
500103 制造费用	项目核算	借		2 000
500104 其他	项目核算	借		1 165
5101 制造费用	项目核算	借		
510101 工资	项目核算	借		
510102 折旧费	项目核算	借		
510103 其他	项目核算	借		
6001 主营业务收入		贷		
600101 杀毒软件	数量核算	贷		
			套	

续表

科目编码与名称	辅助核算	方向	币别/单位	期初余额
600102 ERP 教学课件	数量核算	贷	套	
600103 企业管理案例集	数量核算	贷	册	
6401 主营业务成本		借		
640101 杀毒软件	数量核算	借	套	
640102 ERP 教学课件	数量核算	借	套	
640103 企业管理案例集	数量核算	借	册	
6601 销售费用		借		
660101 工资		借		
660102 办公费		借		
660103 差旅费		借		
660104 招待费		借		
660105 折旧费		借		
660106 其他				
6602 管理费用		借		
660201 工资	部门核算	借		
660202 办公费	部门核算	借		
660203 差旅费	部门核算	借		
660204 招待费	部门核算	借		
660205 折旧费	部门核算	借		
660206 其他	部门核算	借		
6603 财务费用		借		
660301 利息		借		
660302 手续费		借		
660303 现金折扣		借		
660304 汇兑损益		借		

② 辅助账期初明细（见表 7-14～表 7-17）。

科目：122102 其他应收款—应收个人款　　　余额：借 3 800 元

表 7-14　　　　　　　　　　辅助账期初明细（一）

日期	部门	个人	摘要	方向	期初余额（元）
2014-12-26	企管部	王美丽	出差借款	借	2 000
2014-12-27	销售一部	田宏亮	出差借款	借	1 800

科目：5001 生产成本　　　　　　　　　　　　余额：借 17 165.74 元

表 7-15　　　　　　　　　　　　辅助账期初明细（二）

项目名称 科目名称	ERP 教学课件（元）	企业管理案例集（元）	合计（元）
500101 直接材料	4 000	6 000	10 000
500102 直接人工	1 500	2 500.74	4 000.74
500103 制造费用	800	1 200	2 000
500104 其他	500	665	1 165
合计	6 800	10 365.74	17 165.74

科目：应收账款

表 7-16　　　　　　　　　　　　辅助账期初明细（三）

日期	客户	业务员	科目	存货编码	金额（元）
2014-10-25	湖南计算机软件学院	田宏亮	1122	2004	99 600
2014-11-10	长沙岳麓图书城	丁嘉丽	1122	2005	58 000

科目：应付账款

表 7-17　　　　　　　　　　　　辅助账期初明细（四）

日期	发票号	供应商	业务员	科目	存货编码	金额（元）
2014-10-25	A0200	信达软件	魏志远	2202	2001	276 850

（12）项目目录如表 7-18 所示。

表 7-18　　　　　　　　　　　　项目目录

核算科目	项目大类 项目分类 项目目录	项目大类：产品 分类编码：1 分类名称：教学课件开发		
		ERP 教学课件	企业管理案例集	杀毒软件
5001 生产成本		是	是	是
500101 直接材料		是	是	是
500102 直接人工		是	是	是
500103 制造费用		是	是	是
500104 其他		是	是	是
5101 制造费用		是	是	是
510101 工资		是	是	是
510102 折旧费		是	是	是
510103 其他		是	是	是

（13）存货分类如表 7-19 所示。

表 7-19   存货分类

存货分类编码	存货分类名称
01	原材料
02	产成品
03	其他

（14）计量单位。

计量单位组：01 数量组、无换算率。

计量单位：01 张、02 包、03 套、04 册。

（15）存货档案如表 7-20 所示。

表 7-20   存货档案

存货编码	存货品名称	计量单位	所属分类	税率（%）	存货属性	参考成本（元）
1001	空白 CD 光盘	张	01	17	外购、生产耗用	2.00
1002	复印纸	包	01	17	外购、生产耗用	15.00
2001	杀毒软件	套	02	17	外购、销售	150.00
2002	ERP 教学课件	套	02	17	外购、销售	80.00
2003	企业管理案例集	册	02	17	外购、销售	38.00

三、各模块基础设置

1．总账系统

（1）总账控制参数（选项）。

参数设置
1．制单序时控制
2．支票控制
3．赤字控制：资金及往来科目
4．允许修改、作废他人填制的凭证
5．可以使用应收、应付、存货受控科目
6．凭证编号方式采用系统编号
7．打印凭证的制单、出纳、审核、记账等人员姓名
8．出纳凭证必须经由出纳签字
9．外汇汇率采用固定汇率
1．账簿打印位数、每页打印行数按标准设定
2．明细账打印按月排页
3．明细账查询权限控制到科目
会计日历为 1 月 1 日～12 月 31 日
1．数量小数位和单价小数位设置为 2
2．部门、个人、项目按编码方式排序

（2）银行对账期初。银行对账启用日期为 2015 年 1 月 1 日，中国建设银行人民币户企业日记账调整前余额为 1 291 057.16 元，银行对账单调整前期初余额为 1 313 829.16 元，未达账项 1 笔，2014 年 12 月 30 日银行已收企业未收款 22 772 元。

（3）银行对账单（见表 7-21）。

表 7-21　　　　　　　　　　　　　银行对账单

日期	结算方式	票号	借方（元）	贷方（元）	余额（元）
1.3			500 000		1 813 829.16
1.8	转账支票	2015100002	18 720		1 832 549.16
1.12				5 265	1 827 284.16
1.25				3 500	1 823 784.16
1.31				100 000	1 723 784.16
1.31			20 000		1 743 784.16
1.31			50 000		1 793 784.16
1.31	转账支票	2015100007		10 000	1 783 784.16
1.31			20 000 000		21 783 784.16

2. 薪资管理系统

（1）工资账套基本信息（见表 7-22）。

表 7-22　　　　　　　　　　　　工资账套基本信息

工资类别个数	多个
核算币种	人民币
是否扣税	是
是否扣零	是，扣零至元
人员编码长度	3 位数
启用日期	2015 年 1 月 1 日

（2）工资管理基础信息设置。

人员类别：管理人员、经营人员、车间管理人员、生产工人。

人员附加信息：性别、年龄、工龄、身份证号、职称、职务、学历。

（3）工资项目（见表 7-23）。

表 7-23　　　　　　　　　　　　　工资项目

项目名称	类型	长度	小数位数	增减项
基本工资	数字	8	2	增项
岗位工资	数字	8	2	增项
奖金	数字	8	2	增项
加班费	数字	8	2	增项
独生子女费	数字	8	2	增项
交通补贴	数字	8	2	增项
伙食补贴	数字	8	2	增项

续表

项目名称	类型	长度	小数位数	增减项
请假天数	数字	8	2	其他
请假扣款	数字	8	2	减项
住房公积金	数字	8	2	减项
养老保险金	数字	8	2	减项
扣税基数	数字	8	2	其他

（4）工资类别及相关信息。

工资类别 / 对应科目	正式人员	临时人员
部门	所有部门	生产部
工资项目	基本工资、岗位工资、奖金、加班费、独生子女费、交通补贴、伙食补贴、请假天数、请假扣款、住房公积金、养老保险金	基本工资、请假天数、请假扣款
计算公式	请假扣款=请假天数×100 养老保险=基本工资×0.05 住房公积金=基本工资×0.05 交通补贴：管理人员和车间管理人员为 300 元，其余人员为 150 元	无
银行信息	开户行：中国建设银行湖南省分行望城支行；账号定长 11 位	
工资类别主管	何雅芝	何雅芝
扣税基数（元）	3 500	3 500

（5）正式人员—人员档案（见表 7-24）。

表 7-24　　　　　　　　　　正式人员—人员档案

人员编号	人员姓名	部门名称	人员类别	帐号
101	王美丽	企管办	管理人员	20150010001
201	胡文海	财务部	管理人员	20150010002
202	何雅芝	财务部	管理人员	20150010003
203	王艳艳	财务部	管理人员	20150010004
204	马玲芳	财务部	管理人员	20150010005
301	魏志远	采购部	管理人员	20150010006
401	田宏亮	销售一部	经营人员	20150010007
402	丁嘉丽	销售二部	经营人员	20150010008
501	潘晓梅	生产部	车间管理人员	20150010009
502	蒋大伟	生产部	生产人员	20150010010
503	杨立威	生产部	生产工人	20150010011

注：以上人员全部为中方人员，均从工资中计税。代发银行为中国建设银行湖南省分行望城支行。

（6）临时人员—人员档案（见表 7-25）。

表 7-25　　　　　　　　　　　　临时人员—人员档案

人员编号	人员姓名	部门名称	人员类别	是否中方人员	是否计税
504	罗江	生产部	生产工人	是	是
505	刘庆	生产部	生产工人	是	是

（7）工资分摊设置（计提基数：实发合计）（见表 7-26）。

表 7-26　　　　　　　　　　　　工资分摊设置

部门	工资分摊	应付工资（100%）		应付福利费（14%）	
		借方	贷方	借方	贷方
企管办、财务部、采购部	管理人员	660201	221101	660201	221102
销售部	经营人员	660101	221101	660101	221102
生产部	车间管理人员	510101	221101	510101	221102
	生产工人	500102	221101	500102	221102

3. 固定资产系统

（1）固定资产初始化信息（见表 7-27）。

表 7-27　　　　　　　　　　　　固定资产初始化信息

账套启用月份	2015.1
账套计提折旧方法	平均年限法（二）
折旧汇总分配周期	1 个月
资产类别编码方式	2-1-1-2
固定资产编码方式	类别编码+部门编码+序号，序号长度 3 位
对账科目	固定资产：1601　　累计折旧：1602
对账不平是否允许结账	不允许
入账类别	固定资产：1601　　累计折旧：1602
结账控制	月末结账前一定要完成制单登账业务

（2）资产类别设置（见表 7-28）。

表 7-28　　　　　　　　　　　　资产类别设置

类别编码	类别名称	净残值率	单位	计提属性
01	交通运输设备	4%	台	正常计提
011	经营用设备	4%	台	正常计提
012	非经营用设备	4%	台	正常计提
02	电子通讯设备	4%	台	正常计提

（3）部门及对应折旧科目（见表 7-29）。

表 7-29　　　　　　　　　　　　部门及对应折旧科目

部门名称	对应折旧科目
企管部、财务部、采购部	管理费用/折旧费
销售部	销售费用/折旧费
生产部	制造费用/折旧费

（4）增减方式对应入账科目（见表 7-30）。

表 7-30 增减方式对应入账科目

增减方式目录	对应入账科目
增加方式：直接购入	10020101：人民币户
减少方式：毁损	1606：固定资产清理

（5）原始卡片信息（见表 7-31）。

表 7-31 原始卡片信息

固定资产名称	类别编号	所属部门	使用年限	开始使用日期	原值	累计折旧
奥迪 A3	012	企管部	6	2013-11-01	215 470.00	37 254.75
笔记本电脑	02	企管部	5	2013-12-01	28 900.00	5 548.80
传真机	02	企管部	5	2013-11-01	3 510.00	1 825.20
台式电脑	02	企管部	5	2013-12-01	6 490.00	1 246.08
台式电脑	02	企管部	5	2013-12-02	6 490.00	1 246.08
合计					260 860.00	47 120.91

注：①以上固定资产增加方式均为直接购入，净残值率均为 4%，使用状况均为"在用"，折旧方法均为平均年限法（二）；②录入完毕原始卡片，执行和总账对账功能，对账平衡即可。

四、各模块日常业务处理

1. 总账系统日常业务

（1）1 月 1 日，向中国建设银行借款 500 000 元，期限 1 年，当天到账（附原始凭证 2 张）。

（2）1 月 2 日，销售一部田宏亮报销业务招待费 1 200 元，以现金支付（附原始凭证 2 张）。

（3）1 月 3 日，财务部马玲芳从中国建设银行人民币户提取现金 10 000 元，作为备用金（现金支票号 2015100001）（附原始凭证 2 张）。

（4）1 月 3 日，创远集团订购企业管理案例集 80 册，单价为 200 元。当天开出该笔货物的专用发票一张，票号 F001（附原始凭证 3 张）。

（5）1 月 5 日，收到创远集团转账支票 1 张，金额 18 720 元，票号为 2015100002（附原始凭证 1 张）。

（6）1 月 5 日，收到集团投资资金 10 000 美元，汇率为 6.69（转账支票号：2015100003）（附原始凭证 2 张）。

（7）1 月 5 日，向诚信印刷厂购买复印纸 300 包，单价 15 元，验收入材料库，同时收到专用发票 1 张，票号为 F002，立即以转账支票（票号 2015100004）支付货款（附原始凭证 2 张）。

（8）1 月 5 日，向信达软件公司购买空白 CD 光盘 4 000 张，单价为 2 元，验收入材料库，同时收到专用发票 1 张，票号为 F003（附原始凭证 2 张）。

（9）1 月 6 日，企管办购买办公室用品 170 元，现金支付（附原始凭证 1 张）。

（10）1 月 8 日，企管办王美丽出差归来，报销差旅费 1 800 元，交回现金 200 元附原始凭证 3 张）。

（11）1 月 12 日，销售二部向长沙岳麓图书城出售 ERP 教学课件 10 套，不含税单价为 150 元，货物从产品二库发出，同时收到客户以转账支票支付的全部货款，票号 Z2005188（附原始凭证 3 张）。

（12）1 月 12 日，购入专利权，以银行存款支付 50 000 元（附原始凭证 2 张）。

（13）1 月 15 日，取现金 2 000 元（附原始凭证 1 张）。

（14）1 月 16 日，从诚信印刷厂购买光盘 2 000 包，不含税单价 15 元，以银行存款支付（附原始凭证 2 张）。

（15）1 月 17 日，销售给湖南计算机软件学院杀毒软件 20 套，不含税单价 300 元（附原始凭证 2 张）。

（16）1 月 21 日，收到湖南计算机软件学院前欠货款 7 020 元（附原始凭证 1 张）。

（17）1 月 22 日，车间领用空白光盘 500 套用于生产杀毒软件（附原始凭证 1 张）。

（18）1 月 22 日，企管部购买办公用品 600 元，以银行存款支付（附原始凭证 2 张）

（19）1 月 23 日，向信达软件公司订购 ERP 教学课件 100 套，单价为 80 元，产品验收入库，当天收到该笔货物的专用发票 1 张，财务部门开具转账支票 1 张支付货款，票号为 2015100005（附原始凭证 4 张）。

（20）1 月 23 日，车间领用复印纸 100 包，用于印刷企业管理案例集（附原始凭证 1 张）

（21）1 月 24 日，车间领用空白光盘 60 套用于生产杀毒软件（附原始凭证 1 张）

（22）1 月 25 日，以银行存款支付信达软件货款 50 000 元（附原始凭证 1 张）。

（23）1 月 26 日，以银行存款支付信达软件货款 100 000 元（附原始凭证 1 张）。

（24）1 月 27 日，收到长沙岳麓图书城前欠货款 20 000 元（附原始凭证 1 张）。

（25）1 月 28 日，收到湖南计算机软件学院前欠货款 50 000 元（附原始凭证 1 张）。

（26）1 月 28 日，生产部领用复印纸 10 包，用于一般耗用（附原始凭证 2 张）。

（27）1 月 28 日，支付企管部业务招待费 500 元，以库存现金支付（附原始凭证 1 张）。

（28）1 月 29 日，财务部签发转账支票，票号为 2015100006，支付广告费 9 800 元（附原始凭证 2 张）。

（29）1 月 29 日，销售一部田宏亮借支差旅费 10 000 元，转账支票支付，票号为 2015100007（附原始凭证 2 张）。

（30）1 月 31 日，计提本月生产部使用的无形资产累计摊销 600 元，计入管理费用（附原始凭证 1 张）。

（31）1 月 31 日，收到外部投资资金 20 000 000 元，存入中国建设银行账户，附件 2 张（附原始凭证 2 张）。

（32）1 月 31 日，销售给湖南计算机软件学院杀毒软件 150 套，不含税单价 300 元，货款及增值税暂欠（附原始凭证 2 张）。

（33）1 月 31 日，销售给长沙岳麓图书城杀毒软件 500 套，不含税单价 300 元，货款及增值税暂欠（附原始凭证 2 张）。

（34）1 月 31 日，销售给长沙岳麓图书城企业管理案例集 2 000 册，不含税单价

200 元，货款及增值税暂欠（附原始凭证 2 张）。

（35）1 月 31 日，销售给长沙岳麓图书城出售 ERP 教学课件 900 套，不含税单价为 150 元，货款及增值税暂欠（附原始凭证 2 张）。

（36）1 月 31 日，计提本月银行借款利息，年利率为 12%（附原始凭证 1 张）。

（37）1 月 31 日，计算本月应交的城市维护建设税及教育费附加。城建税率为 7%，教育费附加 3%（附原始凭证 1 张）。应交税费计算表如表 7-32 所示。

表 7-32　　　　　　　　　　　　应交税费计算表

单位名称：北京达达科技有限公司　　　　　　　2015 年 1 月 31 日　　　　　　　金额单位：元

税种、税目	计税依据		适用税率	应交税费	备注
	项目	金额			
城建税	应交增值税				
教育费附加	应交增值税				
合计					

复核：　　　　　　　　　　　　　　　　制单：

（38）1 月 31 日，结转本月产品销售成本（附原始凭证 2 张）。

（39）1 月 31 日，结转本月制造费用，全部转入企业管理案例集的生产成本（附原始凭证 1 张）。

（40）1 月 31 日，本月完工产品入库，ERP 教学课件完工 50 套，成本 80 元。企业管理案例集完工 200 册，单位成本 38 元（附原始凭证 2 张）。完工产品成本计算单，如表 7-33 所示。

表 7-33　　　　　　　　　　　　完工产品成本计算单

2015 年 1 月 31 日　　　　　　　　　　单位：元

成本项目	ERP 教学课件（完工 100 套）		企业管理案例集（完工 200 册）	
	总成本	单位成本	总成本	单位成本
直接材料	2 800		5 000	
直接人工	800		1 000	
制造费用	200		1 000	
其他	200		600	
合　计	4 000	80	7 600	38

2．薪资管理系统

以 02—何雅芝的身份登入操作，1 月份工资数据如表 7-34 所示（在工作变动中录入）。

表 7-34　　　　　　　　　　　　工资数据

人员类别	人员姓名	基本工资（元）	奖金（元）	请假天数
正式人员	王美丽	5 000	500	2
	胡文海	4 000	300	
	何雅芝	3 000	200	
	王艳艳	3 500	250	
	马玲芳	3 000	200	
	魏志远	3 000	300	1

人员类别	人员姓名	基本工资（元）	奖金（元）	请假天数
正式人员	田宏亮	4 500	450	
	丁嘉丽	3 000	300	
	潘晓梅	3 500	250	
	蒋大伟	3 500	150	
	杨立威	3 000	150	
临时人员	罗江	2 800	0	3
	刘庆	2 500	0	

3. 固定资产系统

以 02—何雅芝的身份登入操作，1 月固定资产系统日常业务如下。

（1）1 月 21 日，财务部购买扫描仪（属于电子通信设备）1 台，价格 3 500 元，净残值率为 4%，预计使用 5 年。

（2）1 月 23 日，对奥迪 A3 汽车进行资产评估，评估结果原值为 205 470 元，累计折旧为 36 254.75 元。

（3）1 月 31 日，计提本月折旧（生产部项目核算名称为企业管理案例集）。

（4）1 月 31 日，生产部毁损台式电脑 1 台（2013 年 12 月 1 日购买）。

五、期末处理资料

1. 转账凭证的定义与生成

（1）期末将"主营业务收入"等收入类账户结转到本年利润。

（2）期末将"主营业务成本"等支出类账户结转到本年利润。

（3）根据上项结果，计算本期应交所得税。

（4）将"所得税费用"结转到本年利润。

（5）将"本年利润"结转到利润分配——未分配利润。

（6）按 10%的比例计提法定盈余公积并结转到利润分配。

2. 账表操作

（1）利用报表功能分别生成 1 月份利润表和资产负债表，并分别输出为 Excel 文件保存在"我的电脑"E 盘中，Excel 文件名分别为"湖南达达科技有限公司 2015 年 1 月利润表"和"湖南达达科技有限公司 2015 年 1 月资产负债表"。

（2）新建应收账款分析表并建立柱形图。应收账款分析表，如表 7-35 所示。

表 7-35　　　　　　　　　　　应收账款分析表

单位名称：湖南达达科技有限公司　　　　　　　2015 年 1 月 31 日　　　　　　　　　单位：元

客户	期初数	本月新增	本月收回	期末数
湖南计算机软件学院				
长沙岳麓图书城				
合计				

制表人：何雅芝

［1］张爱侠. 会计电算化项目化教学［M］. 南京：南京大学出版社，2011.

［2］张爱侠. 会计电算化项目化教程实训［M］. 南京：南京大学出版社，2011.

［3］周小芬，郑晓雾，张晓天. 会计电算化实务［M］. 北京：清华大学出版社，2010.

［4］任晓红. 会计电算化实务与实训［M］. 大连：东北财经大学出版社，2010.

［5］王忠孝，陆国斌. 新编会计电算化（实训篇）［M］. 大连：大连理工大学出版社，2008.

［6］李霞，张爱侠. 会计电算化教程［M］. 北京：首都经济贸易大学出版社，2010.

［7］李霞，张爱侠. 会计电算化实训指导［M］. 北京：首都经济贸易大学出版社，2010.

［8］李春友，谢小春. 电算会计实训教程［M］. 长沙：湖南大学出版社，2008.

［9］邹萍，彭晓燕. 会计电算化［M］. 长沙：中南大学出版社，2010.

［10］陈世文，曹献鱼. 会计电算化实训［M］. 广州：华南理工大学出版社，2010.